本书得到国家社科基金项目（课题编号：17BJL083）的资助

中国绿色能源产业政策组合策略研究

陈艳 龚承柱 潘凯 张曦 刘定智 著

中国财经出版传媒集团
经济科学出版社
Economic Science Press
·北京·

图书在版编目（CIP）数据

中国绿色能源产业政策组合策略研究/陈艳等著
．－－北京：经济科学出版社，2023.9
ISBN 978 - 7 - 5218 - 5061 - 1

Ⅰ．①中… Ⅱ．①陈… Ⅲ．①无污染能源－能源政策
－研究－中国 Ⅳ．①F426.2

中国国家版本馆 CIP 数据核字（2023）第 161215 号

责任编辑：李　雪
责任校对：易　超
责任印制：邱　天

中国绿色能源产业政策组合策略研究

陈　艳　龚承柱　潘　凯　张　曦　刘定智　著
经济科学出版社出版、发行　新华书店经销
社址：北京市海淀区阜成路甲 28 号　邮编：100142
总编部电话：010 - 88191217　发行部电话：010 - 88191522
网址：www.esp.com.cn
电子邮箱：esp@esp.com.cn
天猫网店：经济科学出版社旗舰店
网址：http://jjkxcbs.tmall.com
固安华明印业有限公司印装
710×1000　16 开　18.5 印张　240000 字
2023 年 9 月第 1 版　2023 年 9 月第 1 次印刷
ISBN 978 - 7 - 5218 - 5061 - 1　定价：94.00 元
（图书出现印装问题，本社负责调换。电话：010 - 88191545）
（版权所有　侵权必究　打击盗版　举报热线：010 - 88191661
QQ：2242791300　营销中心电话：010 - 88191537
电子邮箱：dbts@esp.com.cn）

前言

"双碳"目标的提出标志着中国能源低碳化进程将进一步加快，发展绿色能源不仅关系到"3060"目标的顺利实现，也是能源供应安全和能源结构转型的迫切需要。实践中，绿色能源产业的发展离不开政策的扶持，各国绿色能源产业政策普遍是几个或多个单项政策的组合，换言之，绿色能源产业政策是一种政策组合。发达国家颁布了一系列政策推动绿色能源产业发展，如配额制、上网电价、投资和研发补贴、税收优惠、开征环境税等。中国同样如此，随着2005年《可再生能源法》的出台，中国陆续颁布了多项相关政策法规，政策内容涵盖政府补贴、上网电价、税收优惠、技术支持、资金管理办法、政府采购、配额制等多个维度。未来中国绿色能源的发展依赖于更加合理审慎的政策组合结构。

本书认为，绿色能源产业政策是一个大的系统，各种具体的政策工具相互作用。现有的绿色能源产业政策组合之间具有怎样的关系？政策组合结构如何？绿色能源产业政策组合对绿色能源产业发展有无效果？其作用机制怎样？政策组合如何引导多主体实现利益均衡？政策组合有丰富的选择，如何选择恰当的政策组合才能够引导绿色能源产业持续健康发展，是破解现实问题的关键；而系统探索绿色能源政策组合结构及其相互作用关系又是设计恰当政策组合方案的科学依据。针对上述问题，本书按照"理论研究+模型构建+实证检验"的模式，设计"研究基础、理论研究、实证研究、延伸研究、组合策略"五个部分的研究内容。采用政策文本挖掘、实证分析、博弈模型、比较分析、规范分析等多种研究方法，研究"绿色能源产业政策类型及政策组合中存在的问题，政策组合演变历史，政策组合结构，政策的作用机制及最优区间，政策组合如何协调多主体利益均衡，以及多视角绿色能源产业政策的组合策略"等内容，系统回答了绿色能源产业政策组合结构如何，政策之间有什么样的关系，现有的绿色能源产业组合是否有效的问题；更进一步回答了绿色能源产业政策作用路径如何、作用空间如何，绿色能源产业政策如何引导多主体实现利益均衡，如何优化绿色能源产业政策组合等问题。

本书着重说明以下两个问题。

其一，由于研究样本的可获得性和不同绿色能源产业的异质性，不同的绿色能源产业其发展阶段和技术特点有所区别，其适用的政策工具和政策力度皆应有不同。因此，在具体的研究中，本书选取特定的绿色能源产业——风能产业为代表，主要原因在于风能产业作为绿色能源产业的典型代表，得益于政策的扶持，在中国近年来发展迅猛，但也出现了一些问题，这些问题在其他的绿色能源产业中也有表现。因此，选择风能产业作为研究对象，所得结论更具有一般性和说服力。在分析产业政策对绿色能源企业技术创新的最优区间即政策与绿色能源企业技术创新之间的非线性关系时，绿色能源企业样本包含了风能、光伏、生物质能等大部分绿色能源产业，选取的政策是以政府补助为例。主要原因有两点：一是本书重在探讨绿色能源产业政策是否存在最优空间，并非探讨政策组合是否存在最优空间，因此，选择其中的一种政策来说明问题即可；二是从技术的角度，如果这一部分也从风能的视角来探讨产业政策的最优空间，因为风能上市企业数量有限，不能满足门槛模型要求的样本数量，实证结果不显著。

其二，绿色能源产业政策本身是一个大的系统，在学术界其分类方法有很多种。本书采纳罗思韦尔（R. Rothwell）和泽格维尔德（W. Zegveld）的研究思想，以中央部委以上级别部门发布的绿色能源产业政策为研究对象，将绿色能源产业政策分为供给型、环境型和需求型三大类。其原因有两点：第一，来源于学术文献的借鉴。对于政府政策研究方面，有学者将产业政策划分成需求型、供给型和环境型三种类型（黄萃、苏竣、施丽萍等，2011；程华、钱芬芬，2013；赵筱媛、苏竣，2007；黄萃、徐磊、钟笑天等，2014）。还有文献把能源政策划分为能源供应、能源节约、能源结构优化、能源体制改革和能源国际战略五个方面（陈艳、成金华，2006）。学者们在研究光伏产业政策时提出结构式强制工具、合同式诱导工具和互动式影响工具三种类型（曾婧婧、胡锦绣，2015）。还有学者根据政策定位不同，将政策分为结构政策、技术政策和组织政策（江飞涛、李晓萍，2010）。第二，来源于作者前期的研究积累。借鉴上述学术思想，本书主要作者以第一作者身份发表的论文《中国风能产业政策内在关系及其组合效率动态评价》，将风能产业政策分为三大类十一小类，分别为引导性政策：环境保护、政府鼓励；支持性政策：财税支持、金融支持、信息支持、采购支持、人力支持、并网支持、技术支持；规范类政策：技术规范、运行规范。在此基础上，研究了政策之间的相互关系并评估了政策组合的效率。

本书主要作者以第一作者身份发表的论文《创新政策对新能源企业

技术创新的影响——基于中国新能源企业的实证分析》，将创新政策分为直接创新政策、间接创新政策，并用全局主成分分析法对创新政策、直接支持政策和间接支持政策分别进行综合得分测算，然后利用面板固定效应模型实证分析创新政策对新能源企业技术创新的影响。该论文被新华文摘（网络版）2022年第9期全文转载，收入新华文摘（纸质版）2022年第9期"论点摘编"。本书主要作者以第一作者身份发表的论文《产业政策对企业绩效影响及其作用机制研究——来自中国光伏产业的经验数据》，以2009~2019年我国部委及以上部门颁布的243条光伏产业政策为研究对象，构建固定效应模型，检验产业政策对企业创新绩效和经济绩效的影响，以及在不同区域创新环境和不同企业性质下的差异。上述研究成果均是从不同的视角对绿色能源产业政策进行分类，并在此基础上分析政策之间的相互关系评估政策效果，进一步分析其作用机制，并为本书的研究奠定了基础。

结合学术文献和团队成员的前期研究，本书借鉴罗思韦尔和泽格维尔德的研究思想，参考黄萃、苏竣、施丽萍等（2011）和程华、钱芬芬（2013）对产业政策的分类方法，将风能产业政策划分成需求型、供给型和环境型三种类型，并细分为九个小类。

本书的特点与创新性体现在以下方面。

（1）引入一种观察政策组合结构的方法——PageRank算法，通过对中国绿色能源产业政策进行完整的梳理，尝试探讨绿色能源产业政策之间的相互关系及其内部结构特点。

（2）产业政策的效果包含多个方面，较多文献基于绿色能源企业的经济绩效、创新绩效等视角探讨产业政策效果，本书评估产业政策对绿色能源企业可持续发展的影响，并进一步分析其作用机制，为绿色能源产业政策研究提供了新视角。

（3）采用动态面板系统 GMM 模型探讨了产业政策与绿色能源企业创新是否存在非线性关系，在证实产业政策与绿色能源企业创新确实存在非线性关系以后，采用面板门槛模型找出产业政策与绿色能源企业创新非线性关系的临界点，即产业政策的最优区间。

（4）系统性地进行了从政策的制定到政策的执行这一完整过程中各利益主体的博弈分析，构建多主体博弈的利益机制，搭建绿色能源产业政策组合设计的理论基础。在此基础上，详细分析在政策执行过程中中央政府与地方政府，政府与绿电生产企业，以及绿电消费企业之间的演化博弈过程。

作者
2023 年 8 月

目录

第一章　绪论 ………………………………………………… 1
　一、研究背景与研究意义 ………………………………… 1
　二、理论基础与研究现状 ………………………………… 7
　三、核心概念与研究范围 ………………………………… 19
　四、研究方法 ……………………………………………… 25
　五、研究思路与创新点 …………………………………… 29

第二章　绿色能源产业政策类型及其政策组合中的问题 …… 33
　一、绿色能源产业发展现状 ……………………………… 33
　二、绿色能源产业政策类型 ……………………………… 43
　三、绿色能源产业政策组合中存在的问题 ……………… 60

第三章　绿色能源产业政策组合演变历史：基于风能视角 … 67
　一、文献回顾 ……………………………………………… 68
　二、风能产业政策组合的作用机制 ……………………… 70

三、数据来源与分析方法 …………………………………… 72
　　四、中国风能产业政策组合演变阶段 ………………………… 76
　　五、本章结论 ………………………………………………… 90

第四章　绿色能源产业政策组合结构分析：基于风能视角 …… 92
　　一、文献回顾 ………………………………………………… 93
　　二、中国风能产业政策组合结构演变特征 …………………… 96
　　三、风能产业政策组合结构分析方法 ………………………… 101
　　四、中国风能产业政策组合结构特征分析 …………………… 105
　　五、本章结论 ………………………………………………… 117

第五章　绿色能源产业政策的影响及作用机制研究：
　　　　基于风能视角 ……………………………………………… 119
　　一、研究背景 ………………………………………………… 119
　　二、文献回顾 ………………………………………………… 121
　　三、理论分析与研究假设 …………………………………… 125
　　四、研究方法与指标的选取 ………………………………… 129
　　五、实证结果分析 …………………………………………… 137
　　六、结论与启示 ……………………………………………… 156

第六章　绿色能源产业政策的最优区间：基于企业创新视角 …… 159
　　一、研究背景 ………………………………………………… 159
　　二、文献综述 ………………………………………………… 161
　　三、理论基础与研究假设 …………………………………… 163
　　四、研究方法与数据来源 …………………………………… 166
　　五、实证过程及结果 ………………………………………… 172
　　六、稳健性检验 ……………………………………………… 184

七、本章结论 ·· 184

第七章　绿色能源产业政策制定和执行中的多主体利益博弈 ················ 186

　　一、文献综述 ·· 186
　　二、配额制为主的产业政策组合涉及多主体之间的利益关系 ······ 188
　　三、配额制为主的政策组合设计理论 ······························ 191
　　四、配额制为主的政策组合执行中政府之间的博弈 ·············· 194
　　五、以配额制为主的政策组合执行中的政企三方博弈 ············ 211
　　六、结论 ·· 228

第八章　绿色能源产业政策组合策略研究 ·································· 230

　　一、政策组合一般理论 ·· 231
　　二、"双碳"目标下基于政策相互作用关系的政策组合策略 ······ 234
　　三、基于绿色能源产业政策效果及作用机制的政策组合策略 ······ 236
　　四、基于多主体利益均衡视角的政策组合策略 ···················· 242

参考文献 ·· 249
后记 ·· 283

第一章

绪　　论

一、研究背景与研究意义

(一) 发展绿色能源产业的重要意义

改革开放以来，中国经济经历了40余年的高速增长，1979~2019年不变价 GDP 年均增长 9.4%①，中国现在是世界第二大经济体②。然而，碳排放、空气污染、能源短缺等环境和资源危机亟待解决，这是影响经济长期可持续发展的重要因素。2019年中国 GDP 总量占全球总量的 16.28%③，中国一次能源消费量占全球总量的 24.27%④，二氧化

---

① 中国经济的转型之机：1979~2019年不变价 GDP 年均增长 9.4% [EB/OL]. http://vr.sina.com.cn/news/report/2020-10-09/doc-iivhvpwz1022570.shtml, 2020-10-9.
② 中国超越日本成为全球第二大经济体 [EB/OL]. http://www.chinadaily.com.cn/dfpd/2011-02/14/content_12004499.htm, 2011-2-14.
③ 2019年世界各国 GDP 数据 [EB/OL]. https://www.kylc.com/stats/global/yearly/g_gdp/2019.html, 2020.
④ 全球一次性能源消费情况分析 [EB/OL]. https://www.chyxx.com/industry/202011/912065.html, 2020-11-25.

碳排放占全球总量的27%①。由于化石能源消费带来的碳排放和环境污染等一系列问题，2020年9月，中国在第75届联合国大会提出2030年前"碳达峰"、2060年前"碳中和"目标。"碳中和"是指通过各种减排活动和低碳能源生产方式来抵消人工碳排放，获得净零碳足迹（Dahal K & Niemela J，2016）。2020年12月，中国在气候雄心峰会进一步宣布应对气候变化的系列举措：到2030年，中国单位国内生产总值二氧化碳排放将比2005年下降65%以上，非化石能源占一次能源消费比重将达到25%左右②。然而现实的情况是：2020年中国能源消费结构中可再生能源及核能仅占8%，而煤炭高达61%，石油和天然气分别占22%和9%（何京东、曹大泉、段晓男等，2022）；非化石能源占一次能源消费总量比重为17%，这意味着中国至少还需要提高8%的非化石能源消费才能达成2030年非化石能源占比25%的目标。能源活动二氧化碳排放占全国二氧化碳排放量的87%（王金南和蔡博峰，2022），从长远来看，"双碳"目标的实现不能依靠目前的政策降碳方式（包括运动式碳减排），而是应该积极发展绿色能源产业，通过自然降碳方式实现"碳达峰""碳中和"的目标。因此，"碳中和""碳达峰"目标下绿色能源产业发展刻不容缓（黄栋、杨子杰、王文倩，2021）。何京东、曹大泉、段晓男等（2022）认为，中国石油和天然气对外依存度已经分别超过了70%和40%。在当前复杂的国际形势下，油气供应安全已经成为中国经济安全和国家安全的重中之重，发展绿色能源不仅是"双碳"目标的要求，也是能源供应安全的要求。同时，新旧动能转换也助

---

① 2019年中国碳排放量已超过经合组织国家总和［EB/OL］. http：//www.tanpaifang.com/tanguwen/2021/0508/77772.html，2021-5-8.
② 习近平在气候雄心峰会上的讲话（全文）［EB/OL］. http：//www.gov.cn/xinwen/2020-12/13/content_5569138.htm，2020-12-13.

推绿色能源产业发展（刘恩侨，2021）。因此，发展绿色能源已成为应对中国日益严重的能源和环境问题的不可缺少的途径（Dahal K，Juhola S & Niemela J，2018；Harjanne A & Korhonen J M，2017；Fan W Y & Hao Y，2020）。与此同时，英国石油公司（BP）发布了2020年版《世界能源展望》，探讨了全球能源转型的可能路径以及未来30年全球能源市场可能的演变方式：在所有情景下，绿色能源都是未来30年增长最迅速的能源[①]。

（二）绿色能源产业发展需要一系列产业政策（即政策组合）扶持

与化石燃料使用有关的环境和经济挑战，以及人们认识到仅凭市场力量不足以推动必要的能源转型，促使一些国家政府制定一系列政策推动绿色能源产业发展（Reuter W H，Szolgayova J & Fuss S et al.，2012）。许多研究认为，绿色能源产业属于战略性新兴产业，建设周期长、沉没成本高、技术壁垒多、融资风险大（吴锦明，2019；Agrawal A，2012），绿色能源产品具有显著的准公共物品特征，研发与投资受市场失灵影响容易产生供给不足问题，而且中国目前绿色能源产业市场机制不健全，因此需要政府政策的支持（韩超、肖兴志、李姝，2017）。为了加快绿色能源产业的发展，各国政府推出了一系列绿色能源产业组合政策（Berry T & Jaccard M，2001），使用这些政策是减少温室气体排放和其他空气污染物以及缓解能源安全的有效途径，同时这些政策也大大促进了绿色能源产业的发展，比如在美国（Dickson P R & Czinkota M R，1996）、德国（Pegels A & Lütkenhorst W，2014）、爱尔兰（Gaffney F，

---

① 1毛钱1度电：中国光伏改变世界的力量［EB/OL］. http：//mp. cnfol. com/46491/article/1601360347-139436544. html，2020-9-29.

Deane J P & Gallachóir B P Ó，2017）、中国（Ji Q & Zhang D，2019）、印度（Amrutha A A，Balachandra P & Mathirajan M，2017）等国家，正是产业政策促进了绿色能源产业的迅猛发展。到 2015 年，全世界有多达 164 个国家采取了至少一种与绿色能源产业相关的政策（Nachmany M，Fankhauser S & Setzer J et al.，2017）。自 20 世纪 70 年代以来，绿色能源产业政策采取了不同的形式。从政策工具的角度来看，比如上网电价（FIT）、上网溢价（FIP）和绿色能源证书（GECs），以提高绿色能源的普及率（Hiroux C & Saguan M，2010）。使用可再生组合标准（RPS），即配额义务（QO），可以确保生产的绿色能源产品能够被消费（Pineda S & Bock A，2016）。作为碳政策（CPs）之一的碳定价，虽然是一种环境政策，但因为可以让投资人更容易投资于绿色能源（Behboodi S，Chassin D P & Crawford C et al.，2016），也可以作为绿色能源产业政策的补充。从政策工具出现的阶段来看，第一阶段采用了研究与开发（研究、示范和发展）补贴和赠款，第二阶段主要侧重于使用基于市场的工具（如税收、奖励和可交易的许可证）（Pitelis A，Vasilakos N & Chalvatzis K.，2020）。这就导致了政策的多样化。因为早期采取的政策与后来新的政策联合使用，因此，政策组合作为一种更全面的政策设计方法便出现了（Reichardt K，Negro S O & Rogge K S et al.，2016）。政策组合由相互作用的政策工具组成，而不是一系列可以单独分析的、互不作用的单独工具。在基本层面上，政策可以说由两个要素组成：目标和工具。顾名思义，政策目标明确了要实现的目标，政策工具则是用来实现目标的手段。研究表明，理想情况下，政策组合中的各种政策工具和目标应该相互协调，以确保它们不会产生相互冲突的效果。具体来说，理想情况下：不同的政策工具应该相互加强，以确保"一致性"；不同的政策目标应该能够相互共存，以确保"一致性"；工具应该致力于实现目标,以确保"一致性"(Malhotra A,2022)。

(三)问题的提出

在实践层面上,中国已经陆续出台以固定上网电价制为主,还包括直接补贴、公共投资、税收优惠、政府采购等在内 20 多个相关配套政策的绿色能产业政策组合体系(陈艳、龚承柱、尹自华,2019)。中国绿色能源产业政策的扩散促进了绿色能源产业迅猛发展,绿色能源产业政策已成为推动能源生产和消费革命的重要力量(Ji Q & Zhang D,2019)。绿色能源在技术上取得了进步,成本竞争力日益增强,吸引了大量投资,并在全球范围内大幅增加了装机容量。截至 2020 年底,不仅风电和光伏新增装机连续 11 年、8 年位居全球首位,而且水电、风电、光伏发电、生物质发电分别连续 16 年、11 年、6 年和 3 年稳居全球首位[①]。与此同时,风能和光伏产能严重过剩,光伏产品价格和产能利用率持续下降,造成资源浪费,中国太阳能光伏行业的工业产能过剩问题比风能行业更为突出,政策干预不当也是重要的原因(Yang Q,Hou X & Han J et al.,2019;Zhao X G,Wan Y & Yang Y H,2015)。在内蒙古、甘肃、新疆等地,光伏和风电的浪费率多年来一直在 5% 左右(国家能源局,2020 年)。上网电价政策导致绿色能源产业出现供需错配,降低了行业的生产力(Yu C H,Wu X Q & Lee W et al.,2021)。现有的补贴政策可能会诱发绿色能源道德风险,鼓励行业过度发展(Corwin S & Johnson T L,2019)。补贴资金的滥用,出现了地方政府和企业严重的联合欺诈(Zhang S,Andrews - Speed P & Ji M,2014;Xiong

---

① 国家能源局:中国在新能源发展上是世界第一 [EB/OL]. https://baijiahao.baidu.com/s?id = 1695702837945254833&wfr = spider&for = pc,2021 - 3 - 31.

YQ & Yang X H, 2016)。同时，绿色能源产业补贴负担重，补贴缺口从2017年的1500亿元攀升到2019年的3000亿元以上，预计2028年绿色能源电价补贴缺口达到峰值①。

政策组合理论认为，科学合理的政策组合体系能够为利益相关者提供激励机制、机会结构和约束机制，以此促进产业发展。政策一方面促进绿色能源产业迅猛发展，另一方面为什么又导致绿色能源产业出现了如此多的问题呢？本书认为，绿色能源产业政策是一个大的系统，各种具体的政策工具相互作用。现有的绿色能源产业政策组合之间具有怎样的关系？政策组合结构如何？绿色能源产业政策组合对绿色能源产业发展有无效果？其作用机制怎样？产业政策的最优作用空间如何？政策组合如何引导各主体实现利益均衡？政策组合有丰富的选择，如何选择恰当的政策组合才能够引导绿色能源产业持续健康发展，是破解现实问题的关键；而系统探索绿色能源政策之间的相互作用关系又是设计恰当政策组合方案的科学依据。

基于此，本书在借鉴前人研究成果的基础上，开展了以下探索和研究：首先，系统梳理绿色能源产业政策类型及其组合中存在的问题，产业政策的演变历程，为后文的分析奠定理论基础；其次，从绿色能源政策组合的角度分析政策组合的内在逻辑结构及其相互关系，并分析政策组合结构的动态变化特征及政策组合稳定性；再次，评价产业政策对绿色能源企业可持续发展的影响，深入剖析产业政策对绿色能源企业可持续发展的作用机制，探索绿色能源产业政策的最优作用空间，探讨绿色能源产业政策如何引导多主体实现利益均衡；最后，提出绿色能源产业

---

① 席菁华，马悦然.4000亿缺口，拖欠六年的可再生能源补贴有望补齐了[EB/OL]. https：//baijiahao.baidu.com/s?id=1728510006782772913&wfr=spider&for=pc，2022-3-28.

政策组合的政策建议。

二、理论基础与研究现状

(一) 理论基础

1. 市场失灵理论

早期的西方经济学认为,自由放任能够让市场以最优的方式配置有限资源并保持社会上的供求平衡,厂商可以得到最多利润,而消费者也可以用最低的价格买到商品。然而,随着世界新时代的到来,在经济危机等外部冲击下,"市场失灵"现象频频发生。李瑶、李磊、刘俊霞(2022)认为,单独依赖市场不利于资源分配,需要政府通过制定产业政策的方式弥补市场机制的缺陷。一般来说,市场失灵是产品、服务或应用过程中分配效率低下的情况(De Jong J P J, Gillert N L & Stock R M, 2018)。其理论部分主要揭示了以下三个问题。一是市场机制的不健全和不确定性问题。市场机制不健全会造成资源垄断,垄断会导致行业出现"内生性扭曲"和"政策性扭曲",降低资源配置效率,抑制企业全要素生产率(刘中华和彭乐骅,2021),从而打击企业创新积极性。不确定性会让企业主体不能明确知道决策的结果,研发创新是一个高风险行为,企业规避创新行为的根源可能在于企业对其价值兑现的不确定性。二是外部性问题。外部性是指某一主体的行为对其他主体造成影响,外部性又分为正外部性和负外部性。正外部性的存在导致绿色能源企业研发成果很容易成为公共物品,其他追随企业可以不付费就享有该绿色能源企业的研发成果,研发主体因为不能完全获得研发成果带来的利益而极大降低了创新的积极性（Tassey G，2004）。三是信息不对称问题。市场交易双方各自所掌握的信息是不对等的，信息的差异化往往会导致逆向选择和道德风险等问题（林毅夫和李永军，2001）。

在市场失灵的影响下，市场机制的不健全和不确定性、信息不对称等都会影响到企业的研发创新（冯海红、曲婉、李铭禄，2015），由于企业研发创新活动的成果具有显著的正外部性，创新收益不能由研发企业独享，从而导致企业的私人收益率低于社会收益率（解维敏、唐清泉、陆姗姗，2009），这会降低企业研发意愿，导致企业研发投资低于社会最优水平（张辉、刘佳颖、何宗辉，2016），这就需要政府适度干预来解决市场失灵带来的问题。通过转变政府职能、健全宏观调控，颁布一系列产业政策，发挥政府作用干预企业创新（王浦劬，2014），有利于降低企业创新活动的成本，吸引外部资金的涌入，弥补市场失灵的缺陷，营造公平竞争的市场环境，从而提高行业整体的创新水平，推进国民经济整体发展。

2. 信号传递理论

由于信息不对称会引致道德风险和逆向选择问题，所以交易双方会试图通过各种信号向彼此传递真实信息来规避风险，这就是信息传递的基本理论。绿色能源产业的融资成本较高（Gebhardt G，2009），且绿色能源产业是一个技术密集型产业。作为工业发展的商业秘密，工业研发与创新是不对外公布的。因此，投资者很难正确评估资本投资的回报。这导致了严重的信息不对称问题（Guiso L，Sapienza P & Zingales L，2004）。此外，绿色能源产业初期投资巨大，具有高风险和沉没成本高的特点（Anton S G & Afloarei Nucu A E，2020）。长期以来，政府补贴一直是绿色能源产业的重要资金来源，在绿色能源产业发展初期和成长阶段发挥了重要作用。绿色能源产业属于技术密集型产业，政府补贴可以在一定程度上缓解绿色能源产业投资中的信息不对称问题。首先，政府对绿色能源企业的补贴需要经过严格的筛选程序。这个过程包含了许多对外部投资者有价值的信息，外部投资者可以利用这一可靠的信息来源来提高企业信息的透明度。其次，政府对绿色能源企业的补贴会向外界发出一个信号，使投资者相信企业的技术得到了政府的认可，这是一个积极的信号和激励（Arque – Castells P，2013；Trinh L，Adam B & Jaffe，2017）。绿色能源产品属于准公共物品，具有收益的不完全排他性，就会导致其研发创新过程中出现不确定性强、风险性高和周期长等特点（Choi J & Lee J，2017），严重制约了绿色能源产业创新活动的开展。绿色能源企业治理结构的完善度和会计信息的透明度都会影响信号传递效应。

3. 潮涌现象

潮涌原意是如潮水一般的涌流，原来指代潮水变化的自然现象。而在本书中，潮涌现象反映的是在经济发展过程中的一种外部形态，这一概念最早由林毅夫提出。林毅夫（2007）认为，投资容易出现潮涌现象，企业的投资一波接着一波涌向相同的某个产业。在每一波的初期阶段，每个企业都预期投资会得到很高的回报收益，在"羊群效应"的影响下，金融机构也偏好对这些企业进行金融支持。然而，等到每个项目的投资完成后，产能严重过剩的现象将不可避免。至于潮涌现象产生的原因，邵传林和李晓慧（2021）认为，投资时个体的理性决策导致了集体的非理性决策，即出现了博弈论中的"囚徒困境"。投资者在信息不确定的情况下，往往会模仿他人决策，受到其他投资者的影响，从而在相同的时间纷纷涌入同一产业。虽然政府的产业政策会刺激投资，但一定程度上也导致了对企业的投资过度,从而诱发潮涌现象,在中国因"投资拉动"而产生的潮涌现象尤为明显。更进一步,郭吉涛和郑岚清(2019)认为,因企业的信息不完善,在识别具有潜力的行业时,对行业内竞争对手的投资行为和市场容量难以判断;倘若企业发现其他企业会对相同行业发展潜力做出类似判断,投资人可能就会更加理性地进行成本收益分析,就可以成功避免潮涌现象。

以中国光伏产业为例,在产业发展初期,政府通过大力发放补贴来吸引外部资本,导致大量企业纷纷涌入,市场上一度出现供过于求的现象,因此不可避免地出现了产能过剩的情况。姜晓婧和赵贤(2020)认为,产业政策的扶持并没有根据光伏产业发展的不同阶段和不同环节进行适当调整,"一刀切"的补贴模式诱发部分光伏企业产生道德风险,即加剧光伏企业的骗补、寻租等一系列行为,直接导致了光伏企业"重产能扩张、轻研发投入"的局面。王文祥和史言信(2014)认为,政府要避免过度干预投资,减少潮涌现象的发生。目前,光伏补贴政策退坡机制的实施,将会优化光伏产业产能,有利于充分发挥市场作用。

(二) 文献回顾

国内外学者对于政策促进绿色能源产业发展的路径、绿色能源政策之间的对比分析、政策效果、绿色能源产业政策组合的论证等方面的研究为本部分内容提供了理论、方法借鉴和逻辑起点,具有重要启示作用。

1. 政策促进绿色能源产业发展的路径

国内外学者分别从市场供给、市场需求以及外部环境优化等角度说明政策对绿色能源产业发展的作用机制。有学者认为,政策通过促进绿色能源产业技术创新，从而扩大其产品的市场供给来推动绿色能源产业发展（Ren S, Hao Y & Wu H, 2021; Zhao G, Zhou P & Wen W, 2021; Nicolli F & Vona F, 2016）。比如政府资助的研发和企业投资研发享有税收抵免的优惠，由于这些工具依赖于每个部门可利用的"技术机会"和"科学实力"（Pitelis A T, 2018; Rosenberg S, 1974; Nelson A J, 2009），企业需要增强其吸收能力，以实现来自先进技术的机会（Nemet G F, 2009; Rosenberg N, 1990），因此，供给型政策被视为需求拉动工具的补充（Nemet G F, 2009）。有文献认为，国家创新研发资金的投入推动了"绿色能源技术发展创造→降价→市场推广→更多研发"的良性循环（Watanabe C, Wakabayashi K & Miyazawa T, 2000）。有些学者关注作为发展创新活动的关键参与者，地方政府在技术创新过程中传递国家目标和整合区域技术资源的影响方面显示出越来越大的影响力（Guerrero M & Urbano D, 2017; Huang P, 2019）。具体来说，地方政府需要制定相应的政策，整合现有的区域资源（Huang P, 2019），制定一些管理机制（Gao X & Rai V, 2019），执行国家政策，平衡区域创新需求（Tevapitak K & Bert Helmsing A H J, 2019）。

有相当多的学者认为，政策促进市场需求的扩大从而拉动绿色能源产业发展，需求型政策表现为对绿色能源产业市场需求的拉动，从消费补贴和市场开拓两个方面，减少市场需求的不确定性，从而带动绿色能源产业健康发展。一个常用的政策工具，特别是对于地方政府来说，是创造需求（Gao X & Rai V, 2019）。社会消费需求和投资需求的不充分往往会引起生产过剩（霍国庆、聂云阳、李维维，2020）。需求拉动型工具通过刺激和扩大市场需求，提高绿色能源企业的创新收益，推动其技术扩散，从而诱发企业的技术创新（李杨，2019）。在一系列环境控制政策和绿色能源产业政策的作用下，传统能源需求减少，环境友好型的绿色能源产品需求持续扩大（毕清华、范英、蔡圣华等，2013；毕超，2015）。对绿色能源产业需求型政策研究最多和最为成熟的是固定电价制和配额制，几乎所有发展可再生能源的国家都至少实施了其中一项政策。固定电价制应用较为成功的国家是德国、西班牙、丹麦和中国，配额制应用较为成功的是美国、澳大利亚和日本（蒋轶澄、曹红霞、杨莉等，2020）。

还有学者从企业的生产环境、外部基础设施和其他配套的角度解释政策对绿色能源产业发展的作用机制。环境型政策通过改善绿色能源产业投资、生产、技术创新等的外部环境，从目标规划、财政税收和监管控制等方面，为绿色能源产业生产、投融资、技术研发等活动提供有利的政策环境，间接助推绿色能源产业的发展（霍国庆、聂云阳、李维维，2020）。也有文献研究绿色能源政策的法律属性（龚向前，2017；Liu J X，2019）。

2. 绿色能源产业政策之间的对比分析

针对固定电价制和配额制的优缺点从不同的角度进行对比分析，一直是学术界争论和辩论的焦点（Zhang L B, Chen C & Wang Q et al., 2021；Yang D, Jing Y & Wang C et al., 2021；Zhao X G, Li P & Zhou Y, 2020；Zhang Q, Wang G & Li Y et al., 2018；Choi G, Huh S & Heo E et al., 2018；余杨和李传忠，2020；Polzin F, Egli F & Steffen B et al., 2019）。对固定电价制和配额制的讨论最早可追溯到韦茨曼（Weitzman）的著作（Martin L & Weitzman, 1974）。虽然他没有直接讨论上网电价（FIT）政策和可再生组合标准（RPS）政策，但研究污染税和排放标准对传统能源的影响机制与 FIT 政策和 RPS 政策对绿色能源的影响机制相似。他认为两种政策的优劣取决于不确定性下收入函数的弯曲程度。此后，学者们对上网电价和配额制两项政策进行了更深入的研究。上网电价通过设定固定电价或长期高于市场电价的溢价来保证绿色能源产品的价格。配额制要求发电机或电力供应商获得一定比例的绿色能源产品。有配额义务的电源供应商可以通过自己供应绿色能源产品或购买绿色能源证书市场上为所有绿色能源产品发行的绿色能源证书来实现目标（Kwon T，2018）。前者是一种价格政策，保证在固定期限内以特定价格购买发电（Couture T & Gagnon Y，2010）；后者是一项定量政策，对绿色能源的生产比例作出强制性规定。两种政策比较得到结论：一般而言，上网电价被认为是一种比配额制更有效的支持机制（Dong C G，2012），比如说上网电价在促进绿色能源总量的增长上较配额制更有成效（Chang Y & Li Y，2015），更具有成本效益（Fagiani R，Barquin J & Hakvoort R，2013）。在发展阶段上，上网电价在绿色能源产业发展初期更有效，比较而言，配额制和绿色证书交易系统在相对成熟的阶段更有效（Polzin F，Migendt M & Taube F A et al.，2015）。有学者运用美国、德国和英国的实证数据证实了这一观点，发现配额制的优点在于发展绿色能源的成本最低，但缺点在于对绿色能源发展初期阶段不适用；相反，上网电价制度适用于绿色能源发展的初期阶段（Lauber V，2004）。

配额制在完全竞争的市场环境中较上网电价能更有力地推动生物质能和垃圾焚烧发电行业的长期发展（Zhang Y Z，Zhao X G & Ren L Z et al.，2017；hao X G，Zhang Y Z & Ren L Z et al.，2017）。配额制为绿色能源发电企业提供更多的额外收益，从而提高了绿色能源政策实施的成本（Kwon T，2015）。在完全竞争的市场条件下，固定电价和绿色证书价格将达到同一水平；而在非完全竞争时，固定电价与发电成本差异比绿色证书价格更大。同时，配额制的社会福利要高于上网电价（Tamás M M，

Bade Shrestha S O & Zhou H, 2010)。上网电价政策和配额制对于增加绿色能源发电量和发电规模来讲都是有效的，比较而言，在增加社会福利方面，上网电价对其有负面影响，而配额制能有效提高社会福利水平，且可以提高绿色能源发电的技术水平（郭炜煜、赵新刚、冯霞，2016）。从环境经济学角度出发，配额制比上网电价更依赖于市场机制，更能促进绿色能源技术进步（Fischer C & Richard G，2007）。在促进绿色能源竞争方面，上网电价更优（Verbruggen A & Lauber V，2012），配额制不利于其他绿色能源的发展（Bergek A & Jacobsson S，2010）。

在两种政策产生的经济效率方面，有文献认为上网电价更具有经济效率（Woodman B & Mitchell C，2011），然而也有学者认为配额制更具有经济效率（Ringel M，2006）。从稳定性的角度来看，配额制缺乏稳定性，但是具有持续性（Fouquet D & Johansson T B，2008）；相反，上网电价具有稳定性，但缺乏持续性（Pablo - Romero M D P，Sánchez - Braza A & Salvador - Ponce J et al.，2017）。上网电价在节约成本以刺激研发投入方面优于配额制，而配额制在提高消费者剩余方面比上网电价效果更好（Sun P & Nie P，2015）。上网电价能有效增加绿色能源装机容量，同时也能激励企业增加技术研发投入，而配额制在促进减排方面更有优势（Ritzenhofen I & Spinler S，2016）。上网电价在激励投资者开发利用绿色能源以及降低投资风险上更具优势，而配额制对小型发电企业的激励不足。由于两种机制各有优劣，可结合使用（Burer M J & Wustenhagen R，2009）。还有文献对比分析固定电价制和可交易的绿色证书配额制（罗承先，2016；梁钰、孙竹、冯连勇等，2018；Schallenberg - Rodriguez J，2017）。绿色电力证书制度是基于配额制的一种政策工具，绿色电力证书是对除水电外其他绿色能源电量生产和消费的有效凭证。

3. 绿色能源产业政策组合

政策组合（policy mix）概念最早出现在20世纪60年代的经济政策文献中，原意指财政与货币的政策组合（王雪原和李雪琪，2022）。在20世纪90年代初，"政策组合"的研究在经济政策领域以外也得到了进一步扩展，比如公共政策和能源环境政策领域（郭雯和董孟亚，2021）。关于政策组合的界定与理解，见表1-1中所列文献。

表1-1　　　　　　　　　　政策组合的各种定义

期刊来源	定义
Policy Sciences	政策组合是多种目标和手段的复杂安排，在许多情况下，这些目标和手段是多年来逐步发展起来的（Kern F & Howlett M，2009）
Energy Research & Social Science	政策组合的概念是建立在政策研究的基础上的。政策组合一般是利用政策工具和行动者的组合，利用政策工具之间的各种增效作用和互补性来努力实现政策目标的政策过程（Kern F，Kivimaa P & Martiskainen M，2017）
Environment and Planning C：Politics and Space	政策组合是指预先设计的工具组合，或是可以通过更好的协调来实现的一套连贯的、相互支持的工具（Matti C，Consoli D & Uyarra E，2017）
Research Policy	政策组合包含的不仅仅是政策工具的结合，还包括这些政策工具出现的次序及政策工具交互作用（Flanagan K，Uyarra E & Laranja M，2011）
Research Policy	政策组合超越了相互作用的工具组合（工具组合），还包括政策战略、政策过程和特征。更准确地说，它强调决策者需要考虑各种手段的混合和手段的相互作用，以及具有长期导向的政策战略，作为政策组合的同样重要的组成部分。政策制定者要努力提高政策组合要素的一致性和政策过程的一致性（Rogge K S & Reichardt K，2016）
吉首大学学报（社会科学版）	合理的政策结构需要政策主体权衡自己所在的政策位置及与其他政策主体各个维度间的关系，如时间层面和空间层面等（陈世香和张静静，2021）
系统管理学报	政策组合主要指不同政策间相互作用以加强对单个政策的影响（张永安和关永娟，2021）

续表

期刊来源	定义
Research Policy	政策组合如何影响社会－技术变化；相反，社会－技术系统的发展如何通过一系列反馈机制进一步促使政策组合的调整（Edmondson D L, Kern F & Rogge K S, 2019）
Global Environmental Change	在现实中，政策组合往往需要随着创新和转型阶段的变化而调整（Turnheim B, Berkhout F & Geels F et al., 2015）

已有研究对政策组合概念尚未形成定论，相关文献研究隐含或明确地定义政策组合为几个政策工具的结合（Rogge K S & Reichardt K, 2016）。在中国，早就有"政策组合拳"的说法，即政府出台一系列相互搭配的产业政策，其目的是实现该产业的持续健康发展。未来中国绿色能源的发展依赖于更加合理审慎的政策组合结构（苏竣和张芳，2015）。

综上所述，政策组合是目前政策研究领域的热点问题，虽然政策组合理论强调政府认识和应对绿色能源部署的多方面障碍的潜力，但政策组合的概念在提供评估视角方面有很大的局限性。那么，我们如何知道政策组合是否有效呢？我们应该用什么方法评估政策组合的有效性？这些都是需要回答的重要问题。

4. 绿色能源产业政策效果的实证研究

关于政策对绿色能源产业发展有效性的争论由来已久，2016年林毅夫与张维迎就"产业政策是否有效"这一问题展开学术讨论，引得众多经济学家参与，但并未达成共识。比较而言，在市场机制不完善的发展中国家，或对于发达国家的新兴产业，认为政策有效的文献更多一些。产业政策驱动绿色能源产业发展已形成基本共识（胡宗义、邱先翼、李毅，2020；涂强、莫建雷、范英，2020；董长贵、周润民、李佳颖，2021）。如减少碳排放、降低能源消耗、提高能源效率（Dickson P R & Czinkota M R，1996），对绿色能源技术进步具有显著的正向作用（邱兆林，2015），对降低成本和全球可再生能源市场产生积极影响（Kobos P H，Erickson J D & Drennen T E，2006），可以刺激企业投资可再生能源、促进经济低碳发展（Amrutha A A，Balachandra P & Mathirajan M，2017）；除了支持新兴产业绿色能源产业有效竞争外，还能促进其产业结构升级，帮助落后经济体追赶较强经济体，比如"东亚奇迹"（Lucas R，1993），新能源汽车产业政策有效推动其产业蓬勃发展（Liu L，Zhang T & Avrin A et al.，2020），引导示范型政策有效地促进可再生能源发电量的增加（兰梓睿，2021）。尽管产业政策能够推动绿色能源产业的发展，但是不合理的补贴政策会带来一系列新的问题。比如风能，有研究指出，中国高额补贴甚至已经成为弃风限电和补贴缺口的直接推手（Dong C，Qi Y & Dong W et al.，2018；王敏，2018）。已有研究甚至发现，风电补贴每增加0.1元，弃风率会提高2%~3%（董长贵、周润民、李佳颖，2021）。在缺乏有效的可再生能源市场激励的情况下，依靠电价补贴政策驱动的支持方式导致了行业的盲目投资（Corwin S & Johnson T L，2019），进一步加剧了电力市场的产能过剩，导致中国出现更严重的风能和太阳能弃用现象（Liu C，Li N & Zha D，2016）。

一些学者研究了上网电价、可再生组合标准和税收优惠的实际效果（Solangi K H，Islam M R & Saidur R et al.，2011；Wang T，Gong Y & Jiang C，2014），并对不同政策效果的比较进行了细化，旨在找到有效的政策和可行的混合政策框架（Schallenberg‐Rodriguez J & Haas R，2012）。利用欧洲数据检验可再生能源发电扶持政策是否能促进可再生能源发展，数据计量分析表明，补贴对经济增长有积极作用，税收优惠和上网电价政策可能有利于可再生能源的短期或长期发展（Nicolini M & Tavoni M，2017）。还有学者考察不同政策对不同国家可再生能源产业的影响（Shen N, Deng R & Liao H et al.，2020），考虑传统政策的优化设计，提出新的政策方向。

从研究方法来看，有采用动态递归 CGE 模型（Li W, Lu C & Zhang Y，2019；Boeters S & Koornneef J，2011）、随机动态递归模型（林伯强和李江龙，2014）、学习曲线模型（Hong S, Yang T & Chang H J et al.，2020）、博弈模型（周德群、许晴、马骥等，2018）、两阶段模型（Delmas M A & Montes – Sancho M J.，2011）、固定效应模型（吕明洁、陈松、楼永，2013）、最小二乘法（Menz F C & Vachon S，2006）等。

值得注意的是，也有文献关注绿色能源产业政策之间的相互关系及其组合。有研究指出，可再生能源政策与可再生能源产业政策之间相互独立、各自为政是造成风能和光伏产业产能过剩的根源（Zhang S, Andrews – Speed P & Zhao X et al.，2013）；也有研究认为，政策设计者在制定温室气体减排政策时，需要考虑一个重要的问题——气候政策和能源政策之间的相互作用（嵇欣，2014）。绿色能源产业政策组合是基于产业链平衡发展的政策系统框架（于立宏和郁义鸿，2012），应该改进顶层设计、重构补贴体系、重视配套政策体系建设等产业政策优化路径（吕东东、郭本海、陈玮等，2017）。

5. 文献述评

上述研究成果极大地丰富了绿色能源产业政策的研究，对于本书的研究具有一定的引导意义。但上述研究在以下四个方面还存在不足。

第一，政策组合过程中，政策之间的相互作用关系和内在结构尚需进一步系统研究。现有文献虽有对政策之间关系的研究，但仅局限于某几种政策，缺少系统梳理，对各种政策在相互作用的基础上促进绿色能源产业发展的传导机理还有待深入研究。

第二，产业政策对绿色能源企业可持续发展有无效果，其作用机制是什么？以往的文献大多聚焦于产业政策对绿色能源企业经济绩效或创新绩效有无影响，得出不一致的结论。但产业政策的效果包含多个方面，既包括政策对绿色能源企业的经济绩效、创新绩效，同时还应该考虑政策的长远目标，即政策对绿色能源企业可持续发展有无效果，政策作用机制还有待进一步挖掘。

第三，绿色能源产业政策是否存在最优空间？政策与绿色能源产业发展之间非线性的动态相互作用关系尚需实证检验。以往的研究文献都是假设政策与绿色能源产业发展之间具有线性关系，但现实是政策与绿色能源产业之间在某一阶段可能表现为相互促进，在另一阶段也有可能表现为相互破坏。

第四，政策组合如何引导绿色能源产业相关的主体实现利益均衡？现有文献虽有讨论中央政府与地方政府之间博弈导致绿色能源产业产能过剩问题，但还缺乏系统研究从政策的制定到执行过程中，政策组合如何引导各级政府之间以及政府与生产者、消费者之间博弈的利益均衡问题。

三、核心概念与研究范围

（一）绿色能源

从简单的生态文明理念到现代环保运动的兴起，从伦理和审美驱动到经济、政治、法律等综合支撑体系的建设,绿色发展理念根植于历史,顺应潮流。事实上,它反映了当代人对人与自然、人与社会关系的认识的增强。纵观人类利用能源的历史,绿色能源就是这样产生的。百度文库这样定义绿色能源:"绿色能源也称清洁能源,分为狭义和广义两种概念。狭义的绿色能源是指水能、生物能、太阳能、风能、地热能和海洋能等可再生能源。这些能源消耗之后可以恢复补充,很少产生污染。广义的绿色能源则包括在能源的生产及其消费过程中,选用对生态环境低污染或无污染的能源,如天然气、清洁煤和核能等。"

文献中,绿色能源是指利用地球上可用的自然能源产生的所有清洁能源,主要包括生物质能、太阳能、风能、水电和地热能(Bhowmik C, Bhowmik S & Ray A et al., 2017)。有文献认为,绿色能源是指含碳分子量少或无碳原子结构的能源,主要指可再生能源(邵学峰和方天舒,2021)。绿色能源是与可持续发展相匹配的概念,是一种既节能又减排的能源(李代红,2011)。绿色能源有两个特点,即原料本身无污染和在发电过程中产生较少或不产生 CO_2(邵学峰和方天舒,2021)。21世纪初,中国政府开始意识到产业政策对绿色能源产业发展的重要性,在政策的扶持下,绿色能源产业迅猛发展。

政治、经济、社会、技术等因素共同影响着绿色能源的发展方向,绿色能源的重点领域主要包括可持续资源管理(Chiranjib B, Sumit B & Amitava R et al., 2016)、能源体系深度转型、减少化石燃料的环境足迹(Bello M O, Solarin S A & Yen Y Y, 2018)、区域合作(Wang M, Li X & Wang S, 2021)。

与此同时,本部分有必要对以下几个概念进行界定(见表1-2)。

表 1–2   与绿色能源相关的概念

能源范畴	相互之间的交叠关系	说明
绿色能源	广义的绿色能源包括在能源的生产及其消费过程中，选用对生态环境低污染或无污染的能源，如天然气、清洁煤和核能等。狭义的绿色能源＝可再生能源	本书中取绿色能源的狭义理解，即绿色能源＝可再生能源
可再生能源	可再生能源≈太阳能＋风能＋水能＋地热能＋生物质能等	
清洁能源	清洁能源≈新能源＋天然气＋能源效率等；欧洲以外的大部分国家和机构认为核能也是清洁能源；清洁能源相关的技术还包括：LED及电动汽车、燃料电池汽车、储能，甚至更广泛的CCS与CCUS；其中：天然气＝传统能源、一次能源、低碳能源≈清洁能源	非能源品种的清洁能源技术，多为二次转换或消费侧技术，包括：储能及燃料电池技术、新能源汽车技术、CCS与CUS技术等
新能源	新能源≈可再生能源＋氢能＋核能	新能源在新技术基础上，系统地开发利用的可再生能源。主要包括两个领域：一是新的可再生能源的利用；二是对传统的能源进行技术变革所形成的新的能源。中国将核能视为新能源
传统能源	传统能源≈化石能源（不可再生能源）＝煤炭＋石油＋天然气；核能属于非化石不可再生能源，一些国家和机构认为核能属于传统能源	常规能源又称传统能源。如煤炭、石油、天然气、水力和核裂变能，是促进社会进步和文明的主要能源。在讨论能源问题时，主要指的是常规能源。常规能源的储藏是有限的，要加上（不可再生资源）的字样

资料来源：据 IEA、EU、DOE（USA）、NEA（CHN 国家能源局）、NDRC（CHN 国家发展和改革委员会）等公开资料整理得到。

1. 可再生能源

其英文名称是 renewable energy，其概念最早是由联合国在内罗毕的新能源和可再生能源会议上确定的。按照《中华人民共和国可再生能源法》和国际可再生能源机构发布的《全球可再生能源投资趋势（2020年）》对可再生能源的定义，可再生能源包括水能、太阳能、风能、生物质能、地热能、海洋能等。显然，可再生能源是绿色低碳能源，是中国多轮驱动能源供应体系的重要组成部分①。

2. 清洁能源

根据文献检索情况来看，国内外关于清洁能源并无统一定义，既有按照能源使用对环境的影响程度来定义和划分的，也有将能源的清洁利用本身就当作清洁能源的定义。即便是前者，各国对环境的影响程度也有不同认知。总体来看，将可再生能源、核能等环境影响较小的能源品种以及能效纳入清洁能源范畴，是重要国际组织的基本共识（《国际清洁能源产业发展报告（2018）》）。百度文库里是这样定义的：清洁能源，即绿色能源，是指不排放污染物、能够直接用于生产生活的能源，它包括核能和"可再生能源"。

3. 新能源

1980年联合国召开的"联合国新能源和可再生能源会议"对新能源的定义为："以新技术和新材料为基础，使传统的可再生能源得到现代化的开发和利用，用取之不尽、周而复始的可再生能源取代资源有限、对环境有污染的化石能源，重点开发太阳能、风能、生物质能、潮汐能、地热能、氢能和核能（原子能）。"

4. 传统能源

又称常规能源，是指已能大规模生产和广泛利用的一次能源，如煤炭、石油、天然气、水。传统能源是促进社会进步和文明的主要能源。

---

① 国新办举行中国可再生能源发展有关情况发布会［EB/OL］. http://www.nea.gov.cn/2021-03/30/c_139846095.htm, 2021-3-30.

（二）产业政策

产业政策的学术研究在过去十年中经历了某种复兴。不同的国家，不同的经济发展时期，产业政策由于研究的角度不同，其定义皆有所不同。目前学术界对产业政策的理解大致如下（吴建伟、楼永、张鑫，2016）：第一，政府颁布的与本产业相关的所有政策的总和（阿格拉，1985；下河边淳和管家茂，1982）；第二，产业政策主要是政府为了弥补市场机制失灵而采取的一系列补救政策（小宫隆太郎、奥野正宽、铃村兴太郎，1988；刘家顺，2006）；第三，产业政策为产业赶超政策（周淑莲，1990）。大体来说，一般把产业政策划分为广义产业政策和狭义产业政策。广义产业政策是指政府针对某些产业所有政策的总和。从广义的角度出发，有学者认为产业政策是政府为了干预市场运作而出台的一系列为了达到特定目标的政策总和（刘家顺，2006）。产业政策是对产业发展有重大影响的一系列相关政策，它受国家发展战略的支配和制约（周振华，1990）。狭义产业政策是将产业政策定义为产业部门。比如有学者认为产业政策干预了产业部门之间的资源分配，是通过干预经济生产过程来调节经济运行（苏振兴和张勇，2011）；产业政策是促进某种产业投资、生产、研究开发而抑制其他产业同样活动的政策，并对产业部门之间的资源配置实施干预的所有政策的总和（小宫隆太郎和余昺鹏，1988）；产业政策是政府从长远利益考虑，为了促进行业健康发展，通过干预规划等手段来影响产业活动的各种产业政策的总称（Gregory F & Nemet，2009）。

综上，虽然产业政策的定义由于视角不同、国家不同、发展时期不同，其侧重点各有不同。但是，有一点是共同的，所有政策的作用对象都是特定的某一产业。产业政策的基本功能就是在市场机制失调时，国家通过政策的倾斜来引导社会资源在产业中的分配，从而提升国民经济质量、营造公平竞争的市场环境并影响经济发展方向，产业政策的本质就是为了提升经济发展质量（孙早和席建成，2015），是政府为了实现一定的经济和社会目标而对产业的形成和发展进行干预的各种政策的总和（李贤沛和胡立君，2005）。本书中绿色能源产业政策是指"政府为了实现一定的经济和社会目标而对绿色能源产业的形成和发展进行干预的各种政策的总和"。

（三）研究对象

由于研究样本的可获得性和不同绿色能源产业的异质性，不同的绿色能源产业其发展阶段和技术特点有所区别，其适用的政策工具和政策力度皆应有不同。因此，在具体的研究中，本书选取特定的绿色能源产业——风能产业为代表，主要原因在于风能产业作为绿色能源产业的典型代表，得益于政策的扶持，在中国近年来发展迅猛，但也出现了一些问题，这些问题在其他的绿色能源产业中也有表现。因此，选择风能产业作为研究对象，所得结论更具有一般性和说服力。因此，本书基于风能产业的视角分别探讨了绿色能源产业政策演变历史，政策组合结构，产业政策及政策组合的作用效果及作用机制。在分析产业政策对绿色绿电企业技术创新的最优区间即政策与绿色能源企业技术创新之间的非线性关系时，绿色能源企业样本包含了风能、光伏、生物质能等大部分绿色能源产业，选取的政策是以政府补助为例。主要原因有两点：第一，本书重在探讨绿色能源产业政策是否存在最优空间，并非探讨政策组合是否存在最优空间，因此选择其中的一种政策来说明问题即可；第二，从技术的角度来看，因为风能上市企业数量有限，不能满足门槛模型要求的样本数量，实证结果不显著。因此，在探讨产业政策的最优区间时选择了所有绿色能源企业，在具体的分析中，也对比了风能、光伏和生物质能等的最优区间的差异性。

在政府政策研究方面，极具代表性的是罗思韦尔和泽格维尔德（1985），根据其研究思想，结合风能产业发展，有学者将风能产业政策划分成需求型、供给型和环境型三种类型（黄萃、苏竣、施丽萍等，2011）。还有文献把能源政策划分为能源供应、能源节约、能源结构优化、能源体制改革和能源国际战略五个方面（陈艳和成金华，2006）。学者们在研究光伏产业政策时提出结构式强制工具、合同式诱导工具和互动式影响工具三种类型（曾婧婧和胡锦绣，2015）。还有学者根据政策定位不同，将政策分为结构政策、技术政策和组织政策（江飞涛和李晓萍，2010）。本书采纳罗思韦尔和泽格维尔德的研究思想，以中央部委及以上级别部门发布的绿色能源产业政策为研究对象，将绿色能源产业政策分为供给型、环境型和需求型三大类。

四、研究方法

（一）政策文本分析法

政策文本是指由国家颁布的各种法律、规章制度的文件，通过对政策文本的分析，可以更好地研究政策内容。信息技术的发展，推动了一些新政策研究方法，在本书中，有以下三种利用信息技术分析政策文本的方法。

1. PageRank 算法

PageRank 算法最初被用来评价网页的重要性，从而对用户的搜索结果进行排序，随着其他研究者的改进和发展，PageRank 算法也被广泛用于文献搜索及影响力评价等领域。在本书中将 2000～2020 年中国部委级别及以上部门发布的 223 项政策细分成 3 类 9 种共 586 项政策工具，以政策在时间上的前后联系和直接的文本关联关系为基础，通过 Gephi 软件绘制不同种类政策间的有权有向网络图谱，以反映政策组合中各种政策之间的相互关系。通过构建风能产业政策组合动态效率评价矩阵，对 2000～2020 年的风能产业政策组合结构特征动态变化进行评价。

2. 共词分析

与学术文献的关键词类似，政策文献的主题词同样能表达文献的核心内容。因此，借鉴文献计量学研究关键词的分析方法，对 2000～2020 年中国部委级别及以上部门发布的 223 项政策，在确定风能产业政策文本主题词后，进行共词分析并构建共词矩阵，作为定量分析的基础。研究受关注程度高的主题词及其内部结构和联系，进一步探究随时间演进的政策聚焦点及其演变规律。

3. 社会网络分析

社会网络分析是一种社会学的研究方法，通过对各个节点进行分析，对其相互关系进行梳理，最后以网络的形式呈现各节点之间的关系特征，它注重的是多向交互的关系（刘军，2014），已成为近年来逐渐完善的社会科学研究方法。根据社会网络的基础理论，本书对 2000～2020 年中国部委级别及以上部门发布的共计 223 项政策，采用中心性和网络中心势来分析风能产业政策变迁特征。

（二）实证研究法

1. 双向固定效应模型

双向固定效应回归是面板数据中包括不随时间改变的个体效应、不随个体改变的时间效应的一类估计方法。在本书中，使用具有异方差稳健标准误的双向固定效应模型考察产业政策对风电企业可持续发展的影响，探究需求型和供给型、需求型和环境型、供给型和环境型政策组合对于企业可持续发展的影响效果，并进一步分析产业政策影响企业可持续发展的异质性效应。

2. 动态面板 SYS – GMM 模型

为了解决双向因果关系所导致的内生性问题，在分析绿色能源产业政策的最优区间时，选择动态面板系统 GMM（SYS – GMM）模型对变量进行回归，该方法同时使用水平变量滞后项和差分变量的滞后项作为原方程的工具变量，以期更为准确地刻画变量之间的关系结构。以 2011~2019 年 234 家绿色能源发电上市公司为研究对象，采用动态面板 SYS – GMM 模型探寻政府补助对绿色能源发电企业创新产出的影响机制。

3. 门槛模型

门槛模型是针对具体个体特征的非动态面板数据分析提出的。在探讨产业政策与绿色能源企业创新之间的相互关系时，除了寻找二者之间的线性关系，还要考虑二者之间是否只存在线性关系。本书在证实产业政策与绿色能源发电企业的创新产出具有非线性关系之后，为了进一步验证二者之间的非线性关系，采用门槛模型对产业政策是否存在最优补助区间进行研究。

（三）博弈分析法

博弈是研究有利益冲突的主体的行为发生直接相互作用时的决策以及这种决策的均衡问题。在绿色能源产业政策组合设计阶段，构建三阶段动态博弈模型分析绿色能源产业政策组合如何协调政府与企业之间的利益关系；在政策执行阶段，构建演化博弈模型分析绿色能源产业政策组合如何协调中央政府与地方政府之间的利益关系；构建演化博弈模型分析绿色能源产业政策组合如何协调政府、绿电生产企业与绿电消费企业之间的利益关系。

（四）比较分析法

比较分析法一直贯穿于本书的始终。比如，在研究风能产业政策演变阶段时，对比了风能产业政策在不同阶段的主题高频词、共词网络图、点度中心性以及阶段特征等。在研究风能产业政策组合结构时，对比分析了风能产业政策组合的数量结构特征、组合种类结构特征等；对比分析了风能产业政策组合中不同政策与其他政策的关联度；对比了不同阶段政策组合的结构特征、稳定性等。在研究风能产业政策对企业可持续发展的影响因素及作用机制时，对比分析了不同类型的政策及政策组合对风能企业可持续发展的影响效果，并进一步对比分析风能产业政策在国企和非国企、市场化水平高低的区域之间的影响差异性。在研究绿色能源产业政策对企业创新的最优作用区间时，对比分析了补助政策在不同类型的绿色能源企业中最优区间的差异，并对比分析了政策的最优区间在不同区域的差异。

（五）规范分析法

规范分析研究经济社会中应该是什么的问题，对于问题作出好或坏的判断。本书运用演绎推理的方法梳理绿色能源产业政策演变历史，分析绿色能源产业政策组合过程中存在的问题。在本书的最后，依据前文分析的结论，归纳总结在不同的视角下绿色能源产业政策组合策略。

五、研究思路与创新点

（一）研究思路

本书遵循"问题—原因—解决"的研究路径，总体上采用规范的管理学研究方法，按照"理论研究＋模型构建＋实证检验"的模式，研究框架由"研究基础、理论研究、实证研究、延伸研究、组合策略"五个部分组成。研究内容包括"政策类型及政策组合中存在的问题，政策组合演变历史，政策组合结构分析，政策的作用机制及最优区间的实证检验，政策组合如何协调多主体利益均衡，以及多视角绿色能源产业政策的组合策略"等几部分。系统回答了以下问题：绿色能源产业政策组合有什么样的结构，政策之间有什么样的关系；现有的绿色能源产业组合能否促进绿色能源企业可持续发展，如果绿色能源产业政策组合确实有效，那么更进一步的绿色能源产业政策如何促进绿色能源企业可持续发展、其作用路径如何；政策的作用空间如何；政策如何引导各主体实现利益均衡；如何优化绿色能源产业政策组合等。上述研究内容对于推动中国能源管理理论和能源政策理论具有重要意义，为绿色能源政策研究提供新的视角和中国范例。本书的研究思路如图 1-1 所示。

（二）创新点

（1）现有文献大多数集中于探究某几种政策与绿色能源产业发展之间的关系，也有文献研究某几种政策之间的相互关系，但缺少系统分析政策之间的相互关系和内在结构。如果研究人员忽视了不同类型的政策工具之间的相互作用及其对政策目标的影响，他们可能会对如何发展绿色能源产业提出过于简化和零散的建议。中国绿色产业政策组合具有怎样的结构？其结构演进具有怎样的特征？绿色能源产业政策组合内部的紧密性如何？是否存在相互影响？本书通过对中国绿色能源产业政策进行完整的梳理来尝试论述绿色能源产业政策结构特点，并引入一种观察政策组合结构的方法——PageRank算法，尝试回答上述问题，力求对现有研究做出有益补充。

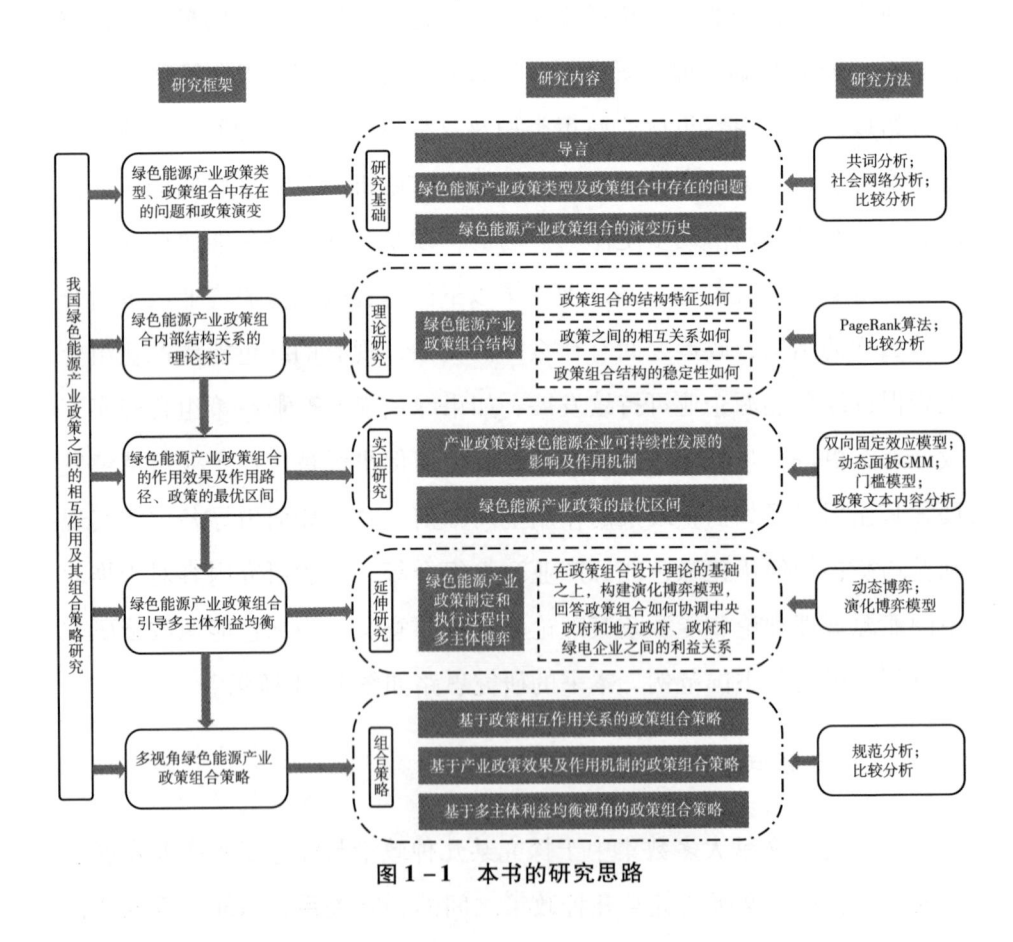

图1-1 本书的研究思路

（2）产业政策的效果包含多个方面，已由较多文献基于绿色能源企业的经济绩效、创新绩效等视角探讨产业政策效果。本书评估产业政策对绿色能源企业可持续发展的影响，进一步分析其作用机制。本书的边际贡献体现在：首先，对风能企业在环境（E）、社会责任（S）和公司治理（G）三方面的表现进行区分，使用 ESG 评级作为企业可持续发展的代理变量，分析了产业政策对绿色能源企业可持续发展的影响，为绿色能源产业政策研究提供了新视角；其次，从政策组合的视角考察了各类政策工具的搭配情况，为研究产业政策组合对企业可持续发展的实施效果提供了新证据；最后，在一个理论框架内阐明了产业政策影响风能企业可持续发展的机制并进行了相应的实证检验，从理论和实证两个方面丰富了绿色能源产业政策效果的研究。

（3）产业政策对绿色能源企业发展存在复杂的效应，并非简单的促进或抑制作用。以绿色能源企业创新为例，产业政策究竟在什么情形下促进企业创新又在什么情形下产生挤出，是否存在一个最优的政策区间？这是本书需要探讨的问题。现有的大多数文献聚焦于未获得补助企业与获得补助企业之间的创新行为对比，探索政府补助是否能显著地促进企业创新。而本书的重点在于对已经取得政府补助的企业进行研究，考察政府补助对企业创新的作用效果。进一步地，以往研究聚焦政府补贴与企业创新之间的线性关系，即重点研究政府补助是促进还是抑制企业创新，很少有文章研究政府补助与企业产出之间的非线性关系。本书着眼于政府补助与企业创新之间的关系结构研究，在控制了可能由互为因果所导致的内生性问题后，采用动态面板系统 GMM 模型探讨了政府补助与企业创新是否存在非线性关系；在证实政府补助与企业创新确实存在非线性结构以后，采用面板门槛模型找出了政府补助与企业创新非线性关系临界点以及政府补助的最优区间。

（4）政策组合如何引导绿色能源产业相关的主体实现利益均衡？现

有文献虽有讨论中央政府与地方政府之间博弈导致绿色能源产业产能过剩问题,但缺少系统探索从政策的制定到政策的执行这一完整过程中各利益主体的博弈分析。基于此,本书首先分析绿色能源产业政策所涉及的多主体之间的利益关系,构建多主体博弈的利益机制,搭建绿色能源产业政策组合设计的理论基础。在此基础上,详细分析在政策执行过程中中央政府与地方政府,政府与绿电生产企业、绿电消费企业之间的演化博弈过程。

第二章

绿色能源产业政策类型及其政策组合中的问题

一、绿色能源产业发展现状

2019年,风电已成为中国继煤炭、水电之后的第三大电力来源。在太阳能技术方面,光伏制造的大部分关键设备已实现国产化,智能制造逐步推进。在生物质能源技术方面,中国的生物质发电技术基本成熟,生物质成型燃料加热技术也日益成熟,生物质管道天然气技术正在积极开发。中国水电装机容量超过1亿千瓦,超过美国,成为世界第一。从绿色能源整体发展来看,成效显著。截至2021年10月底,中国绿色能源发电累计装机容量超10亿千瓦,占全国发电总装机容量的比重达到43.5%。其中,水电、风电、太阳能发电和生物质发电装机容量均稳居世界第一(丁怡婷,2021)。

(一)装机规模和发电量稳步增长,中国绿色能源产业的市场竞争力已位居全球前列

中国绿色能源产业经历了从无到有、从小到大、从大到强的发展历

程。近年来，中国绿色能源产业实现跨越式发展，开发利用规模稳居世界第一。中国风电、光伏发电、水电的累计装机规模和新增装机规模均位于世界首位。中国是世界上最大的绿色能源市场，发电量是排名第二的美国的两倍（Li J L & Ho M S，2022）。如图2-1所示，截至2020年底，中国绿色能源发电累计装机容量达到9.34亿千瓦，比去年同期增长17.63%。与此同时，中国绿色能源装机占全部电力装机的比重呈逐年上升趋势，2020年绿色能源发电装机占比达到42.5%，说明绿色能源的地位越来越凸显，未来绿色能源在中国能源利用领域将逐渐发挥主导作用。

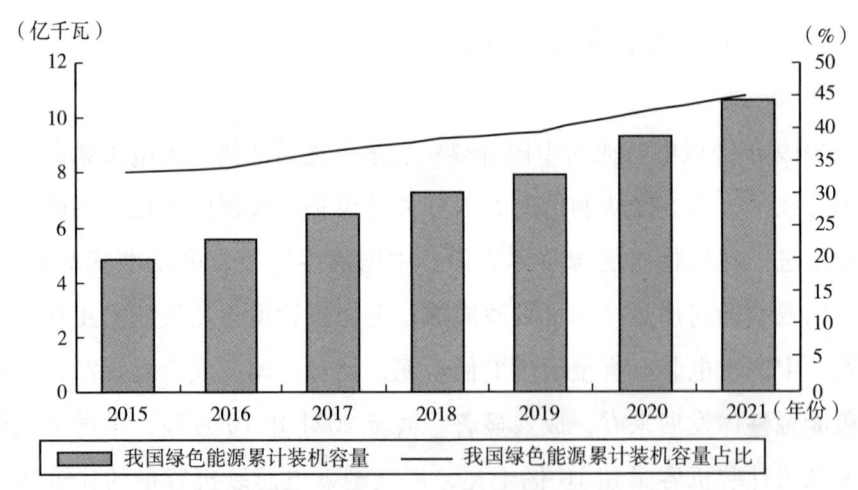

图2-1　2015~2021年中国绿色能源发电累计装机容量及其比重

资料来源：国家能源局。

同时，绿色能源发电量逐年提升，见表2-1。2020年中国绿色能源发电量达2.21万亿千瓦时，占全社会用电量的29.5%，较2012年增长9.5个百分点。截至2020年底，水电、风电、光伏发电、生物质发电分别连续 16 年、11 年、6 年和 3 年稳居全球首位[①]。可再生能源装机规模的扩大进一步提高了绿色能源的利用水平。但绿色能源发电量与其装机量不匹配，发电量占比小于装机占比，侧面反映发电利用效率有待提升。

表 2-1 2015~2020 年中国绿色能源发电量及其占全部发电量的比重

指标	2015 年	2016 年	2017 年	2018 年	2019 年	2020 年
绿色能源发电量（万亿千瓦时）	1.38	1.55	1.7	1.87	2.04	2.21
绿色能源发电量占比（%）	24.5	25.3	26.4	26.7	27.9	29.5

资料来源：根据国家能源局、中国能源统计年鉴等整理得来。

如图 2-2 所示，中国风电装机量和发电量均位居世界首位，产业体系较为完备，风电企业国际竞争力得到显著提升。截至 2020 年底，中国并网风电累计装机容量已经达到了 28152 万千瓦，占全部发电装机容量的 12.79%，2020 年风电新增装机容量达 7147 万千瓦，超过全球新增装机容量的 35%，新增装机连续 11 年居全球首位。2020 年，中国企业占据全球前 15 大风电整机生产商的 2/3，占全球市场份额的 54.2%。

如图 2-3 所示，早在 2017 年，中国光伏产业的市场份额就已占全世界的 70% 以上。2020 年中国为全球市场供应了 76% 的多晶硅、96% 的硅片、83% 的电池片、90% 的封装胶膜、76% 的组件（杨靖，2022）。全球光伏组件出口商前 10 名中，大多是中国光伏企业。截至 2020 年

[①] 国家能源局：中国在新能源发展上是世界第一 [EB/OL]. https://baijiahao.baidu.com/s?id=1695702837945254833&wfr=spider&for=pc，2021-3-31.

底，中国光伏发电累计装机规模连续 6 年位居全球首位，光伏新增装机连续 8 年居全球首位。

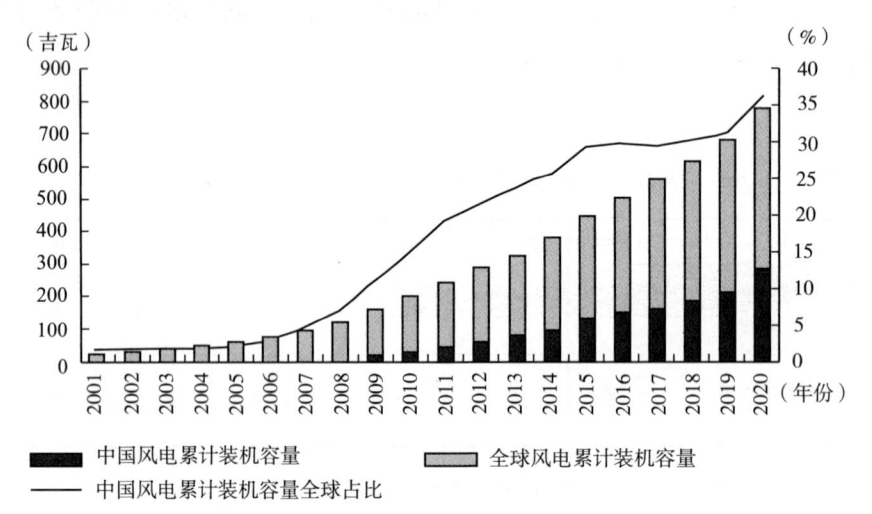

图 2-2　2001~2020 年中国和全球风电累计装机容量及中国占全球累计装机的比重

资料来源：《GWEC - Global Wind Report 2021》和国家能源局。

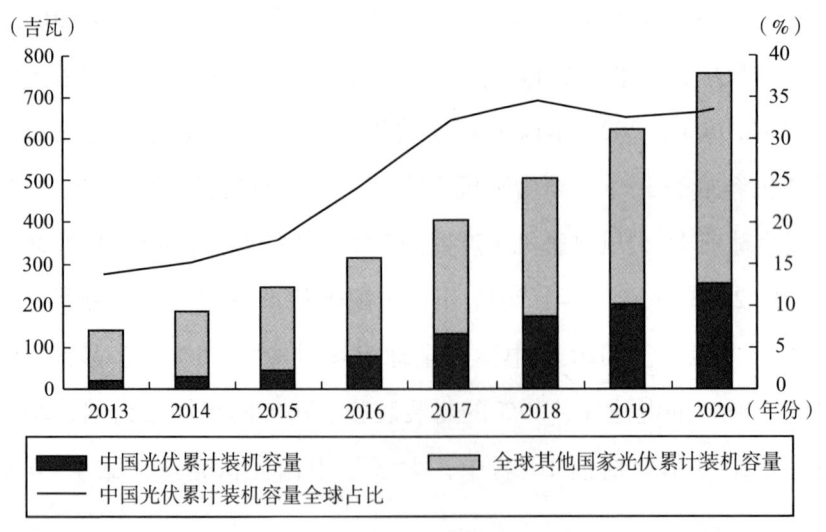

图 2-3　2013~2020 年中国和全球光伏累计装机容量及中国占全球累计装机的比重

资料来源：国际能源署 IEA 全球光伏报告和国家能源局。

（二）绿色能源消纳和弃电问题有所缓解，利用效率提升

随着"碳中和"目标的提出，"十四五"期间风电、光伏等绿色能源将迎来爆发式增长，如何解决大规模绿色能源消纳问题成为重中之重。中国绿色能源快速发展的过程中，也曾出现过高弃风率和高弃光率的情况（见表2-2和表2-3），平均弃风率在2012年和2017年均高达17%，2016年平均弃光率达10.3%。近年来通过采取一系列措施，弃风限电问题得到有效缓解。以全国平均弃风率为例，2012年和2016年均高达17%，2017年以后逐年下降，2017~2020年分别为12%、7%、4%和3%。全国平均弃光率也是如此，2016~2020年平均弃光率一路下降，由10%降到2%，如图2-4所示。目前全国平均弃风率和弃光率均达到了《清洁能源消纳行动计划（2018—2020年）》提出的2020年弃风弃光比率指标。风光发电在中国电力系统中的地位正在向电能增量主力供应者过渡。

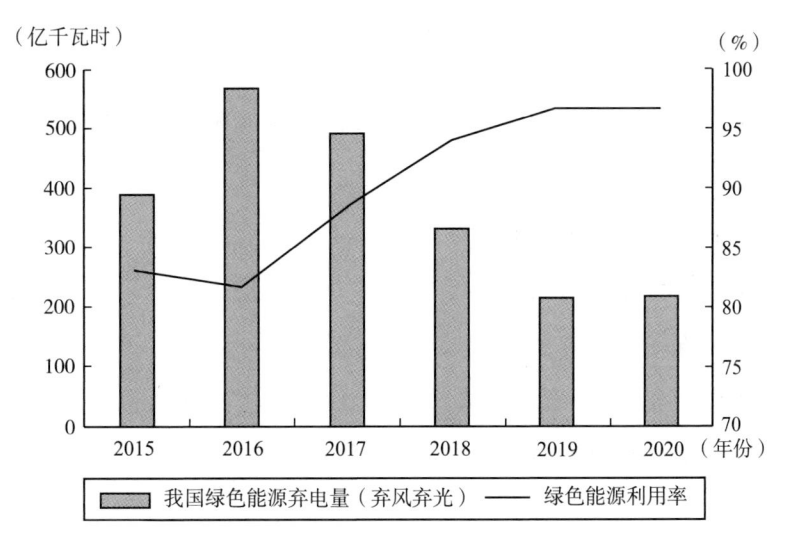

图2-4　2015~2020年中国绿色能源弃电量和绿色能源利用率

资料来源：国家能源局。

表 2-2　　　　　　　　2012~2020 年弃风量及弃风率

指标	2012 年	2013 年	2014 年	2015 年	2016 年	2017 年	2018 年	2019 年	2020 年
弃风量（亿千瓦时）	208	162	126	339	497	419	277	169	166
平均弃风率（%）	17	11	8	15	17	12	7	4	3

资料来源：根据国家能源局、中国能源统计年鉴等整理得来。

表 2-3　　　　　　2016~2020 年全国弃光电量及其平均弃光率

指标	2016 年	2017 年	2018 年	2019 年	2020 年
弃光电量（亿千瓦时）	70	73	54.9	46	52.6
平均弃光率（%）	10.3	6	3	2	2

资料来源：根据国家能源局、中国能源统计年鉴等整理得来。

（三）能源结构转型取得成效，绿色能源占比逐年扩大

能源结构转型主要体现在两个方面：一是能源供应结构，二是能源消费结构。从能源供应结构来看，自党的十八大以来，能源供应结构逐步优化。主要体现在传统能源生产持续下降，能源供应结构由煤炭为主逐渐向多元化转变，特别是在绿色能源开发利用方面获得长足进展，风能、太阳能等绿色能源生产增长迅猛。据统计，2020 年并网风电发电装机容量相对于 2005 年来说，增长 62.5 倍，光伏发电装机容量在这期间更是经历了从无到有的过程，如图 2-5 所示。

第二章 | 绿色能源产业政策类型及其政策组合中的问题

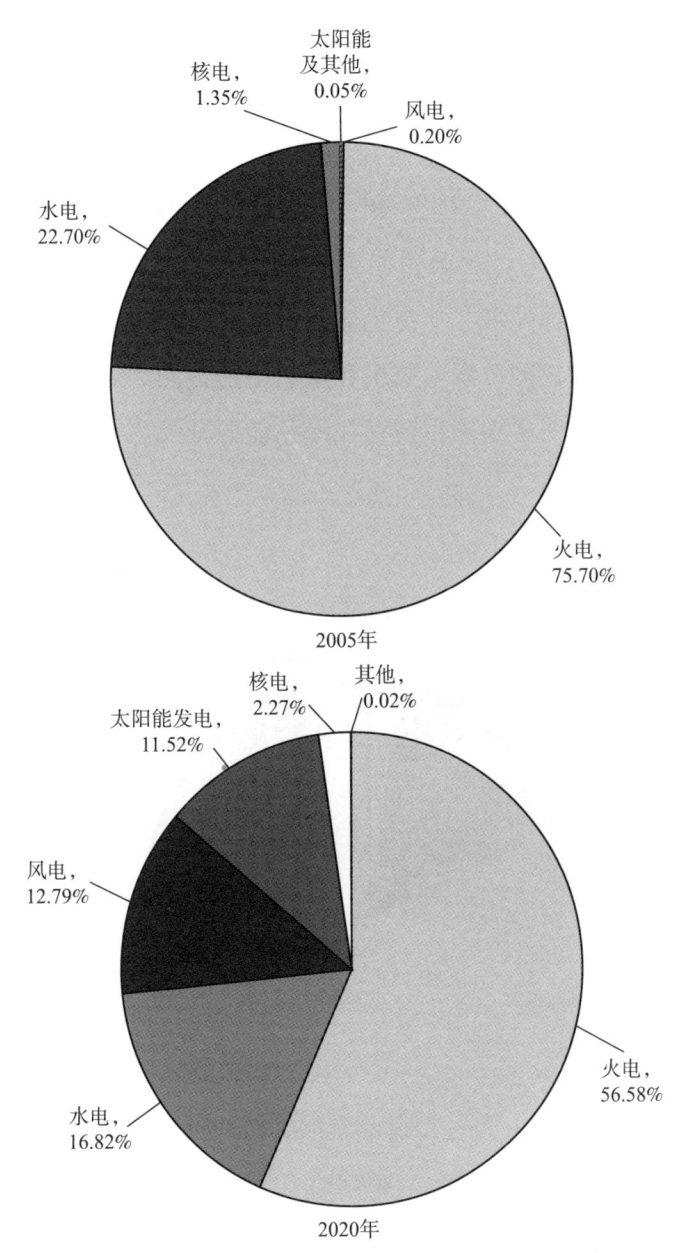

图 2-5 2005 年和 2020 年中国发电装机容量市场结构分布情况对比

资料来源：国家能源局。

在能源供应结构转型的同时，能源消费结构也不断优化，绿色能源消费比重持续提升。主要表现在消费品种结构改善，煤炭比重持续降低，绿色能源消费占能源消费总量持续上升。如图2-6所示，绿色能源发电量（仅指风电和太阳能发电）的比重从2005年的不足1%上升到2020年的接近10%。这表明能源消费结构也发生了转型，正朝着绿色、低碳的方向良性发展。从绿色能源发电装机容量占比和绿色能源发电量占比来看，绿色能源发电装机容量的增速显然大大超过了发电量的增速，这也间接说明了中国目前存在绿色能源开发生产超过开发利用的问题。

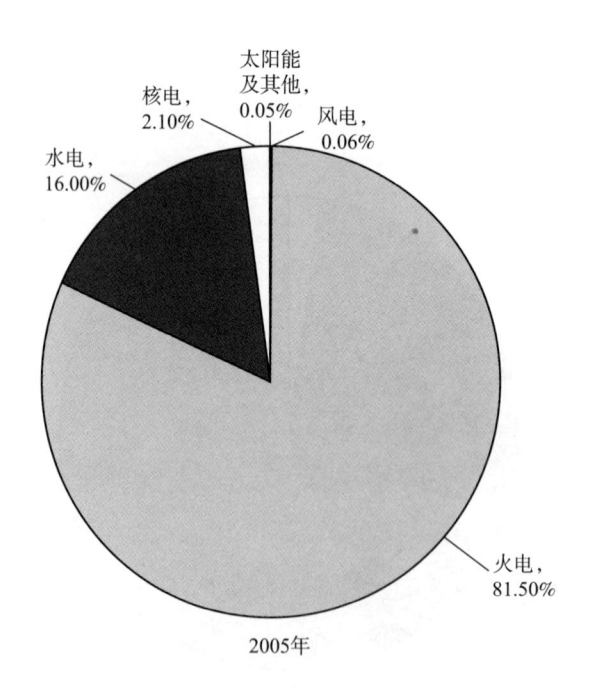

2005年
- 火电，81.50%
- 水电，16.00%
- 核电，2.10%
- 太阳能及其他，0.05%
- 风电，0.06%

太阳能发电, 3.42%
其他, 0.00%
核电, 4.80%
风电, 6.12%
水电, 17.77%
火电, 67.88%

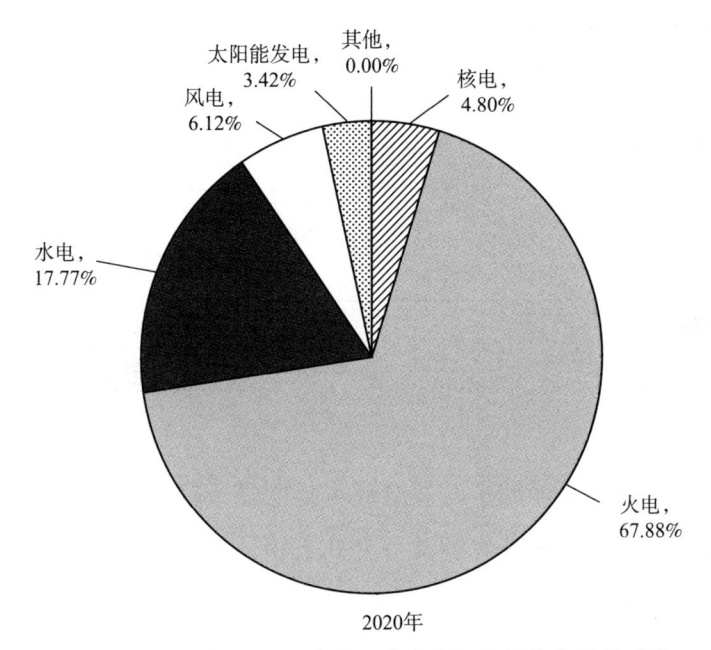

2020年

图 2-6 2005 年和 2020 年中国发电市场结构分布情况对比

资料来源：国家能源局。

（四）绿色能源发电成本不断降低

中国绿色能源持续快速发展的一个重要推动力就是发电成本快速下降。根据 21 世纪可再生能源政策网络（REN21）的数据，全球主要国家 2010~2017 年光伏发电度电成本下降 40%~75%（表 2-4）。其中，中国光伏发电度电成本下降了 72%，日本下降了 73%，美国下降了 40%，德国下降了 64%（朱彤，2019）。

表2-4　2010~2017年全球主要国家光伏发电度电成本下降幅度

国家	2010~2017年度电成本下降幅度（%）	国家	2010~2017年度电成本下降幅度（%）
中国	72	法国	71
日本	73	意大利	75
德国	64	英国	67
美国	40	印度	79

资料来源：朱彤. 中国可再生能源的发展阶段与面临挑战 [J]. 中国国情国力, 2019 (7): 8-12.

中国主要可再生能源平均发电成本呈明显下降趋势，在风力资源丰富的地区，以及在东部缺煤的部分发达省份，风力发电成本已经和燃煤发电成本相差无几[①]。

资料显示，2010~2020年，中国陆上风电度电成本下降了约40%（丁怡婷，2021）。根据项目造价，中国陆上大型风电场（Ⅰ、Ⅱ、Ⅲ类资源区）的度电成本为0.2~0.35元，大型火电站的度电成本为0.2~0.3元，说明风电已具有和火电竞争的实力。2020年中国集中式光伏平均成本为0.36元，陆上风电成本为0.38元，光伏度电成本低于风电成本，说明近年来光伏成本降速明显，也具有了和火电竞争的实力。《2019年中国各省区可再生能源竞争力分析报告》也证实了这一观点，中国风电与光伏的平准化度电成本（LCOE）均值现已低于国内燃气成本[②]。中国是全球最大的水能、风能和太阳能利用国（舒印彪、薛禹胜、

[①] 风电成本已可以与燃煤发电成本相竞争 [EB/OL]. https://news.bjx.com.cn/html/20120518/361167.shtml, 2012-5-18.

[②] 中国风电、光伏平准化度电成本（LCOE）均值现已低于燃气！2026年竞争优势超越煤电 [EB/OL]. http://www.nengyuanjie.net/article/29782.html, 2019-8-22.

蔡斌等，2018），降低绿色能源发电成本有利于推动电力行业的绿色低碳转型（国家可再生能源中心，2017）。未来中国绿色能源产业发展高度依赖于技术创新的程度。

二、绿色能源产业政策类型

产业政策的分类有多种方式，本书采纳前人的研究结论，将绿色能源产业政策分为供给型政策、需求型政策和环境型政策三个大类、九个小类，分别为供给型政策：科技信息支持、基础设施建设、资本投资；需求型政策：政府采购配额、上网电价、消纳政策；环境型政策：目标规划、财政税收支持、监管控制。如图2-7所示。

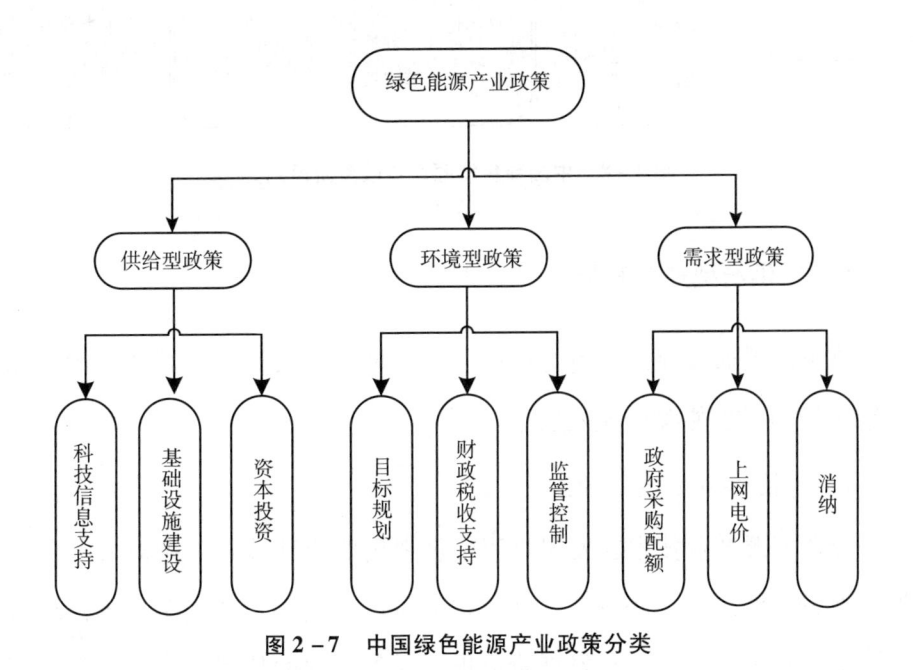

图2-7 中国绿色能源产业政策分类

从绿色能源技术和产业发展阶段来看，三大类型的政策分别适应于其不同的发展阶段。绿色能源技术发展的研发、示范、降成本和推广环节，分别对应绿色能源产业发展的商业化准备阶段、商业化过渡阶段、规模阶段和大面积推广阶段。不同的技术环节和发展阶段，与其相适应的政策类型见图2-8。

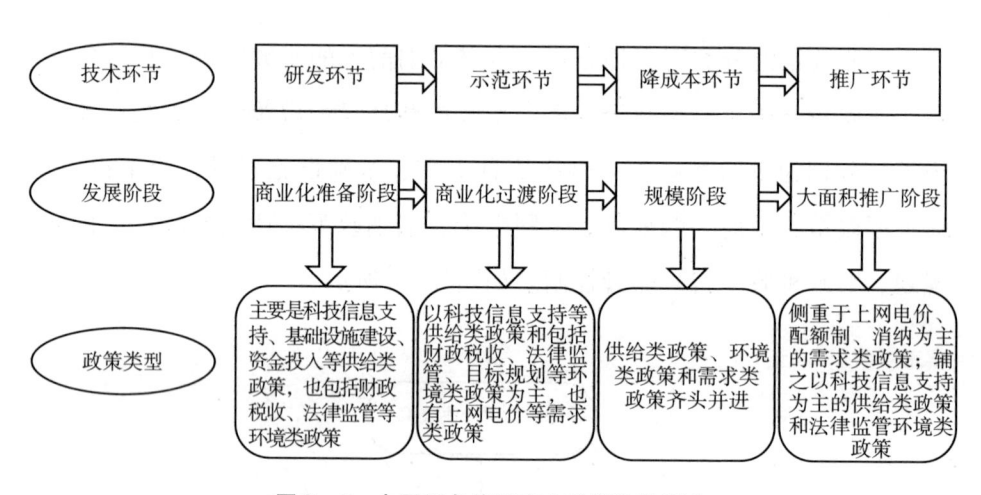

技术环节	研发环节	示范环节	降成本环节	推广环节
发展阶段	商业化准备阶段	商业化过渡阶段	规模阶段	大面积推广阶段
政策类型	主要是科技信息支持、基础设施建设、资金投入等供给类政策，也包括财政税收、法律监管等环境类政策	以科技信息支持等供给类政策和包括财政税收、法律监管、目标规划等环境类政策为主，也有上网电价等需求类政策	供给类政策、环境类政策和需求类政策齐头并进	侧重于上网电价、配额制、消纳为主的需求类政策；辅之以科技信息支持为主的供给类政策和法律监管环境类政策

图2-8 中国绿色能源产业政策阶段划分

（一）供给型产业政策

该类政策通过促进绿色能源产业技术创新，从而扩大其产品的市场供给来推动绿色能源产业发展。

1. 科技信息支持政策

绿色能源产业技术在发展过程中表现出四个环节并分别对应绿色能源产业发展的阶段：研发环节针对初期阶段发电技术的突破，示范环节和降成本环节针对产业化发展阶段提高绿色能源的技术能力和降低生产成本，推广环节则是在绿色能源产业飞跃发展阶段，针对弃风限电问题解决并网消纳技术难题。在不同的阶段和技术环节中，政策促进了绿色能源产业技术进步。绿色能源产业发展初期是以重点项目为突破口，通过项目扶持绿色产业技术进步；到了绿色能源产业发展阶段，以上网电价、政府采购，财政补贴等财税价格政策支持绿色能源产业的规模化和商业化；绿色能源产业发展的飞跃阶段，利用上网电价、配额制、消纳为主的政策，支持绿色能源大规模并网技术的开发应用，推动绿色能源高质量可持续发展。

技术推动工具通常以公共研发资金投入为主要形式促进新技术的开发（Adam B & Jaffe Richard G，2002）。根据国家统计局发布的《中国科技统计年鉴2019》显示，自2005年以来，政府的绿色研发投入每年都在增加。2015年，中国在绿色能源研发方面的支出首次与欧洲持平（Ding H，Zhou D Q & Liu G Q et al.，2020）。目前，中国政府主要通过国家机构发布的不同政策促进绿色能源产业研发技术进步。科学技术部与国家发展和改革委员会直接向制造商提供资金和通过不同类型的研发项目支持绿色能源产业技术发展。比如1996年推出的"乘风计划"、1998年开始实施的"973"计划，这些政策中都有明确的扶持绿色能源产业发展的内容。此外，在产业政策扶持下，可再生能源技术推广中心和研发机构先后涌现，比如国家生物质发电设备工程实验室、国家地热能源开发技术推广中心等，这些机构都是负责研究绿色能源产业发展相关技术，为绿色能源产业发展添砖加瓦。以太阳能发电为例，随着2009年金太阳示范工程等一系列政策的出台，光伏发电产业技术有了长足进步并实现了规模化发展。财政部通过免征进口税和增值税的方式，鼓励绿色研发机构购买高端设备和仪器。在政策法规方面，一系列规划都包含有促进绿色能源产业技术进步的相关内容，比如《国家中长期科学和技术发展规划纲要（2006—2020年）》《可再生能源发展"十一五"规划》《关于产业技术创新战略联盟评估工作方案（试行）的通知》《能源技术创新"十三五"规划》等。在这些政策规划中都有不同程度和不同侧重点支持绿色能源产业技术创新和技术进步。

2. 基础设施建设投资

绿色能源产业发展需要相应的基础配套设施。为支持绿色能源开发利用，2006年1月发布的《中华人民共和国可再生能源法》规定，财政部设立"可再生能源发展专项基金"（简称发展专项基金），对可再生能源的开发与利用项目提供了政策上的支持，发展专项基金支持五大领域：第一大领域是关于可再生能源开发利用的科学技术研究及其标准制定和示范工程等方面；第二大领域是关于农村、牧区生活用能的可再生能源利用项目等方面；第三大领域是关于偏远地区和海岛可再生能源独立电力系统建设等方面；第四大领域是关于可再生能源的资源勘查、评价和相关信息系统建设等方面；第五大领域是关于促进可再生能源开发利用设备的本地化生产等方面。同年推出的《可再生能源发电价格和费用分摊管理试行办法》规定："对风力发电、太阳能发电、生物质发电（包括农林废弃物直接燃烧和气化发电、垃圾焚烧和垃圾填埋气发电、沼气发电）、海洋能发电和地热能发电实施价格补贴。"同时，《可再生能源产业发展指导目录》和各种可再生能源产业规划等各种政策都有绿色能源基础设施建设和开发利用方面的优惠，比如"国家将对列入可再生能源产业发展指导目录的项目给予税收优惠"。2006年财政部制定了《风力发电设备产业化专项资金管理暂行办法》，2009年实施了太阳能屋顶计划，这些政策均有相应规定，国家财政为绿色能源产业基础设施建设提供资金支持。另有一些企业投资绿色能源产业进行基础设施建设的时候还可以享受诸如税收、财政优惠等政策。

3. 资本投资

绿色能源投资需要大量的资金投入，但由于其高成本与高风险性，绿色能源投资项目往往存在资金障碍（张丽虹、何凌云、钟章奇，2019）。据此，国家制定出台了《关于深化能源行业投融资体制改革的实施意见》和《可再生能源发展专项资金管理暂行办法》，明确提出了促进绿色能源发展的相关投融资规定和政策措施。张丽虹、何凌云、钟章奇（2019）等认为，政策对绿色能源投资的扶持分为直接扶持与间接扶持。直接政策扶持通过财政补贴、科研专项基金等方式影响绿色能源投资的资金规模，包括绿色能源产业初期的投资建厂、设备购买等，特别是一些重大科研项目和核心技术的研发。间接政策扶持以强制上网制度、费用分摊制度及差异性税收政策和金融政策等方式为主，通过调节绿色能源项目获取社会资本的相对优势影响投资水平。税收优惠政策包括增值税、所得税和进口税等，比如对于风电、生物质发电和小水电项目来说均享受不同程度的增值税优惠，三者的增值税率分别为8.5%、13%、6%，同时期一般的其他企业增值税率为17%。政策对绿色能源投资的扶持以及相应的税收优惠政策减轻了绿色能源企业的资金压力，促进了社会资金集中到绿色能源产业。

（二）需求型产业政策

该类政策通过直接促进市场需求的扩大从而拉动绿色能源产业发展。

1. 上网电价（FIT）

绿色能源需求类产业政策以上网电价补贴制度为代表，上网电价补贴制度起源于德国（蒋轶澄、曹红霞、杨莉等，2020）。绿色能源上网电价补贴是通过制定高于传统火电上网电价的绿色能源定价政策，以维持绿色能源发电企业正常运营的支持政策，其补贴资金来源于对火电征收的可再生能源电价附加（涂强、莫建雷、范英，2020），上网电价政策的核心是政府委托监管部门，依据各类可再生能源发电技术水准的实际发电成本或销售电价，定期确定和调整各类可再生能源的上网电价（武群丽和席曼，2022）。2009年国家发展改革委发布《关于完善风力发电上网电价政策的通知》，将全国范围按照风能资源状况和工程建设条件，分为四类资源区，并核定了对应的标杆上网电价，表2-5和表2-6中详细列明各个年份对风力发电上网电价包括海上风电价格调整的政策。紧随风电之后又陆续制定了光伏上网电价、生物质能上网电价等（表2-7、表2-8），主要用于解决可再生能源面临的高成本问题，从而保证可再生能源投资的正常收益。近年来，为了进一步减少可再生能源电力对补贴政策的依赖性，同时促进可再生能源电力技术进步，中国可再生能源优惠上网电价补贴水平开始逐步退坡，并制定了2020年风电、太阳能光伏发电平价上网目标（涂强、莫建雷、范英，2020）。风电、太阳能光伏发电、生物质发电上网电价政策见表2-5。

表2-5　中国风电、太阳能光伏发电、生物质发电的FIT政策

签发日期	政策	主要内容
2009年7月	关于完善风电上网电价政策的通知	陆上风电资源划分为四种类型：Ⅰ型：0.51元/千瓦时、Ⅱ型：0.54元/千瓦时、Ⅲ型：0.58元/千瓦时、Ⅳ型：0.61元/千瓦时
2010年7月	关于完善农林生物质发电价格政策的通知	一般项目实行标杆上网电价政策。新建发电项目统一执行标杆上网电价0.75元/千瓦时
2011年7月	关于完善光伏并网电价政策的通知	全国FIT基准1.15元/千瓦时

续表

签发日期	政策	主要内容
2012年3月28日	关于完善垃圾焚烧发电价格政策的通知	垃圾焚烧发电项目执行全国统一垃圾发电标杆电价0.65元/千瓦时
2013年8月26日	关于发挥价格作用促进光伏产业健康发展的通知	根据太阳能资源禀赋设置三个资源区域。实行不同的上网电价：0.9元/千瓦时、0.95元/千瓦时、1元/千瓦时。分布式光伏发电FIT：0.42元/千瓦时。规定补贴期限为20年
2014年9月2日	关于进一步落实分布式光伏发电相关政策的通知	改进了两种分布式光伏发电模式的FIT，即"自发性、自用、余并网"模式和"全部售给电网"模式
2014年12月	关于合理调整陆上风电上网电价基准的通知	陆上风电资源划分为四种类型：Ⅰ型：0.49元/千瓦时、Ⅱ型：0.52元/千瓦时、Ⅲ型：0.56元/千瓦时、Ⅳ型：0.61元/千瓦时
2015年12月22日	关于完善陆上风电光伏发电上网标杆电价政策的通知	分别对三类太阳能资源区域制定标杆电价：0.8元/千瓦时、0.88元/千瓦时、0.98元/千瓦时
2015年12月	关于完善陆上风电上网电价基准的通知	实施陆上风电价格随发展规模逐步降低的价格政策；继续实施风电上网电价共享政策；制定2016年和2018年陆上风电基准价格：2016年，Ⅰ型：0.47元/千瓦时、Ⅱ型：0.50元/千瓦时、Ⅲ型：0.54元/千瓦时、Ⅳ型：0.60元/千瓦时；2018年，Ⅰ型：0.44元/千瓦时、Ⅱ型：0.47元/千瓦时、Ⅲ型：0.51元/千瓦时、Ⅳ型：0.58元/千瓦时
2016年12月26日	关于调整陆上风电上网电价和光伏上网电价政策的通知	资源区Ⅰ~Ⅲ的FIT分别降低了0.15元/千瓦时、0.13元/千瓦时和0.13元/千瓦时
2017年12月19日	2018年光伏发电项目价格政策	资源区Ⅰ~Ⅲ的FIT降低了0.1元/千瓦时；分布式光伏发电FIT降至0.37元/千瓦时
2018年5月31日	关于2018年光伏发电有关事项的通知	企业2018年不能扩大集中光伏电站建设规模。资源区Ⅰ~Ⅲ的上网电价分别为0.5元/千瓦时、0.6元/千瓦时和0.7元/千瓦时；分布式光伏发电FIT：0.32元/千瓦时

续表

签发日期	政策	主要内容
2019年4月28日	关于完善光伏发电上网电价机制的通知	集中式光伏电站的基准FIT改为指导价格。资源区Ⅰ~Ⅲ的拟合值分别为0.4元/千瓦时、0.45元/千瓦时和0.55元/千瓦时；商业分布式光伏发电FIT：0.1元/千瓦时；家庭分布式光伏发电FIT：0.18元/千瓦时
2019年5月	关于完善风电上网电价政策的通知	2019年Ⅰ~Ⅳ类资源区分别调整为0.34元/千瓦时、0.39元/千瓦时、0.43元/千瓦时、0.52元/千瓦时；2020年指导价分别调整为0.29元/千瓦时、0.34元/千瓦时、0.38元/千瓦时、0.47元/千瓦时

资料来源：根据网上资料整理得来。

随着技术进步和发展规模的壮大，风力发电成本迅速下降，各类资源区风电上网标杆电价也逐步下调，表2-6反映了2009~2020年风电标杆电价变迁历程。从2019年开始，风电标杆电价改为指导价，2021年陆上风电开启全面平价时代，标志着中国风电产业步入新时代。

表2-6　　　　　　中国历年风电上网电价政策变迁　　　单位：元/千瓦时

主要内容	陆上风电				海上风电	
	Ⅰ类	Ⅱ类	Ⅲ类	Ⅳ类	近海	潮间带
2009.8~2014年标杆电价	0.51	0.54	0.58	0.61		
2015年标杆电价	0.49	0.52	0.56	0.61		
2014.6~2017年标杆电价					0.85	0.75
2016~2017年标杆电价	0.47	0.5	0.54	0.6		

续表

主要内容	陆上风电				海上风电	
	Ⅰ类	Ⅱ类	Ⅲ类	Ⅳ类	近海	潮间带
2018年标杆电价	0.44	0.47	0.51	0.58	0.85	0.75
2019年指导电价	0.34	0.39	0.43	0.52	0.8	不得高于陆上指导价
2020年指导电价	0.29	0.34	0.38	0.47	0.75	

资料来源：根据网上资料整理得来。

如表2-6所列风电上网电价政策一样，本书梳理了从2013~2020年光伏电价政策的变迁历程，发现短短8年期间，光伏电价进行了6轮降价，见表2-7。与风电一样，从2019年起，光伏标杆电价也更改为指导价，标志着中国光伏产业也步入了新时代。

表2-7　　　　　　　　　中国光伏电价政策变迁　　　　　　单位：元/千瓦时

时间	Ⅰ类资源区	Ⅱ类资源区	Ⅲ类资源区	分布式光伏补贴
2013年	0.9	0.95	1	0.42
2016年	0.8	0.88	0.98	0.42
2017年	0.65	0.75	0.85	0.42
2018年上半年	0.55	0.75	0.85	0.37
2018年下半年	0.5	0.6	0.7	0.32
2019年	0.4	0.45	0.55	工商业0.1/户用0.18
2020年	0.35	0.4	0.49	工商业0.05/户用0.08

资料来源：根据网上资料整理得来。

与风电和光伏发电不同，生物质发电企业对国家政策敏感度较高，需要稳定的政策和较为稳定的价格来保证生物质发电企业持续经营。因此，在可再生能源法统一规划下，生物质发电的价格政策也随着生物质产业发展有适当调整,但其变动幅度比不上风电和光伏发电。表2-8展示了中国生物质电价政策变迁情况,发现其电价波动幅度不大,上网电价和补贴政策由固定补贴制度逐步过渡到固定电价制度再到竞价上网制度。

表2-8　　　　　　　中国生物质电价政策变迁　　　　单位:元/千瓦时

农林生物质发电(农林废弃物直接燃烧和气化发电)	生活垃圾焚烧发电	垃圾填埋气发电	沼气发电
各省(自治区、直辖市)2005年脱硫燃煤机组标杆上网电价加补贴电价(0.25元/千瓦时)组成			
0.75		沿用发改价格〔2006〕7号	
0.75	0.65	沿用发改价格〔2006〕7号	
竞价上网			

资料来源:根据网上资料整理得来。

2. 政府采购配额

政府采购配额政策包括政府强制采购和配额制。配额制大多和绿色电力证书(RPS&TGC)配套使用。资料显示:"配额制的关键点在于政府制定强制的可再生能源配额目标,并通过市场机制的作用降低绿色能源的开发成本,提高绿色能源发展效率,从而实现能源结构的优化并达到保护环境的目标"[①]。世界上最早实施配额制的国家是美国,美国于1996年实行配额制,成功地解决了绿色能源电力消纳问题。美国已普遍实施了配额制,并在部分州制定了可再生能源发电比例目标,配额制已成为当前美国控制温室气体排放的最常用的政策工具之一(汪辉、赵新

---

① 详解"可再生能源配额制"[EB/OL]. https://news.bjx.com.cn/html/20150227/592518.shtml,2015-2-27.

刚、任领志等，2021）。

中国绿色能源配额制经历了两个阶段。2007 年，国家发改委制定《能源发展"十一五"规划》，提出要制定可再生能源发电配额制度，在随后的《可再生能源中长期发展规划》中，首次对非水可再生能源发电在总发电量中的比例提出强制性要求，并同时提出了装机目标。2012 年 2 月，国家能源局新能源司制订的《可再生能源电力配额管理办法（讨论稿）》明确："发电企业承担发展可再生能源生产义务、电网企业是保障性收购配额的义务主体、地方政府则承担消纳配额的义务"[①]。2014 年 8 月，《可再生能源电力配额考核办法》通过，进一步对各省市和电网公司可再生能源发电配额提出强制性要求，并提出了相应的激励措施和惩罚措施。这一阶段的配额制侧重于供给侧的配额，也导致了从 2012 年开始的限电弃风弃光问题。

与此不同的是，2016 年国家能源局首次在《关于建立可再生能源开发利用目标引导制度的指导意见》中规定各省市 2020 年非水可再生能源电力消纳量比重指标，很显然可再生电力消纳比重指标是侧重于需求侧的配额。此后，为促进绿色能源消纳利用，2017 年国家发改委、财政部、国家能源局联合印发《关于试行可再生能源绿色电力证书核发及自愿认购交易制度的通知》，拟在全国范围内试行可再生能源绿色电力证书核发和自愿认购。一般认为，绿色电力证书是辅助实施可再生能源配额制的一种政策工具（涂强、莫建雷、范英，2020）。2018 年，国家能源局就"可再生能源配额制"进行了 3 次讨论。随后正式发布了《关于建立健全可再生能源电力消纳保障机制的通知》，规定各省市 2020 年

---

① 《可再生能源电力配额考核办法》讨论稿已经通过发改委主任会议：配额制有望年内落地 [EB/OL]. http://www.chinasmartgrid.com.cn/news/20140915/546441.shtml, 2014-9-15.

非水可再生能源电力消纳量比重要继续提高。该项政策的出台表明了中国可再生能源电力配额制度正式建立，从 2016 年开始的关于配额制的核心内容不再是侧重于供给侧，而是转向需求侧，标志着中国在绿色能源电力消纳方面迈出了关键性的一步，为绿色能源电力市场建设方面提供了有利条件（黄涛珍和商波，2020）。

而在很早就已出现的政府购买可再生能源（Renewable Energy，RE）设备或 RE 电力也可以是促进需求的一种政策，比如《电网企业全额收购可再生能源电量监管办法》《中华人民共和国可再生能源法》都有相关规定。2019 年 12 月，在第十三届全国人民代表大会常务委员会第 15 次会议上，披露了全国人民代表大会常务委员会执法检查组关于检查《中华人民共和国可再生能源法》实施情况的报告，报告表明可再生能源法在执行过程中存在 8 个问题，其中就包括全额保障性收购制度落实尚不到位。

3. 消纳政策

伴随着绿色能源产业的迅猛发展，2012 年以来开始出现弃风弃光现象。为促进绿色能源消纳，中国出台的各类政策主要围绕以下几个方面展开：第一，政策重点不再单纯关注风电和光伏装机容量，已经开始对风电、光伏建设规模进行限制。比如在《国家能源局关于可再生能源发展"十三五"规划实施的指导意见》中，国家分别针对风电和光伏企业建立了监测预警机制，采取限制核准、限制建设等手段降低弃风弃光率。第二，实行绿色能源配额制度。配额制的思想早在 2006 年就有体现，《可再生能源法》规定国家实行可再生能源发电全额保障性收购制度，但缺少具体的执行配套政策。2019 年《关于建立健全可再生能源电力消纳保障机制的通知》的发布，标志着配额制的落地。2020 年 5

月,《关于各省级行政区 2020 年可再生能源电力消纳责任权重的通知》正式出台,标志着配额制正式实施。第三,为确保配额制的顺利进行,开始实施可再生能源绿证制度。比如 2016 年 3 月颁布的《国家能源局关于建立可再生能源开发利用目标引导制度的指导意见》首次明确:"要建立可再生能源电力绿色证书交易机制,鼓励各地区制定更高的可再生能源消费利用目标"。2017 年颁布的《关于试行可再生能源绿色电力证书核发及自愿认购交易制度的通知》进一步指出:可再生能源绿色电力证书核发和自愿认购制度的建立,提高了终端消费者的认购意愿,为绿证交易市场的完善提供了相关保障,奠定了配额制的基础。第四,促进跨省区发电权交易的相关政策。为促进绿色能源发电跨省区交易,制定了绿色能源发电跨省输送的政策,从 2006 年国家发改委批复了中国第 1 条特高压交流项目开始,期间经历了 2011 年特高压建设第 1 轮高峰启动,截至 2020 年中国共有 25 条在运特高压线路、7 条在建特高压线路以及 7 条待核准特高压线路,为绿色能源发电跨省输送打下了基础。在 2018 年《关于进一步促进发电权交易有关工作的通知》中提出,在水电、风电、光伏发电等绿色能源消纳空间有限的地区,鼓励绿色能源发电机组间相互替代发电,通过进一步促进跨省跨区发电权交易等方式,加大绿色能源消纳力度(于娟,2021)。

(三) 环境型产业政策

该类政策从外部环境优化的角度解释政策对绿色能源产业发展的作用机制。

1. 目标规划

从 20 世纪 70 年代以来,可持续发展思想逐步成为各国共识。与之相适应，绿色能源的开发与利用也受到各国政府的高度关注，许多国家将绿色能源的发展作为能源战略的重要组成部分，出台了一系列促进绿色能源发展的目标规划。近年来，中国发布多项绿色能源产业相关规划，加强国家能源发展战略和规划的导向作用。最早可以追溯到1995年通过的《中华人民共和国国民经济和社会发展"九五"计划和2010年远景目标纲要》，其中正式确立了"积极发展可再生能源，改善能源结构"的能源发展方针和政策。2000年后，进入了绿色能源发展的目标规划密集发布时期，比如2000年颁布《2000—2015年新能源和可再生能源产业发展规划要点》、2001年颁布《新能源和可再生能源产业发展"十五"规划》、2003年颁布《风力发展中长期发展规划》。从2007年开始，《能源发展"十一五"规划》《能源发展"十二五"规划》和《能源发展"十三五"规划》相继出台，规划中均有对绿色能源各领域的具体目标和规划。与此同时，与绿色能源直接相关的目标规划也开始密集出台。比如2007年颁布《可再生能源中长期发展规划》，与之相伴随的是《可再生能源发展"十一五"规划》《可再生能源发展"十二五"规划》和《可再生能源发展"十三五"规划》也正式颁布。不仅如此，与具体的绿色能源相关的目标规划也在2012年以后相继发布，如专门针对风电、光伏发电和生物质能也有相应的"十一五""十二五"和"十三五"规划，与可再生能源相关的"十四五"规划也即将出台。

除此之外，在中国的多项能源规划中，也有对绿色能源所涉及的各领域的发展要求。比如2014年6月，国家发布《能源发展战略行动计划（2014—2020年）》，就对风电、光伏、核电等绿色电力有明确规划。

2. 财政税收支持

财政和税收激励措施一直以来都是扶持绿色能源产业发展的重要政

策，具体可以分为财政补贴政策和税收优惠政策。

补贴政策是直接推动绿色能源技术进步和生产规模扩大的有力措施。在补贴政策的支持下，中国绿色能源发电产业快速发展，装机规模稳居世界第一，技术水平明显提升，造价成本显著下降，对推动中国能源清洁低碳转型发挥了重要作用。中国对绿色能源的补贴政策分为以下四种类型：一是上网电价补贴。自2006年起，中国就对绿色能源发电实行基于固定电价下的补贴政策，随电价征收的可再生能源电价附加一直是补贴资金的主要来源，2012年后补贴资金纳入政府性基金管理。二是研究与发展补贴。国家对绿色能源技术的研究开发给予科研经费支持，将绿色能源开发利用的技术以及产业化的发展列入科技发展与高技术产业发展的优先领域，对关键绿色能源设备制造的产业化给予补助，比如生物乙醇燃料、生物柴油等石油替代工程，太阳能、地热等在建筑物中的推广利用，以及太阳能、风能等发电技术。三是投资贴息补贴。比如，国家发改委、有关银行将优先对利用国产化绿色能源发电设备的建设项目安排贴息贷款，还贷期限经银行同意可适当宽限；国家发改委每年有专门的资金用于贴息贷款，其目的就是支持绿色能源产业发展。四是项目补贴。国家通过不同的渠道对绿色能源项目进行补贴，如生物质发电、沼气、生物质固体成型燃料和生物液体燃料等生物质能源项目；大型和特大型风电场以及海上风电等风能项目；采用户用光伏发电系统或建设小型光伏电站、建设较大规模的太阳能光伏电站、太阳能热发电电站，以及建设与建筑物一体化的屋顶太阳能并网光伏发电设施等太阳能项目。

唐安宝、刘娇（2019）等认为："税收政策是政府部门给市场经济主体施加的，在一定程度上干预市场机制运行，以达到特定时期的社会或经济目标的一系列强制性手段。税收政策分为抑制性和激励性政策，其中税收激励政策是指政府部门对市场经济主体提供的积极宽松的政策，其目的是支持市场经济主体的发展。"早在 2006 年，《可再生能源法》中就体现了税收政策对绿色能源产业的支持，对绿色能源项目征收优惠税。税收优惠政策主要包括增值税、所得税和进口关税三类。

2009 年 1 月 1 日起，中国已于全国范围内实施消费型增值税。绿色能源生产企业大多为重资产企业，将增值税转嫁给消费者有利于降低企业税负，使得绿色能源企业有能力进行技术创新。对于生物质发电企业享受的增值税优惠是这样规定的："如果固体废物占发电燃料的比重达到 80% 及以上，且项目符合国家规定的排放标准，城市生活垃圾焚烧发电项目将免征增值税"；光伏电力企业享受的增值税优惠则体现在："在 2013 年 10 月 1 日到 2015 年 12 月 31 日期间，太阳能电力产品的增值税可享受 50% 的退税"。2017 年，对纳税人销售的光伏发电产品，在增值税上给予即征即退 50% 的优惠政策，并将原来的截止时间从 2018 年 12 月 31 日延长至 2020 年 12 月 31 日。风力发电项目享受增值税即征即退 50% 的政策。

2007 年《中华人民共和国企业所得税法实施条例（草案）》中规定：政府对绿色能源相关项目实行"三免三减半"的税收优惠。以风电项目为例，现行风电所得税优惠为：按 25% 的统一所得税税率，自项目取得第一笔生产经营收入后第 1~3 年免所得税，第 4~6 年减半按照 12.5% 缴纳所得税，第 6 年后不再享受优惠。除此之外，海洋能发电新建项目、太阳能发电新建项目和地热能发电新建项目都包含在内。

除此以外，绿色能源进出口享有关税优惠，还包括税额抵免的优惠、减计收入、创投企业优惠、直接抵减税基、高新技术企业税率优惠等各种税收优惠政策。

3. 监管控制

绿色能源发电行业的监管采取行政监管与行业自律相结合的方式。

行政监管单位包括：国家发改委、自然资源部、国家能源局。国家发改委作为国家经济的宏观调控部门，直接负责制定中国的能源发展规划、电价政策等，并具体负责电站或电场项目投资及建设的审批。

在监管控制政策方面，立法先行。2005年全国人大常委会通过了《可再生能源法》，2009年再次修订《可再生能源法》。《可再生能源法》的颁布使绿色能源的开发利用更规范，并在此基础上获得了长足发展，其确立的多项基本制度已成为可再生能源政策体系的基础。在《可再生能源法》颁布执行后，国家发改委（包括国家能源局）、财政部、科技部等各有关部门制定了大量配套规章及规范性文件。目前中国已经逐渐形成了以《可再生能源法》为主、相应配套法律法规为辅的较为完善的可再生能源法律法规体系，基本实现可再生能源在开发利用及监督管理方面的有法可依（唐学军和陈晓霞，2017）。具体包括：第一，可再生能源开发利用方面的专门性法律规范，比如《可再生能源发电有关管理办法》《关于开展可再生能源就近消纳试点的通知》《关于建立可再生能源开发利用目标引导制度的指导意见》《可再生能源发电全额保障性收购管理办法》《关于印发2018年能源工作指导意见的通知》等，对绿色能源开发利用的相关环节作出了较为详细的规定；第二，可再生能源开发利用方面的非专门性法律法规和规范性文件，比如《大气污染防治法实施细则》《固体废弃物污染环境防治法》《大气污染防治法》《"十二五"控制温室气体排放工作方案》等环境与气候方面相关的法规；第三，现有的与可再生能源相关的部分发展规划，比如《全国生态环境保护纲要》(2000)、《国家中长期科学技术发展规划纲要（2006—2020年)》(2006)、《农业生物质能产业发展规划（2007—2015年)》(2007)、《可再生能源中长期发展规划》(2007)、《国家能源科技"十二五"规划》(2011)、《工业转型升级规划（2011—2015年)》(2011)、《可再生能源发展"十二五"规划》(2012)、

《能源发展"十二五"发展规划》(2013)、《可再生能源发展"十三五"规划》(2016)、《"十三五"节能减排综合工作方案》(2016)、《能源发展"十三五"规划》(2016)等。

三、绿色能源产业政策组合中存在的问题

(一)绿色能源产业政策组合"重建设、轻利用"

2005年,《可再生能源法》作为绿色能源行业基础性与框架性的法律出台,其后国家发改委、财政部、原电监会等有关部门制定了大量配套规章及规范性文件,比如对绿色能源发电方面进行管理的规定、对绿色能源发电价格和费用分摊进行管理的相关办法、对绿色能源发展专项资金进行管理的相关规定等。这些政策文件大多聚焦于绿色能源产业的开发建设,在这些政策的大力支持下,绿色能源产业得到了飞跃式发展。但同时也出现了消纳困难等问题,虽然也有《电网企业全额收购可再生能源电量监管办法》等促进消纳的政策,但是这些政策数量很少,出台年份较晚。虽然在各地区和有关单位的共同努力下,全国绿色能源消纳问题有所缓解,但与绿色能源健康发展的要求相比还有较大的差距,特别是部分地区形势仍然严峻,面临着较大压力。

"重建设、轻利用"的一个表现就是可再生能源装机容量水平远超出电网建设水平,其具体表现为生产与运输之间的矛盾:一方面是输送管道数量不足,另一方面是输电通道能力未达到设计水平,这样就导致绿色能源电力输出受阻。造成这种现象的原因就在于:前期的政策注重绿色能源的开发,对电网建设规划不太重视或落后于绿色能源的开发。绿色能源的消纳,要求电网建设在总体规划层面预备足够的提前量,来

第二章 绿色能源产业政策类型及其政策组合中的问题

保障新电源的接入以及电网安全。但由于前期中国绿色能源总体体量不大，发展规模也较小，当时的电网规划设计没有考虑到未来绿色能源在政策的扶持下快速发展的情形，所以难以及时为绿色能源的并网和输送提供配套服务。比如中国的"三北"地区绿色能源装机容量远超本地市场的消纳，跨区外送能力受制于电网建设非常有限，只能达到装机容量的18%，这样就导致该区域绿色能源弃风弃光率居高不下。

绿色能源产业政策"重建设、轻利用"导致的后果：虽然近年来全国平均弃光率呈逐年下降趋势，但是部分区域弃光问题仍然不可忽视，尤其是"三北"地区。比如：2015年，"三北"地区出现较为严重的弃光问题，甘肃和新疆弃光率分别高达31%和26%，远超全国平均弃光率。2016年，情况变得更为严峻，西部地区平均弃光率达到20%，新疆、甘肃弃光率分别为32.23%和30.45%。2017年，西北五省区平均弃光率为14.1%，新疆和甘肃弃光率分别为21.6%和20.8%。2018年，西北五省区平均弃光率为8.91%，新疆和甘肃弃光率分别为15.84%和10%。2019年，西藏、新疆和青海的弃光率分别为24.1%、7.4%和7.2%。2020年，西藏、青海和新疆，弃光率分别为25.4%、8.0%和4.6%。全国平均弃光率整体呈下降趋势，2020年全国平均弃光率为2%，其中，新疆弃光率4.6%、甘肃弃光率2.2%。弃风率同样如此，全国平均弃风率整体呈逐年下降趋势，弃风率从2012年的17%下降到2020年的3%，下降趋势较为明显，但是部分地区的弃风问题仍然较为严重，其中，2020年新疆弃风率10.3%、甘肃弃风率6.4%、蒙西弃风率7%，这些地区的弃风率仍然较高，弃风问题亟须解决。

（二）政策组合着力点不一致

中央政府与地方政府两者之间的目标不一致，在各自目标的主导下，中央政府与地方政府之间产生行为差异。比如初始阶段地方政府没有积极发展绿色能源的原因是地方政府更关注地方经济发展，而不太关注环境问题，也不需要承担环境责任。另外，中国绿色能源产业政策的关键问题在于部分政策落实不到位，其原因也在于此，典型代表是《可再生能源法》要求的全额保障性收购政策落实不到位。2019年全国人大常委会执法检查组检查了《中华人民共和国可再生能源法》实施情况，检查结果显示："个别省份暂未达到国家规定的最低保障收购年利用小时数，且存在以低于国家有关政策明确的电价水平收购的情况。如宁夏2018年自行制定风电最低保障性收购利用小时数为750~850小时，远低于国家核定的1850小时最低保障收购小时数。甘肃2018年自行设置的风电、光伏发电保障性收购小时数分别为774小时和479小时，距国家保障性收购政策规定的风电1800小时和光伏发电1500小时差距较大；实际风电、光伏发电利用小时数中，大部分电量属于低价市场化交易，发电企业合法权益保障不足。"[①] 资料显示：黑龙江工信委2018年曾口头通知当年光伏保障利用小时数、参与市场交易的电量、上网电价等内容。有些地方也以相似形式进行非书面通知。诸如此类的现象还有很多，比如在"十三五"规划中，国家确定新疆风电发展目标和新疆自己确定的风电发展目标分别为1800万千瓦和3650万千瓦，两者之间相差很大。

  可再生能源发展相关规划部署对各级地方政府的责任界定不清，可再生能源资源丰富区与用电负荷区不匹配，地方政府之间出于各自政绩目标需求，从利益的角度不会优先接受外来电力，从而导致可再生能源

---

① 丁仲礼. 全国人民代表大会常务委员会执法检查组关于检查《中华人民共和国可再生能源法》实施情况的报告 [EB/OL]. https: //baijiahao. baidu. com/s? id = 1653832409796076032&wfr = spider&for = pc, 2019 - 12 - 25.

异地消纳矛盾较为突出。

(三) 绿色能源产业政策体系不完善

虽然中国颁布了可再生能源法，随后也制定了系列配套政策，仅从形式和数量上看已经形成一套较为完善的政策配套体系，但是实质上政策体系还不太健全，政策之间协调性不够。最明显的就是《可再生能源法》以及其他的能源发展规划都是总体上的发展目标，但具体发展内容和要求措施在一定程度是缺失的，比如可再生能源发展的专项规划或具体的实施细则都没有出台，尚未形成明确的引导机制。这就是为什么有些绿色能源项目纷纷在同一时期上马，从而形成"潮涌现象"，也是绿色能源产业出现弃风弃光的主要原因。比如有些地方政策对分布式电站的规定或具体落实的时候是这样规定的：只有建在屋顶的分布式电站才能并网，并享受全额上网电价、余额上网电价，纳入享受补贴范围。而现实中，中国分布式电站密集地区的贫困户房屋大多为砖木结构，屋顶承重能力较差，村级分布式电站由于屋顶面积普遍较小而无法建设。尽管会有一些政策将分布式概念扩展，但是，类似文件却在现实中让建在院落空地的光伏项目无法并网，只能自发自用。

要实现中国绿色能源产业的健康可持续发展，除了要形成完善的政策法律体系以外，还要进一步理顺各种政策之间的关系，使得政策组合在一起形成良性互动，而不是互相排斥和互相影响。但是由于绿色能源的多头管理问题，部门之间的利益有时也是不一致的，因此在制定相关政策时，往往只会从本部门利益和部门职责出发，这样就导致政策组合的时候出现政策不协调、政策之间的衔接度不够，各部门之间沟通成本也很高，这样就大大降低了政策效果。例如，《电力法》中明确规定只有具有法律人格的发电主体才能申请发电上网，但《可再生能源法》第四条规定只要取得可再生能源发电上网行政许可的发电主体都能申请并网,并没有要求发电主体必须具备独立的法人主体资格。

(四) 绿色能源产业监管政策不到位

虽然中国当前已经建立了由国家权力机关、行政部门和社会三个方面组成的监管机构,但对于绿色能源开发利用监督管理权限的划分较为模糊,存在着监管责任不清、监管力度不够、缺乏社会公众参与等问题。政策措施和制度建设不配套,形成了制约绿色能源产业发展的障碍。以国家权力机关为例,国家发改委的不同部门负责制定绿色能源发展的规划、价格等方面的政策;财政部负责绿色能源资金预算等方面;科技部则是制定与科技发展相关的政策规划……这些部门之间缺少统一的监管机构,各个部门各行其是,这是导致绿色能源产业政策监管不到位的原因之一。从行政监管来看,与国家权力机关一样,各级行政部门围绕国家权力机关发布的《可再生能源法》和各种规划开展工作,同样忽视了监管机构的作用。从社会实施监管来看,政府信息、决策透明度不高,公众参与不够、民间组织发育不全,很显然社会监管也不到位。

缺乏绿色能源产业与其他产业部门的配套保障措施,比如水电、生物质能还需要完善移民安置、土地利用和生态保护配套政策(任东明,2011)。全国人大常委会执法检查组关于检查《中华人民共和国可再生能源法》实施情况的报告指出:"现行政策对可再生能源开发利用全生命周期生态环境效益考虑不足,重视前期开发利用,忽视产品末端回收。风力发电机寿命为20年左右,太阳能板使用寿命为25年左右,早期投产的可再生能源设备陆续进入报废期,废弃物回收处理处置需要规范管理。"《可再生能源法》第二十五、第二十六条分别规定,对列入国家可再生能源产业发展指导目录的有关项目,金融机构对其提供优惠贷款,国家给予税收优惠。检查中一些企业反映，可再生能源企业特别是民营企业贷款难、贷款贵问题仍然存在。中国风能协会的数据显示，从 2010 年起，民营企业的装机规模已经超过地方国企，且装机规模呈现上升趋势。[①] 在"十二五"时期最后一批风电项目核准名单里，地方国营和民营占30%，而之前通常只占到 10%（徐枫、丁有炜、彭业辉，2016）。目前的传统融资模式传统模式，不利于绿色能源民营企业和中小企业融资。

（五）绿色能源产业政策创新扶持力度不够

技术创新是绿色能源产业可持续发展的关键。从数量上看，2020 年中国可再生能源技术专利数虽然分别是美国的 3.1 倍和日本的 4.2 倍，一年的专利数量达到 41 万件。但从质量上看，中国缺乏核心技术突破能力，关键技术研发水平仍落后于发达国家（李凡、朱缤绮、孙颖，2021）。政府颁布了大量旨在促进可再生能源技术创新的政策，这些相关的政策不仅在《可再生能源法》，以及"十一五""十二五""十三五"规划和其他与绿色能源相关的中长期规划中都有体现，而且还有专门涉及绿色能源技术创新的《风力发电科技发展"十二五"专项规划》等。2020 年《中国可再生能源发展报告》提出"促进可再生能源技术跨越式发展，使清洁能源成为拉动国民经济增长引擎"的新目标。一般来说，在科技政策和其他有利于技术创新的政策扶持下，绿色能源企业在产业发展过程中更容易实现持续创新，实践证明，这是提高绿色能源企业技术创新能力的重要途径。

绿色能源电力的技术特点决定了它的成本形成特点，掌握核心和关

---

① 丁仲礼. 全国人民代表大会常务委员会执法检查组关于检查《中华人民共和国可再生能源法》实施情况的报告 [EB/OL]. https：//baijiahao. baidu. com/s? id = 1653832409796076032&wfr = spider&for = pc，2019 – 12 – 25.

键技术，意味着拥有更低的发电成本、更高的发电可靠性、稳定性以及更大的绿色能源市场份额等（蔡强、卫贵武、夏晖等，2022）。以风电为例，2019年国家发改委公布《关于完善风电上网电价政策的通知》规定：从2019年开始，风电标杆电价改为指导价。2021年陆上风电开启全面平价时代，标志着中国风电产业完全进入市场竞争时代。由补贴时代到市场竞争时代，其实质是要求风电企业加强市场竞争力，即降低生产成本，也就是要求中国风电企业通过技术创新从而形成成本优势。这就要求风电企业的技术创新是常态化的，而不是依靠"政策"这一外生变量推动的，即当在政策的扶持下风电企业技术创新走上正轨后，要求风电企业必须催生内生的技术创新动力，比如风电机组开发技术，新型电力系统中多能互补等综合应用技术创新。

光伏产业政策数量虽多，但针对技术突破的相关政策较少。而目前国内光伏产业仍然存在注重外围技术、忽略核心技术的发展模式，"低端技术锁定"的局面无法打破（郭本海、李军强、张笑腾，2018）。以光伏产业为例，多晶硅提纯技术仍然是目前技术创新突破的关键，组件中黑硅技术、PERC技术、异质结等电池技术均起源于国外，逆变器的IGBT和控制芯片等关键元器件仍依赖进口。

第三章

绿色能源产业政策组合演变历史：基于风能视角

随着经济的快速发展和对能源需求的急剧增加，绿色能源已成为解决当前能源短缺、环境污染和气候变暖等问题的重要途径，在经济效益和环境效益上有极大的开发价值（李庆和陈敏，2016）。目前，中国已经成为世界风能大国，是世界上排名第一的风力发电国家，世界上规模最大的风能市场，全球风电装机规模最大的国家（中国风电行业市场前景及投资研究报告（上），2022）。中国风能储量约32亿千瓦，可开发装机容量约25.3亿千瓦，具备良好的商业化、规模化前景（张驭驹，2021）。近年来，国家出台了海上风电项目平价上网相关政策文件，规定了新核准的陆上风电项目将不再享受补贴支持，有望推动新能源成为电力系统的主导电源（娄奇鹤、谢国辉、李娜娜，2019）。为了坚持贯彻可持续发展理念，推进能源生产和消费革命，构建清洁低碳、安全高效的能源体系（王恰，2020），政府相关部门出台一系列风电产业政策和可再生能源政策，涉及财税、金融、技术开发和并网等多个领域和部门（王晓珍、彭志刚、高伟等，2016）。风能产业是融入多方面建设的庞大而复杂的系统性工程，其快速发展必然离不开政府政策的支持，而风电产业政策的介入能够引导和扶持风电产业的发展,其中又必然伴随着政策变迁。

一、文献回顾

中国风能产业政策的实施对风能产业有怎样的影响,存在哪些问题,以及政策实施效果如何,这些主题一直以来受到学者们的关注。另外,因为中国存在风能产业发展效率低、大而不强,涉及电网环节的相关政策严重缺位等问题(高瑜,2017),所以中国风能发展既有风能资源本身的问题,也存在政策不足引发的问题,如风电成本高而依赖补贴政策、风电装机有效利用不足而"弃风"严重(彭月兰和任晋晋,2018)。

针对中国风能产业发展的政策分析,刘和库科(Liu Y & Kokko A,2010)关注中国2005~2009年风能行业的发展,并讨论与风能相关的一些政策和政策挑战。田立新、许培琳、傅敏(2013)基于实物期权模型评估风电发展的决策价值模型,李庆和陈敏(2016)分析风能产业上网电价政策等。王晓珍、彭志刚、高伟(2016)等系统梳理和量化风能产业政策文本,并运用COPA模式分析风电政策效果。赵、李、张(Zhao X,Li S & Zhang S,2016)将促进中国风能发展的政策分为价格政策和非价格政策两个类别,经实证分析发现,价格政策在促进风电发展方面比非价格政策能发挥更大的作用,且在贫困地区效率更高,而非价格政策在风能资源丰富的地区更为有效。还有很多文献聚焦于各国风能产业政策存在的问题或政策有效性(Menz F C & Vachon S,2006;Mizuno E,2014;Li S,Chang T & Chang S,2017)。

对政策文本进行分析也是现在研究的一个方向。既有定性的政策文本研究,也有对政策文本进行的量化研究。彭纪生、仲为国、孙文祥

（2008）对改革开放以来的中国技术创新政策进行量化，深入研究中国技术创新政策与政策协同演变的路径；张国兴、高秀林、汪应洛（2014）从政策力度、政策措施和政策目标三个维度开发了节能减排政策量化标准并据此对收集的政策进行了量化，构建了政策效力和政策协同度的度量模型，对中国节能减排政策的协同演变进行了分析。政策文本的研究主要聚焦于政策文本背景研究（袁旭梅和郭秀莉，2009；黄栋和常鸣明，2014；王长路、王伟功、张立勇等，2015）、政策文本内容研究（王家合和赵喆，2020；赵彦云和李倩，2021）。同时，还有很多学者用共词分析研究政策文本（陈雪琳和鲁若愚，2019；黄萃、赵培强、李江，2015）。罗敏和朱雪忠（2014）运用共词分析和多维尺度分析，可视化地展示了中国低碳政策的政策结构。华斌、康月、范林昊（2022）利用文本挖掘技术和6043份高新技术产业政策文本，对高新技术产业政策进行了基于政策关键词共现、政策主题与政策工具三个维度的层级关联挖掘，采用可视化方法揭示政策动态变迁。

本书认为，风能产业政策在中国风能产业的发展过程中发挥了十分重要的作用，近20年来的风能产业政策演变反映了不同阶段中发展目标、问题导向及政策热点的嬗变过程。对于中国风能产业政策演变历史的研究，各学者对其定性分析较多，而缺乏有效的定量分析。基于上述现实，本书采用共词分析和社会网络分析的方法，对2000~2020年的223条风能产业政策文献进行量化分析，通过梳理各个阶段风电产业政策的变迁过程，分析不同时期风电政策的政策重点、新增聚焦点、点度中心性与政策网络图等，总结风能产业政策阶段变迁规律并试图寻找政策不足，从而进一步提升风能产业政策效力，推动风能产业健康可持续发展。

二、风能产业政策组合的作用机制

制度（包括政策）对经济结果产生影响的作用机制是这样的：制度（政策）是最终决定经济结果的因素，但制度（政策）需要通过人类行为的作用来产生效果，即制度（政策）与经济结果的关系可表述为：$E = f(H)$，$H = g(I)$。式中，E 表示经济结果，H 表示人的行为，包括个体偏好的形成，并在已有信息的基础上作出决策，I 表示制度（政策）。即制度（政策）与经济结果的作用机制可表述为：制度（政策）→行为→结果（丁锦希和孙晓东，2011）。

本书借鉴上述研究成果解释风能产业政策这一制度对风能产业的作用机理，即风能产业政策通过影响并改变微观主体的行为从而达到促进风能产业发展的目标（图3-1）。

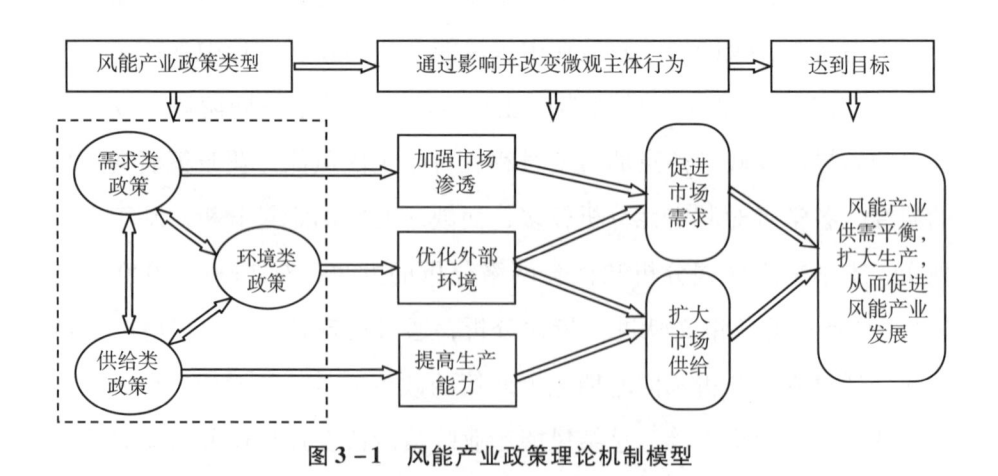

图3-1 风能产业政策理论机制模型

（1）供给类政策通过提高技术创新能力从而刺激生产以扩大市场供

给来促进风能产业的发展。文献研究表明：政策通过促进绿色能源产业技术创新，从而扩大其产品的市场供给来推动绿色能源产业发展（赵勇强和熊倪娟，2010；邸元、崔潇潇、刘晓鸥，2012；朱敏和高辉清，2014；Wang X Z & Zou H H，2018）。技术的可行性以及局限性是决定风能产业发展的重要因素。纵观人类历史上前两次能源使用形式的制度变迁，科技革命起到了很重要的促进作用，技术进步最终导致能源使用形式的变迁。如煤炭大规模取代薪柴缘于蒸汽机技术、电力技术和煤化工；油气大规模替代煤炭同样也是缘于技术进步，在蒸汽机基础上发明的内燃机、燃气轮机，带动了汽车工业、航天工业的发展，使得煤化工逐渐被石油化工替代（陈艳和朱雅丽，2012）。风能等绿色能源发电是新兴、成长中的技术，具有典型的正外部性，且由于技术锁定的缘故，风电产品技术创新举步维艰。政府技术类政策的实施，比如企业技术引进、研发补贴等可以激发风电产品技术创新的积极性，从而攻破关键技术，使得风能产业扩大市场供给，降低风能产品的市场价格，促进风能产业发展。

（2）需求类政策通过加强市场渗透以增加市场需求来促进绿色能源产业的发展。有相当多的文献研究了从政策层面促进市场需求的扩大从而拉动绿色能源产业发展（Pena I，Azevedo I L & Fialho Marcelino Ferreira L A，2017；李俊峰和时璟丽，2006；Batlle C，2011）。一种能源形式要在社会上占主导地位，必须要有大量的市场需求，要让普遍的消费者一致性地接纳它（陈艳和朱雅丽，2012），如果不考虑传统火电的负外部性，各种绿色能源发电价格远远高于传统的火电价格，风电同样如此。因此，需要政府设计相应的补贴措施，比如政府采购、消费补贴，以刺激理性的消费者选择消费风电，拉动风能产业的发展。

（3）环境类政策通过优化外部环境同时刺激风能产品的消费和供给来促进风能产业的发展。有文献从外部环境优化的角度解释政策对绿色能源产业发展的作用机制（Schleich J & Faure C，2017；Anadon L D，2012）。需求类政策促进市场需求，供给类政策扩大市场供给，都需要一定的市场环境。绿色能源产业是新兴产业，在新兴产业的发展过程中，企业除了要应对技术、市场方面的风险，还要考虑政策方面的不确定性。比如，绿色能源企业由于对市场前景缺乏信心，投资积极性不高，投资决策主要依赖于政府补贴政策的变化。

三、数据来源与分析方法

本章选取 2000～2020 年中国风能产业政策作为研究对象，分析风能产业政策变迁过程及其演变特征。第一步，搜集整理中央各部委发布的风能产业政策，构建 2000～2020 年国家级风能产业政策文本库，使用内容分析软件并结合人工规范提取关键词；第二步，利用共词分析法对提取的关键词进行文本计量分析；第三步，根据数据处理结果构建政策网络结构图，对中国风能产业政策结构进行描述和分析，挖掘风电产业政策阶段性演变规律。

（一）数据基础

中国风能产业的发展起步于 1986 年，第一个大型并网风电场在山东荣成建成，同年国务院颁布了《节约能源管理暂行条例》，条例中对节能的政策、法规进行了研究和审查，部署有关工作任务等。考虑到 1986～2000 年风能产业政策较少也较难获取，虽然自 20 世纪 90 年代中期中国政府就开始出台相关政策，例如 1995 年《中国新能源和可再生能源发展纲要》和《中华人民共和国电力法》相继颁布出台,为风能产业提供了政策环境基础,但直到2005年全国人大通过《中华人民共和国可再生能源法》,风能等可再生能源产业政策才开始大量出台。结合本书的研究需要,最终选择2000~2020年风能产业政策为研究对象(陈艳、龚承柱、尹自华,2019)。

本书研究的风能产业政策数量众多、形式多样,为尽可能地保证政策无缺漏,收集过程严格遵循以下几点:第一,政策搜索关键词以"风能""风电""风力"为主,不限于"可再生能源""绿色能源""绿色发展""上网电价""可持续发展"等绿色经济相关索引词;待分析的原始风电产业政策资料源自"北大法宝"数据库(pkulaw. cn)、能源专业知识服务系统(energy. ckcest. cn),以及国家能源局、中国政府网等多个政府部委官网;第二,项目团队人员对同一关键词分别搜集并进行交叉检验,以防止直观因素导致的误差;第三,根据现有研究,对所寻找政策数量及质量进行反复评估;第四,本书对政策的定义是公开发布的以法律、法规、意见、措施、通知或其他不包括工业标准的政府文件(陈艳、龚承柱、尹自华,2019)。经归纳整理,获得关于风电产业政策相关的政策文件223份,其中包括法律、规划、条例、通知、办法、意见等文件形式。发布主体包括全国人大常委会、国务院以及国务院各部委等单位,地方政府颁布的政策不考虑在内。

(二) 分析方法及步骤

1. 共词分析

对风能产业政策变迁的研究主要运用了共词分析和社会网络分析方法。运用共词分析方法对政策文本内容进行分析,是进行政策网络结构分析的基础。黄萃、赵培强、李江（2015）认为共词分析可以通过在同一篇文献中统计一组关键词出现的次数，发现这些词之间的亲疏关系，中国风能产业政策作为规范性文本，选取共词分析方法对其政策结构进行研究具有可行性。

与学术文献的关键词类似，政策文献的主题词同样能表达文献的核心内容。因此，借鉴文献计量学研究关键词的分析方法，在确定风能产业政策文本主题词后，进行共词分析并构建共词矩阵，作为定量分析的基础。研究受关注程度高的主题词及其内部结构和联系，进一步探究随时间演进的政策聚焦点及其演变规律。提取反映政策文本核心内容的关键词是运用共词分析方法的前提，具体从以下三个步骤进行。

第一步，软件自动提取。内容挖掘软件 ROST – CM6 能够在文本挖掘前期进行预处理，包括文本分词、提取政策文本中的高频词、过滤政策文本中的无意义词、进行词频分析等常规分析，有较强的高频率关键词识别能力。进行初步提取后发现部分重要关键词的缺失，以及部分无重要意义关键词的统计，进行人工规范。

第二步，人工规范。由于 ROST – CM6 软件无法识别出部分专有关键词，或者会将专有关键词识别为两个词汇，这样的识别结果无法确保开展进一步的共词分析，需通过人工干预，使之规范化。于是在分词自定义表中添加了"弃风限电""消纳""并网""上网电价""可再生能源""可持续发展"等词汇。除此之外，尽管 ROST – CM6 软件的分词过滤词表能够将大量无意义的词过滤，但统计结果仍存在部分无重要意义的关键词，如"实行""利用""建立"等动词，将其添加到分词过滤表，而对于"加快""加强"等修饰性词语并没有进行剔除，是因为考虑到在后续共词网络分析中这类修饰词对于其他关键词的影响。再次进行关键词的提取和过滤。

第三步，合并调整。在进行上一步分词提取后，得到的高频词汇表中仍有少量含义相近的关键词，对文本分析结果的合理性可能有影响。对此，通过逐一排查合并予以进一步调整，最终得到整合完成的关键词表。

2. 社会网络分析

部分学者将社会网络分析法运用到政策研究中，主要通过构建政策网络图来直观地反映政策关键词之间的结构。例如，郭磊和蔡虹（2012）根据定量的社会网络分析方法，对科技创新政策网络的密度、中心性、凝聚子群、结构对等性进行分析，引出了政策网络分析的研究范式和政策网络分析在科技创新政策研究中的应用框架；彭本红、武柏宇、谷晓芬（2016）构建电子废弃物回收产业链协同治理影响因素的网络分析矩阵，借助社会网络分析方法对电子废弃物回收产业链协同治理的影响因素展开分析，总结两者的内在关系；王欣和杜宝贵（2021）运用社会网络分析法，从整体网络与个体中心网络两种视角分析网络密度、网络关系数、网络规模、中心性指标与聚类系数，探讨了区域一体化背景下政策的阶段演变特征。由此可见，社会网络分析既能够反映政策关键词之间的结构特征，也能展示政策的阶段性演变规律，同样能运用于风电产业政策的研究。

根据社会网络的基础理论，本部分内容采用中心性和网络中心势来分析风能产业政策变迁特征。点度中心性（degree centrality）代表的是个体在群体中接近中心的程度，用来测量一个政策关键词与其他关键词产生联系的能力大小，即某个政策关键词与其他关键词共同出现在同一个政策文件中的个数。点度中心性越高，说明在网络中的地位越高，越有可能是政策文本中的热点。如果一个词与其他许多词直接相连，那么该词具有较高的点度中心性。网络中心势（network centralization）相对于点度中心性来说则是一个整体层次的概念，直接体现该网络的中心趋势，用来评估网络中各政策关键词的紧密性与集中程度，中心势数值越接近1，说明网络越具有集中趋势（张泽璐和陈艳，2021）。具体操作是借助内嵌于ROST－CM6的社会网络分析工具NetDraw，对共词矩阵构建可视化网络图。在此基础上可继续进行中心性分析，并对共词网络图中的线段、节点等加以处理，以便详细分析。

四、中国风能产业政策组合演变阶段

1986年以来，中国风能产业在政策扶持和技术创新共同推动下不断发展。2006年《可再生能源法》的颁布实施标志中国风能产业政策从此进入系统化发展阶段，风能产业也得到了迅猛发展，从2005年开始，风电装机容量连续五年翻番，截至2010年底，中国风电总装机容量位居世界第一，到2012年中国累计风电总装机容量超过第二名美国约1500万千瓦。伴随风能产业的快速发展，也出现了严重的弃风现象，2012年中国弃风率达17.12%，成为有史以来弃风最为严重的一年。2012~2020年，国家能源局连年出台关于解决风电并网消纳的政策文本。基于此，将中国风能产业发展分为起步阶段（2000~2006年）、飞跃阶段（2007~2012年）、发展阶段（2013~2020年）（陈艳、龚承柱、尹自华，2019），如图3－2所示。不同的阶段其政策聚焦点是不同的，为研究政策主题的变化过程及特点，运用ROST－CM6软件对划分的三个阶段分别进行政策文本分析。

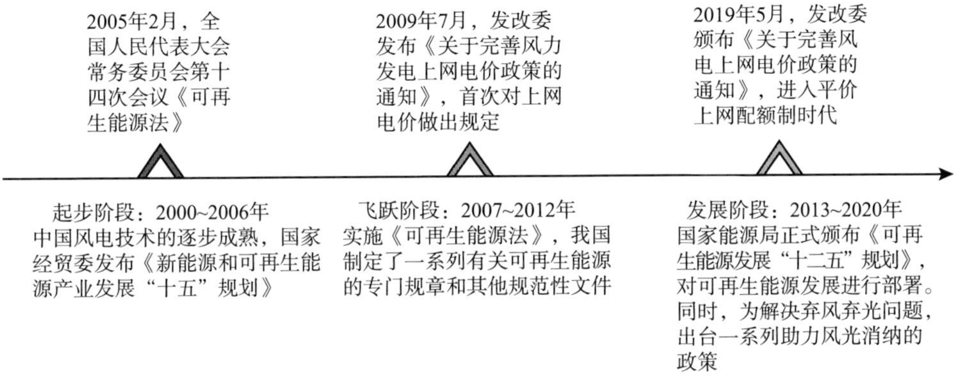

第三章 绿色能源产业政策组合演变历史：基于风能视角

2005年2月，全国人民代表大会常务委员会第十四次会议《可再生能源法》

2009年7月，发改委发布《关于完善风力发电上网电价政策的通知》，首次对上网电价做出规定

2019年5月，发改委颁布《关于完善风电上网电价政策的通知》，进入平价上网配额制时代

起步阶段：2000~2006年中国风电技术的逐步成熟，国家经贸委发布《新能源和可再生能源产业发展"十五"规划》

飞跃阶段：2007~2012年实施《可再生能源法》，我国制定了一系列有关可再生能源的专门规章和其他规范性文件

发展阶段：2013~2020年国家能源局正式颁布《可再生能源发展"十二五"规划》，对可再生能源发展进行部署。同时，为解决弃风弃光问题，出台一系列助力风光消纳的政策

图 3-2 中国风能产业政策变迁历程

（一）起步阶段：2000~2005年

改革开放20年来中国经济持续快速增长，以"高投入、高能耗、高污染"为特征的粗放型经济发展模式导致能源问题和环境问题未得到社会的关注和重视，引发了能源需求的快速增长与生态环境的日益恶化。

2000年国家经贸委发布《关于加快风力发电技术装备国产化的指导意见》，2005年全国人大颁布《可再生能源法》标志中国可再生能源产业规范化发展开始。这一阶段相关法规和政策等制度建设得到了不断的丰富和发展。

1. 2000~2005年风电起步阶段的高频词

此阶段，政策聚焦点较分散，集中度过低。期间颁布的有关国家风能产业政策数量较少，提取主题词，按频次排序列示于表3-1。

表 3-1　　　　　　2000~2005 年风能产业政策主题词

主题词	频数	主题词	频数
项目	633	环境	185
发展	559	规划	181
能源	394	主管	168
建设	372	机制	158
工程	367	国务院	155
国家	354	电力	146
投资	325	清洁	144
部门	310	单位	138
技术	298	地区	135
可再生能源	275	改革	133
企业	270	核准	130
管理	253	市场	129
风电场	250	标准	119
规定	233	风能	117
节能	224	保护	117
开发	218	提高	116
资源	210	电网	115
发电	201	经济	115
风电	189	制定	115
政府	187	电价	96

从统计结果看，这一阶段国家风能产业政策中出现的高频主题词有"项目""发展""能源""建设""工程""国家""投资""技术""风电场""规划"等，可以看出此阶段比较侧重基础设施建设、资本投资等风能产业供给型政策和环境型政策，主要着力于风能产业的快速发展、推动对于风能行业的投资、实现规模化开发建设等，特点是追求风

能产业发展速度和规模，表明国家开始重视风能产业发展。虽然这些关键词的词频基本反映出此阶段风能产业政策的重点，但这些关键词之间的关系如何在词频分析中并不能得到体现，因此还需对高频关键词进行社会网络分析。

2. 2000~2005 年风电起步阶段高频主题词的共词网络图

在词频分析的基础上，通过社会网络分析，利用 ROST–CM6 软件内置的 NetDraw 工具创建可视化的网络结构图，见图 3–3。共词网络图中的节点大小代表该词在网络中的作用和影响力大小，节点之间用带箭头的实线连接，箭头表示关键词之间的方向性，关键词被越多的箭头所指向表示被关注的次数越多。本书在此的重点不是考虑两点之间的关系，而是侧重于对整体网络的分析。从图形的结果来看，一般节点越大，其受关注的次数相对也越多，与其他节点的联系相对越强。

2000~2005 年是中国风能产业政策起步时期，该时期的高频主题词共词网络共包含 39 个关键词节点，此阶段的聚焦点主要是"建设""技术""发展"以及"项目"，与共词分析中的关键词基本一致。除此以外，通过网络图也能看出该阶段政策分散程度较大、集中趋势较小。造成这种情况的主要原因是国家制定的风能长远发展目标与中国风能产业阶段不匹配，相关政策还处于起步阶段，总体目标政策设定具有笼统性和弱操作性。例如，到 2000 年风电装机容量达到 62 万千瓦的目标已经确定（中国环境与发展国际合作委员会能源战略与技术工作组，2003），但是在国家能源发展计划中却没有制定配套政策，包括未明确规定独立电力生产商的上网电价问题、预可行性研究和准备、开发的规定以及标准的程序框架（时璟丽，2008）。

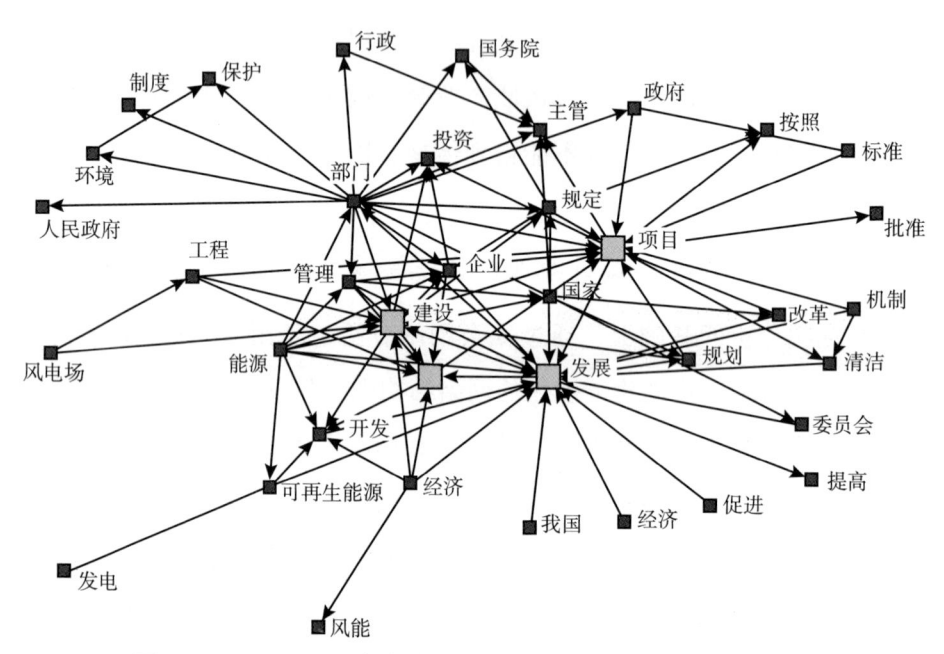

图 3-3　2000~2006 年中国风电产业政策高频主题词共词网络图

3. 2000~2005 年风电起步阶段高频主题词的点度中心性

如表 3-2 所示，此阶段的风电产业政策网络中心势为 18.51%，"保护""风能""开发""主管""投资""制定"等关键词的点度中心性最高，均为 39，表明这些词在这一时期的政策文本中具有显著地位；"发展""项目""建设"的点度中心性也较高，分别为 32、38 和 24，表明这些词是紧随其后的重点。

表 3-2　　　　　2000~2006 年风能产业高频主题词点度中心性

主题词	中心度	主题词	中心度
保护	39.000	发展	32.000
风能	39.000	项目	28.000
开发	39.000	建设	24.000

续表

主题词	中心度	主题词	中心度
提高	39.000	部门	23.000
发电	39.000	能源	21.000
批准	39.000	技术	20.000
制定	39.000	管理	20.000
主管	39.000	规定	18.000
政府	39.000	资源	17.000
投资	39.000	规划	15.000

4. 2000~2005年风电起步阶段的风能政策阶段特征

第一，这一阶段政府开始颁布大量扶持政策，重点倾向于扶持开发、建设、资本投资方面的供给型政策和环境型政策，说明相关部门开始重视可再生能源及风能产业的发展，尤其是《可再生能源法》的正式实施，为风能产业的快速发展保驾护航。但也暴露出了一些问题，例如缺少侧重于需求端的风电上网和风电运营成本分摊政策等，从而导致总体目标政策缺少必要的配套政策，导致政策间的联系不够，这也为以后风能产业的健康发展埋下了隐患，比如弃风现象。

第二，这一阶段风能产业政策的核心主题词多样化，存在着主题词分散的问题，且网络中心势的紧密性与集中程度较低，说明风能产业政策的联系和协调配合效果不理想。

第三，从政策内容来看，这一阶段研究政策目标规划和发展前景的内容较多，总体目标政策设定具有笼统性和弱操作性，大部分政策规划仅仅设定了总体目标，每年的细分规划却没有具体规定，也缺少与之相配套的落地政策。

第四，这一阶段风能产业开发建设主要围绕风电特许权示范项目

(二) 飞跃阶段：2007~2012 年

2007~2012 年是风电产业政策的飞跃阶段，在 2007 年颁布《关于印发可再生能源中长期发展规划的通知》等文件后，逐步形成了一套鼓励风电产业发展的政策体系，涉及资金补助、财政税收、科技支持等。

1. 2007~2012 年风电飞跃阶段政策的高频词

此阶段政策数量有显著的增多，期间颁布的有关国家风电产业政策数量几乎是上一阶段的 2 倍。在这一阶段的政策文本中提取主题词，按频次排序列示于表 3-3。

表 3-3　　　　　　2007~2012 年风能产业政策主题词

主题词	频数	主题词	频数
风电	1813	风电场	386
发展	1518	地区	386
可再生能源	1357	能力	366
技术	1312	体系	360
能源	1233	标准	334
建设	1159	市场	331
企业	914	机组	328
项目	810	开展	317
开发	802	完善	311
发电	723	制造	285
管理	711	创新	283
电网	667	应用	282
节能	637	电价	279

续表

主题词	频数	主题词	频数
国家	629	环境	271
资源	568	改革	268
工程	556	并网	263
电力	465	安全	263
部门	428	服务	258
规划	417	水电	248
系统	393	装备	235

从统计结果看，这一阶段国家风能产业政策中出现的高频主题词有"风电""发展""可再生能源""技术""建设""规划""风电场""开发""电价"等。相较于上一阶段，增加了"标准""创新""并网""安全"等关键词，此阶段政策的重点既包括风电场建设、促进技术研发与技术进步等供给型政策和环境型政策，又包括上网电价、并网风电等需求型政策，重心在于建立多渠道融资、推进风电设备国产化科技研发、完善配套电网和并网接入条件建设、落实上网电价政策等。

2. 2007~2012年风电飞跃阶段高频主题词的共词网络图

2007~2012年是中国风电产业政策飞跃时期，该时期的关键词共词网络共包含41个关键词节点，此阶段的聚焦点主要是"开发""技术""发展"以及"建设"，与共词分析中的关键词基本一致。

由图3-4可以看出，此阶段共词网络图反映出其主题词的集中趋势相较于上一阶段有所增强、政策分散程度也较小。相较于上一阶段，此阶段网络图中增加了"地区"这一关键词，表明国家开始颁布一些地方上的风能产业政策，从而改善起步阶段总体目标政策未配套相应落地政策的问题。另外，针对上一阶段风能产业政策存在的操作性较弱的问题，一方面通过促进技术发展和创新提高技术政策的可操作性，另一方面与"项目"这一关键词的联系明显减少，说明此阶段不再以大力建设风电项目为主。

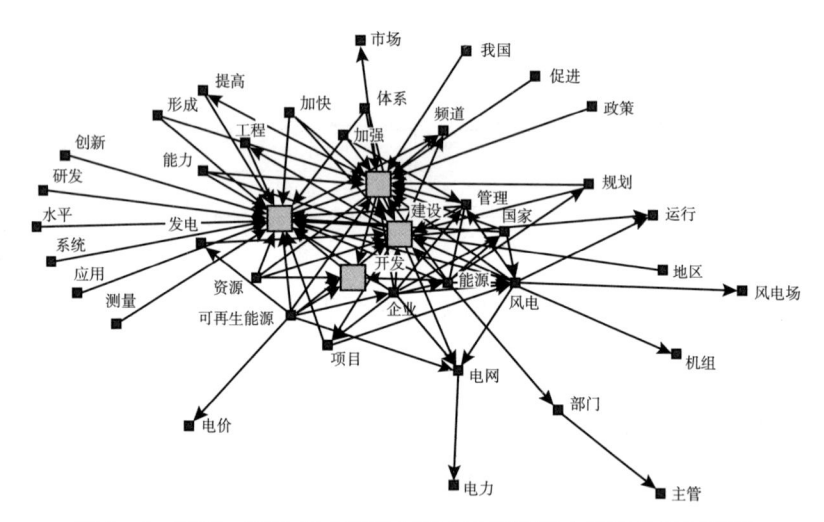

图 3-4 2007~2012 年中国风电产业政策高频主题词共词网络图

3. 2007~2012 年风电飞跃阶段高频主题词的点度中心性

此阶段的风能产业政策网络中心势为 22.87%，与发展阶段相比有显著上升。由表 3-4 可知，"并网""风电场""电价""创新"等是高频主题词，其点度中心性均为 42，显示出在众多主题词中占据重要地位；主要增加了"并网""电价""市场""地区""风电场"等关键词；而其余主题词，如"技术""开发""建设""发展"等的点度中心性不低于 30，与核心主题词并不存在较大差距；"项目"这一主题词的点度中心性由起步阶段的 28 下降为 16，表示其在共词网络中的作用和影响力变小。

在飞跃阶段，中国颁布了多项具有指导性、系统性的配套风能产业政策，聚焦于促进技术研发与技术进步、风电场建设、并网运行管理、实施上网电价等方面，从供给端和需求端双管齐下，同时配备有目标规划等环境型政策，能够更好地为中国风能产业发展创造有利条件。

表3-4　　　　2007~2012年风能产业高频主题词点度中心性

主题词	中心度	主题词	中心度
并网	42.000	发展	30.000
风电场	42.000	能源	22.000
电价	42.000	企业	21.000
创新	42.000	风电	21.000
市场	42.000	管理	19.000
电力	42.000	国家	18.000
主管	42.000	可再生能源	18.000
开发	42.000	项目	16.000
技术	35.000	规划	13.000
建设	30.000	地区	12.000

4. 2007~2012年风电飞跃阶段的风能政策阶段特征

第一，相比于起步阶段，虽然此阶段的政策主题词更有聚焦性，相关政策之间的协调配合也有所提高，网络中心势也明显高于上一阶段，但是数值仍然较低，远低于1，表明政策之间的相互联系还有待进一步加强。

第二，此阶段供给端政策由促进风电产业高速发展转向建设规模经济效益十分明显的大型风电场基地，且"技术开发"成为新的聚焦点，技术研发与技术进步的相关政策增多，中国风电装备依赖外资企业的状况已经得到改变。不仅如此，从政策类型来看，供给型政策、环境型政策和需求型政策齐头并进，说明风能产业政策体系逐步完善。

第三,从政策数量看,这一阶段风能产业政策的数量有显著增加;从政策内容来看,政府部门出台了一系列扶持政策,相关配套政策陆续出台;但从整体上来看风能产业仍然缺乏严谨、科学的总体规划。比如这一阶段围绕《可再生能源法》颁布了配套实施细则,但是由于中国翔实精确的风能资源数据非常匮乏,可能无法根据风能资源的测评结果合理规划和建设布局。

第四,由于国内市场竞争变得越来越激烈,此阶段不再局限于风电特许权项目,而是增加了风电并网以及标准体系、包括上网电价在内的可再生能源发电价格和费用分摊标准等需求端政策来降低电价,为中国风能行业快速发展创造了条件。

(三)发展阶段:2013~2020年

2013~2020年是风能产业政策的发展阶段,随着2013年《关于做好2013年风电并网和消纳相关工作的通知》等文件相继出台,针对弃风限电现象,风能产业政策逐步转向并网和消纳。

1. 2013~2020年风电发展阶段政策的高频词

经过多年的调整和积累,此阶段政策数量最多,共颁布的有关国家风电产业政策共计123个,数量有较显著的增多。在这一阶段的政策文本中提取主题词,按频次排序列示于表3-5。

表3-5　　　　　　　2013~2020年风能产业政策主题词

主题词	频数	主题词	频数
能源	4027	部门	809
发展	2517	改革	793

第三章 | 绿色能源产业政策组合演变历史：基于风能视角

续表

主题词	频数	主题词	频数
建设	2245	完善	761
项目	2176	服务	744
国家	1899	消纳	710
创新	1863	环境	650
可再生能源	1621	体系	640
企业	1608	安全	624
风电	1585	标准	583
技术	1516	投资	582
发电	1204	落实	580
加强	1107	区域	563
电网	1052	清洁	553
管理	1023	保障	546
地区	996	监管	542
规划	983	鼓励	535
市场	926	光伏	532
开发	893	交易	530
机制	865	生态	463
资源	838	节能	450

从表3-5中可以看出，这一阶段中国风能产业政策中出现的高频主题词有"能源""建设""项目""发展""创新""规划""消纳""区域"等；相较于上一阶段，增加了"电网""监管""生态""节能""消纳"等关键词。此阶段既包括积极稳妥建设海上风电项目、创新风能应用领域和利用方式等供给端业务，又包括加强风电消纳和高效利用、落实风电平价上网、完善电力交易市场化机制等需求端业务，重心在于坚持风能产业的全面优化发展，例如关于海上风电建设、实现全

额风电消纳、推进风电平价上网等。

2. 2013~2020年风电发展阶段高频主题词的共词网络图

2013~2020年是中国风能产业政策发展时期，该时期的关键词共词网络共包含37个关键词节点，此阶段的聚焦点主要是"能源""国家""企业""发展"以及"建设"，与共词分析中的关键词基本一致。

此外，可以看到图3-5共词网络图中的线条之间联系更多、关系更紧密，节点也更集中，反映出此阶段主题词的集中趋势较强。与上一阶段相比，此阶段共词网络图增加了"消纳"这一关键词，表明此阶段注重并着重解决出现的风电消纳问题，但是"消纳"在政策网络中处于边缘位置，说明关注点并没有大幅度地倾向于消纳问题，且消纳政策与其他政策间的配合程度并不高。另外，与"开发""技术"关键词的联

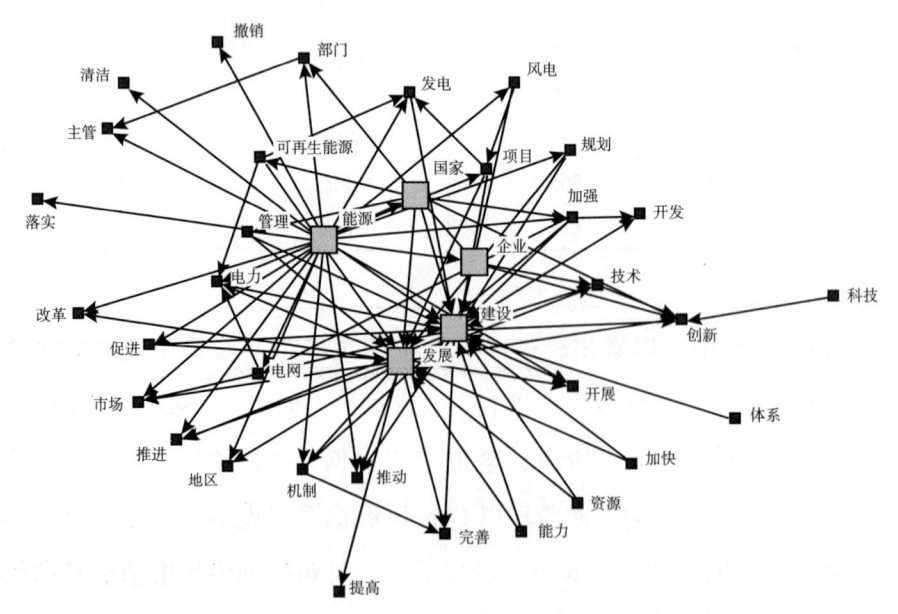

图3-5 2013~2020年中国风能产业政策高频主题词共词网络图

系明显减少,说明本阶段不再侧重于技术开发,而是加强政府监管、关注市场竞争机制的发挥。此时的政策类型重点已由供给型政策转向需求型和环境型政策。

3. 2013~2020 年风电发展阶段高频主题词的点度中心性

此阶段的风电产业政策网络中心势为 30.32%,与上一阶段相比有显著上升,如表 3-6 所示,"创新""电力""清洁""消纳""市场"等占据了政策主题词的重要位置,是关注的热点,其点度中心性均为 36;主要增加了"清洁""消纳""监管"等关键词;而其余主题词,如"能源""建设""发展"等的点度中心性不低于 30,与核心主题词并不存在较大差距;"地区"这一主题词的点度中心性由飞跃阶段的 12 上涨为 17,表示其在共词网络中的作用和影响力增大。

表 3-6　　　　2013~2020 年风能产业高频主题词点度中心性

主题词	中心度	主题词	中心度
清洁	36.000	能源	31.000
创新	36.000	国家	22.000
电力	36.000	企业	22.000
消纳	36.000	项目	20.000
主管	36.000	监管	20.000
市场	36.000	技术	18.000
完善	36.000	地区	17.000
开发	36.000	落实	17.000
发展	33.000	规划	17.000
建设	32.000	体系	16.000

4. 2013~2020年风电发展阶段的风能政策阶段特征

第一，从政策数量来看，这一阶段中国风能产业政策的数量最多。从政策内容来看，随着弃风限电问题的出现，风电并网和消纳的相关政策逐渐增多，解决可再生能源电力消纳的相关政策也相继出台。

第二，相比于起步阶段和飞跃阶段，风能产业政策体系不断健全，此阶段的政策聚焦点最集中，相关政策配置更为合理，涉及供给型、需求型、环境型3个方面。但是由于网络中心势还远未达到1，表明政策间联系还需进一步加强。

第三，从政策类型来看，尽管此阶段包含了供给端和需求端两方面的政策，但是根据点度中心度，此阶段政策重点已由供给型政策转向需求型政策和环境型政策。比如需求型政策包括完善上网电价补贴政策以促进和引导技术进步，调整电价附加标准和电力市场结构以保障未来可再生能源发电项目现金流的稳定等。在环境型政策方面，除了起步阶段和发展阶段皆有的目标规划政策，此阶段有关的监管控制政策也越来越多。

第四，此阶段技术开发不再作为主要的政策聚焦点，且供给型政策由建设大型风电场基地转变为建设海上风电项目，为了风电产业的全面优化发展，要求按地区设定相关能源政策，因地制宜，注重实效，合理利用。

五、本章结论

本部分内容依据223条风能产业政策文本，运用共词分析和社会网络分析，对中国风能产业政策的变迁规律和特征进行研究，反映出各个时期政策热点和聚焦点的变化。实证研究的结果表明，随着风能产业和可再生能源的发展，每个阶段表现出来的政策关注点、政策内容的集中度和紧密性都存在变化的趋势，由此形成了2000~2020年风电产业政策变迁演化的初步轨迹。

（1）中国风能产业发展受政策影响较大，随着科技创新能力不断提高，风能政策总数量呈现出逐年上升的趋势，具体体现为：起步阶段风能产业政策总数39条、飞跃阶段风能产业政策总数64条、发展阶段风能产业政策总数123条。可以看出3个阶段的政策数量几乎呈倍数增长，表明目前中国政府对风能产业的重视程度在不断上升。

（2）风能产业政策紧密性与集中程度在逐渐增强，共词网络图中关键词的联系在不断加强，网络中心势从起步阶段的18.51%增长到飞跃阶段的22.87%，再增加到发展阶段的30.32%，但是远远未达到100%，说明各政策的紧密性与集中程度还远远不够。

（3）通过共词分析和社会网络分析，发现风能产业政策在变迁过程中不同时期政策的侧重点各不相同，由前期的供给型政策为主转向供给型政策和需求型政策齐头并进，再转向后期的以需求型政策为主。风能产业发展前期，主要侧重于大力推动风电产业项建设、投资融资等供给端政策，飞跃阶段中国开始关注上网电价、并网等需求侧问题，到发展阶段，包括消纳、平价上网在内的需求型政策数量逐渐增多，并成为此阶段政策的重点。同时根据各个阶段的高频词分析以及点度中心性分析，包括风电产业的目标规划政策在内的环境型政策贯穿始终，且随着中国已完成了多个"五年计划"，不同阶段所对应的目标规划也各有侧重点。

第四章

绿色能源产业政策组合结构分析：基于风能视角

　　发展风能产业被认为是实现二氧化碳减排、环境保护、节能降耗和能源安全的重要战略。风能也被认为是中国最有前途的可再生能源之一，近年来发展迅速。风能产业的快速发展离不开政府政策的支持，实践中，各国风能产业政策普遍是几个或多个单项政策的组合。换言之，风能产业政策是一种政策组合或一揽子政策。发达国家颁布了一系列政策推动风电发展，如固定价格、投资补贴、关税优惠、免税、国内费率要求、出口援助计划、研发等。中国同样如此，目前已经陆续出台了以固定上网电价制为主，还包括直接补贴、公共投资、税收优惠、政府采购等在内的20多个相关的配套政策，基本建立了中国风能产业政策框架体系。政策组合理论认为，科学合理的政策组合体系能够为利益相关者提供激励机制、机会结构和约束机制，从而推进风能产业的可持续性发展。然而实际情况并不如此，现有的政策过多关注风电装机容量，却忽略了电网这一极其重要的环节，导致中国风能产业呈现二元格局：一方面，因为鼓励风机国产化制造和风电场建设环节配套政策到位，对风电装机容量起到了强有力的刺激效果；分区制定陆上风电标杆上网电价，明确风电企业的预期收益，并数次上调电价附加征收标准，为企业开发风电提供了必要的财政支持，导致风能产业在过去不到10年的时间内其装机容量达到了全球市场的领导地位，奠定了中国可再生能源产业发展的良好基础；另一方面，出现了高装机容量与低发电量并存、限电、弃风、弃电、有电无市等问题（陈艳、龚承柱、尹自华，2019）。再比如，德国颁布的风能产业审批政策也导致德国2018年新增装机容量仅为2017年的1/2[①]。中国风能产业发展初期盲目追求装机容量的粗放发展模式导致了诸如供需错配、价格机制不完善、风能投资过度、弃风、限电等问题。这些问题会影响"碳达峰""碳中和""3060"目标的顺利实现，进而影响"十四五"时期乃至21世纪中叶应对气候变化工作、绿色低碳发展和生态文明建设。

一、文献回顾

学术界关于风能产业政策的发展已经进行了较多的研究，目前国内外对风能产业政策的研究主要集中在以下三个方面。

1. 各个国家风能产业政策的介绍和对比。有详细梳理国内外风能产业政策并介绍中国风能产业政策的优缺点（Ping L & Shukui T，2011），还有介绍葡萄牙与日本的风能产业政策（Li A & Xu Y，2019；Peña I，L. Azevedo I & Marcelino Ferreira L A F，2017），将葡萄牙风能政策设计与其他国家相对比，认为上网电价政策的激励是葡萄牙风能发展的重要起始动力；而日本风能产业政策由于传统部门主义思想的制约，更多地

[①] 中国风电新闻网. 2018年欧洲风电统计数据出炉 [EB/OL]. http://www.chinawindnews.com/5381.html，2019-2-22.

表现为相互竞争；卡齐米耶丘克（Kazimierczuk A H., 2019）对非洲风能发展进行研究，结果表明财政激励和支持性政策仍然是影响非洲风能发展的重要因素，但不再是决定性因素。

2. 风能政策对产业发展的影响。这类研究主要建立在政策与产业发展之间的线性关系上，通过构建一系列评价体系对风能产业政策的效果进行测度。王和邹（Wang X & Zou H, 2018）分析了风能产业政策对风能企业创新绩效的影响，结果表明供给性的政策对创新有着积极的作用。赵、李、张等（Zhao X, Li S & Zhang S et al., 2016）对风能产业政策的地区异质性进行研究，发现价格政策在贫困地区更有效，而非价格政策在风力资源丰富的地区更有效。戈德比、泰勒、库帕尔（Godby R, Taylor D T & Coupal R, 2018）则从负面政策入手，得出结论：风能的额外税收对风能产业发展具有明显的阻碍作用。与此同时，越来越多的研究者也尝试通过机器学习模型预测市场回报和市场趋势对风能政策的反映（Liu D, Niu D & Wang H et al., 2014；Yildiz B, Bilbao J I & Sproul A B, 2017；Zhao Y, Ye L & Li Z et al., 2016）。

3. 风能政策对产业发展的非线性影响。这一类研究主要对政策如何处理盲目竞争（Luo G, Zhi F & Zhang X, 2012）、市场机制与政府引导之间的平衡（Dominique G & Bruno V P D L, 2003）、公共服务领域体系建设（Li X, Hubacek K & Siu Y L, 2012；Ydersbond I M & Korsnes M, 2014）、消纳问题（Ming Z, Kun Z & Jun D, 2013；Yang M, Patiño-Echeverri D & Yang F, 2012；Zhang S & Li X, 2012）、激励相容（Klagge B, Liu Z & Campos Silva P, 2012；Li C, Lu G & Wu S, 2013；Zhang S, Andrews-Speed P & Zhao X, 2013）和配额等（Xiong W, Zhang D & Mischke P et al., 2014；马子明、钟海旺、谭振飞等，2017；张翔、陈政、马子明等，2019）问题进行研究。纽厄尔（Newell D.,

第四章 绿色能源产业政策组合结构分析：基于风能视角

2018）提出，风能产业政策是风能发展和相关问题解决的必要不充分条件。萨胡（Sahu B K.，2018）以中国企业为研究对象，认为中国现有的政策导向将许多低质量的风能企业集中到电网中，导致了风能的过度浪费。朱、齐、贝里斯等（Zhu M，Qi Y & Belis D et al.，2019）则认为，在中国当前风能产业政策下，即使面临弃风限电的问题，企业持续投资扩大规模依然是符合经济理性的行为。

本书认为，风能产业政策是一个大的系统，对风能产业政策效果的评价离不开对政策之间相互关系的梳理，各种政策工具组合在一起发挥作用。政策结构是构成政策系统的诸多要素之间，按一定的方式组织起来所形成的一种相对确定的构成关系（王婷，2018）。罗思韦尔和泽格维尔德强调合理的政策结构应该同时注意政策在时间层面的继承关系和空间层面的互补关系（Roy R & Walter Z，1985）。而现有文献当中关于政策结构的研究较少，且大多停留在静态分析和宏观层面。比如黄萃、苏竣、施丽萍等（2011）利用文本分析法对42条有效政策样本进行研究，他们认为目前中国风能政策结构存在失调，部分政策存在过溢的问题。张永安和闫瑾（2016）通过构建政策措施、作用对象、颁布层级的三维结构模型对北京市科技成果转化政策结构进行拆分，深入分析了政策结构的层级关系。现有的研究大多是从风能产业发展的视角评价单项政策或几项政策的效果，认为风能产业政策与风能产业发展之间具有线性或非线性的关系，鲜有从政策系统的视角研究讨论风能产业政策组合的内部关系结构以及不同类型风能产业政策工具之间的相互作用。基于上述现实，本章对以下几个问题进行讨论：第一，中国风能产业政策组合具有怎样的内部结构？其结构动态演进具有怎样的特征？第二，中国风能产业政策组合结构是否稳定？政策之间的相互作用关系如何？本书通过对中国风能产业政策进行完整的梳理来尝试论述风能产业政策结构特点，并引入一种观察政策组合结构的方法——PageRank算法，尝试回答上述问题，力求对现有研究做出有益补充。

二、中国风能产业政策组合结构演变特征

（一）风能产业政策组合文本结构

本书在对风能产业政策组合进行分析时，将风能产业政策分为3个大类、9个小类，分别为供给型政策：科技信息支持、基础设施建设、资本投资；环境型政策：目标规划、财政税收支持、监管控制；需求型政策：政府采购配额、上网电价、消纳。区别于对一项政策进行单类别归类的传统方法，本书通过提取关键词的方法对政策文本进行分析，将一项政策按照其包含内容划分为同一时刻颁布的无权重的多项不同类型的政策。

结合本书第三章的研究，本部分的风能产业政策是指从2000年1月1日起至2020年12月31日止中国部委及以上级别部门发布的风能产业政策。政策来源于国务院、国家发改委、国家能源局等10余个中国政府各部委官网及法律之星等网站，共获取2000～2020年中国部委级别及以上部门发布的223项风能产业政策，按照9种政策类型细分为586项政策。详情见第三章相关内容。

（二）风能产业政策组合的数量结构演变特征

2005年《可再生能源法》的通过标志着中国可再生能源产业规范化发展的开始，此后风能产业政策数量开始出现显著增加，政策数量总体呈现为波动上升（图4-1），其中，在2012年和2016年这两个年份有较为明显的政策数量的增加。

第四章 | 绿色能源产业政策组合结构分析：基于风能视角

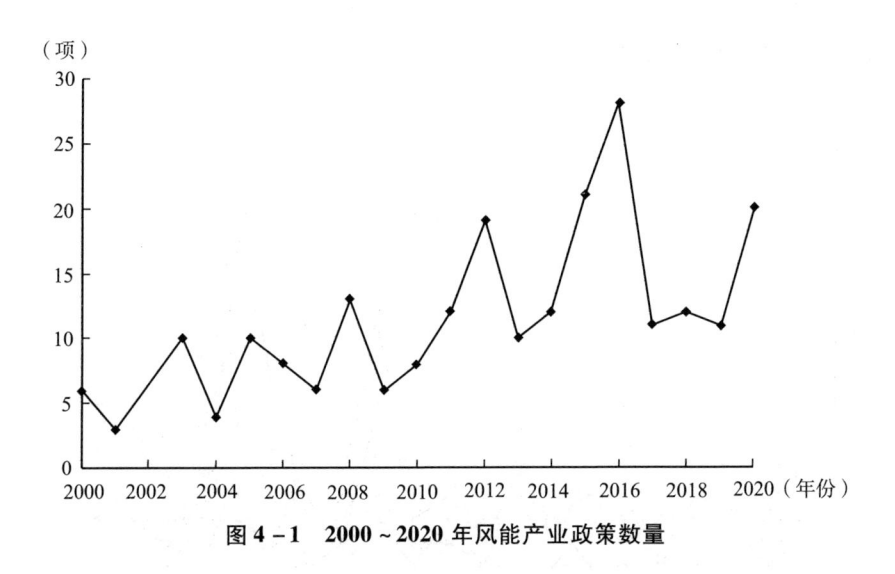

图 4-1 2000~2020 年风能产业政策数量

同时，具体的各种政策工具数量大部分呈现出了相似的波动上升趋势，由图 4-1 及图 4-2 的对比可知，2000~2020 年除政府采购配额政策数量波动较小且始终处于较低水平外，其他具体政策工具的数量与总体数量变化一致。即政府总体政策方针引导风能产业政策力度逐渐增强，但各项具体政策工具在总体中的占比存在一定变化，风能产业政策组合结构在保持相对稳定的基础上发生一定程度的改变。

（三）风能产业政策组合种类结构演变特征

对 223 项政策按照上述分类原则进行细分的结果如图 4-3 所示，环境型政策数量最多，占总政策的 65.9%，供给型政策占 22.83%，需求型政策数量最少，占比为 11.27%。由图 4-3 和图 4-4 可知，目前中国风能产业政策数量以环境型政策为主，其中监管控制类型的政策占比最高。整体来看，目前政府主要通过制定目标规划、加强监管控制把握风能产业发展的战略方向，并辅以科技信息和财政税收方面的支持政策促进风能产业的发展。

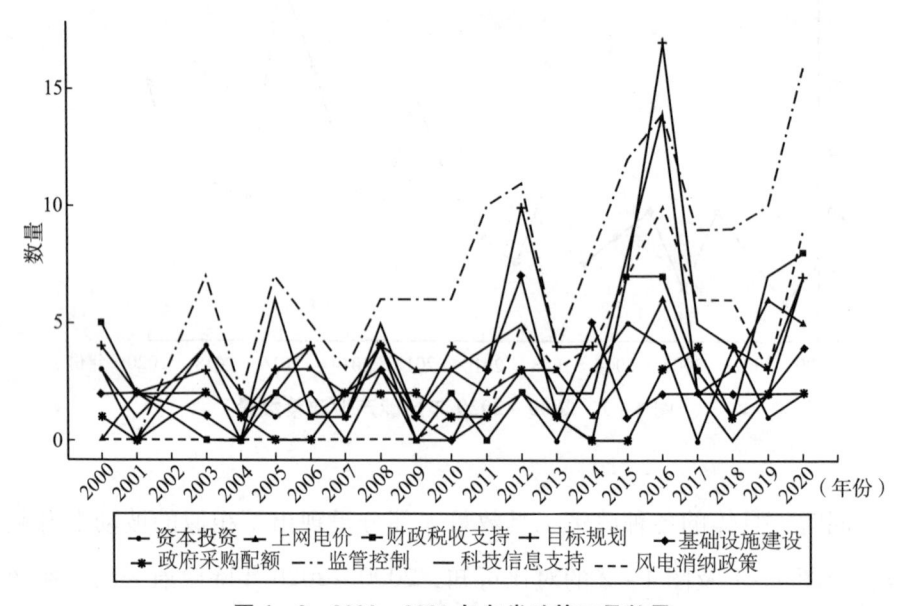

图 4-2 2000~2020 年各类政策工具数量

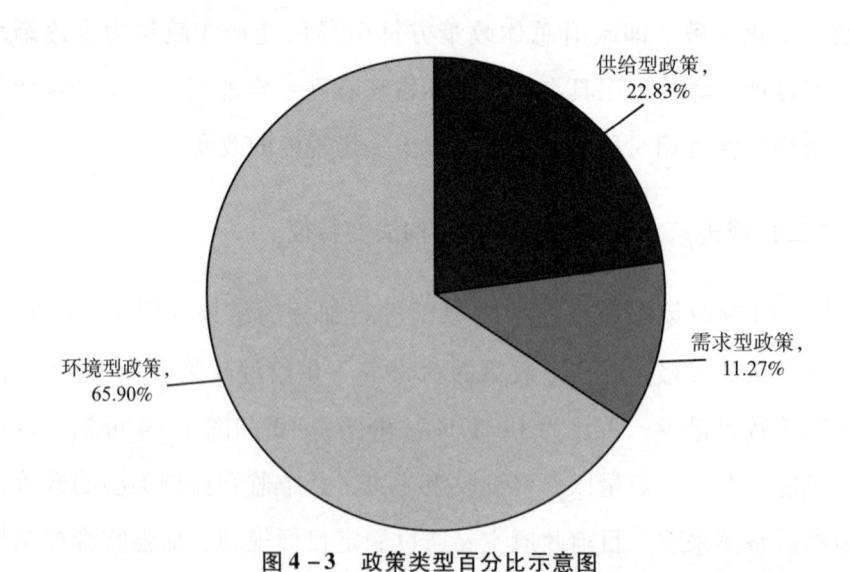

图 4-3 政策类型百分比示意图

第四章 | 绿色能源产业政策组合结构分析：基于风能视角

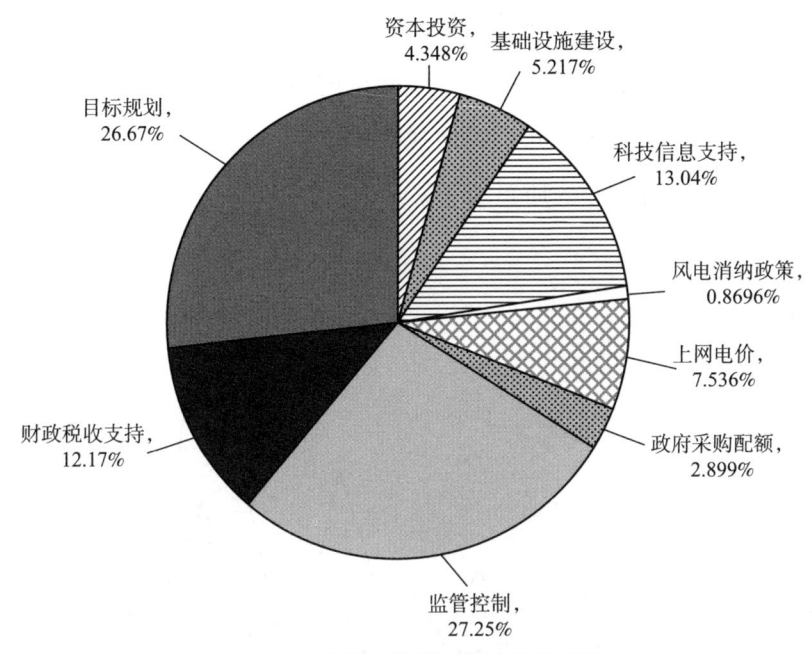

图 4-4 政策工具类型百分比示意图

（饼图数据：目标规划 26.67%；资本投资 4.348%；基础设施建设 5.217%；科技信息支持 13.04%；风电消纳政策 0.8696%；上网电价 7.536%；政府采购配额 2.899%；监管控制 27.25%；财政税收支持 12.17%）

图 4-5 反映了 2000~2020 年，三种类型政策在总体中占比情况。动态来看，环境型政策始终占比最高，占据目前风能产业政策的主要地位，总体呈现波动上升趋势，并且在 2012 年和 2016 年出现明显峰值，其变化趋势基本遵从风能产业政策的总体发展趋势。供给型与环境型政策的变化趋势基本一致，而需求型政策在 2012 年之前的变化趋势并不明显，2012 年之后需求型政策与环境型政策波动出现交替，2016 年之后需求型政策的总体占比超过供给型政策。

从整体政策类型占比变化趋势来看，基本符合中国风能产业发展的一般规律，以往政府通过颁布环境型政策引导风能产业的发展方向，前期需求型政策的制定与发展并没有跟上脚步提供强有力的支持。随着中国风能产业发展逐渐走向成熟，风能产业政策力图加强需求型政策的拉动作用，即减少对于风能产业直接或间接的财政支持，推动风能产业脱离政府的庇护投入市场，并通过增强技术支持，提升风能产业的市场竞争力，以实现风能产业的质量增长。

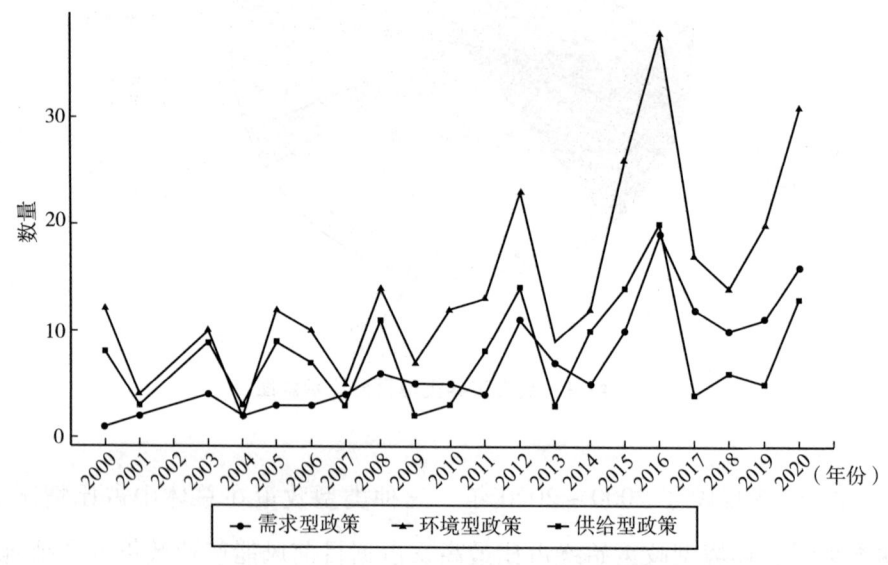

图 4-5　2000~2020 年政策类型百分比动态变化

（四）风能产业政策组合结构复杂度演变特征

在中国风能产业起步到发展壮大的过程中，政策工具的种类也逐渐增多，政策系统结构的复杂度也不断提高，政策之间联系日益增多。由图 4-6 可知，各种类型的政策工具比重整体呈现出稳定波动的趋势，反映出政策系统的稳定发展和高复杂度并存的状态。

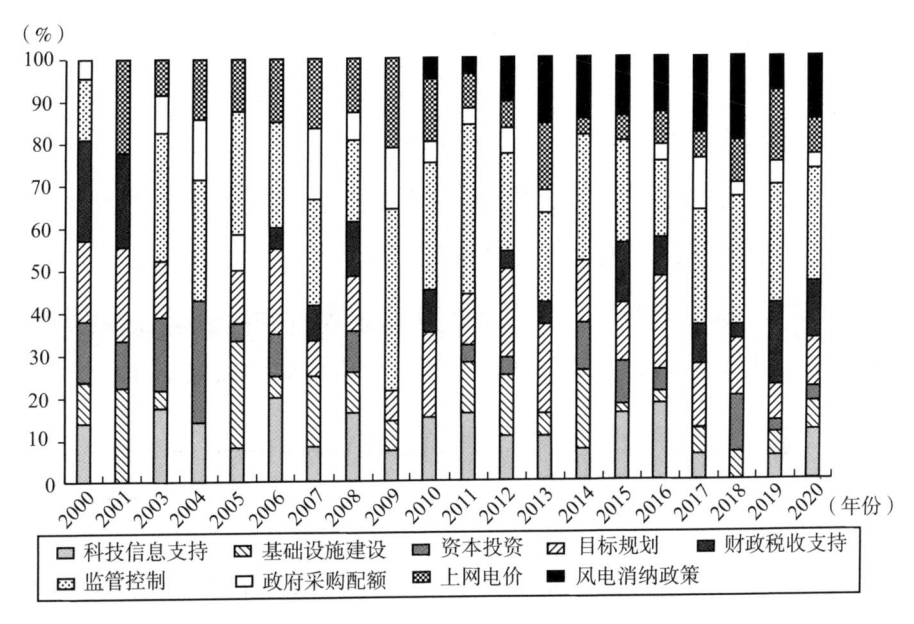

图 4-6 2000~2020 年不同类型政策百分比

三、风能产业政策组合结构分析方法

(一) PageRank 算法

PageRank 算法最初被用来评价网页的重要性，从而对用户的搜索结果进行排序，随着其他研究者的改进和发展，PageRank 算法也被广泛用于文献搜索及影响力评价等领域。博伦、罗格里格兹、萨姆堡尔（Bollen J, Rodriguez M & Van De Sompel H, 2006）认为，一篇论文如果被诺贝尔奖获得者引用显然要比被普通科研人员引用更能体现其重要性和价值。苏成、潘云涛、袁军鹏等（2009）研究期刊影响力，构建学科文献引用关系网络并提出基于改进 PageRank 的科研文献搜索方法。景楠、王建霞、许皓等（2017）利用改进的 PageRank 对社交网络中用户影响力的评估进行研究并进行个性化推荐。陈艳、龚承柱、尹自华（2019）尝试将 PageRank 算法引入政策结构和效率分析，研究证实了该算法在政策组合结构中的适用性。

定义有权有向图 $G = (V, E, S)$，其中 V 是顶点，即各类型政策的集合；E 是边的集合，表示各类型政策之间的相互关联关系，是带有箭头的连线反应政策的前后向关联；S 为边权重，$S = S_{i,j(j \subset E, j \subset E)}$，即概率转移矩阵，表示不同类型政策之间相互影响所构成的权重矩阵：

$$S_{ij} = \begin{cases} \dfrac{M_{ij}}{HXZC_i} & (i, j) \in E \\ 0 & (i, j) \notin E \end{cases} \quad (4.1)$$

其中，S_{ij} 是概率转移矩阵中第 i 行第 j 列的值，M_{ij} 表示类型为 i 的风能政策其后向政策类型为 j 的政策数量，$HXZC_i$ 为 i 类型风能产业政策的后向政策的总数量，i, j 为不同类型风能政策。

由于政策组合结构性质的特殊性和政策分类存在一定的主观性，风能产业政策会出现两种情况：第一，一项政策的前向或后向政策包含它本身；第二，一项政策不存在或没有找到相应的前向或后向政策。即会存在环以及某节点不存在出链的情况，因此建立随机浏览模型，有一些政策都存在 d 的概率直接输入核心主题词进入相关的其他政策，则相应会有 $1-d$ 的概率随机跳转，且跳转至其他无关政策的概率为 $1/N$。

第一步，由于概率转移矩阵 S_{ij} 中存在终止点问题和陷阱问题，因此为了使研究结果有意义，需要采用随机浏览模型公式对 S_{ij} 进行处理，形成新的概率转移矩阵 A_{ij}，即：

$$A = d \times S + (1-d) \times \dfrac{e \cdot e^t}{N} \quad (4.2)$$

其中：A 为经过随机浏览模型修正后得到的新的概率转移矩阵；S

是未经修正的最初的概率转移矩阵；d 为阻尼系数，其取值通常为 0.85；e 为所有分量均为 1 的列向量；N 是政策种类的总数。

第二步，研究表明，PageRank 的初始取值并不会影响其最终的结果，无论其初始值是多少，最终的 PageRank 值都会收敛至同样的结果。因此设定各类型政策的初始 PageRank 值为 $P_0 \sim t = \underbrace{(1, 1, \cdots, 1, 1)}_{N}$，其中 N 为政策类型的总数。循环迭代计算各类型政策的初始 PageRank 值，计算公式为：

$$P_{n+1} = AP_n (n = 0, 1, 2 \cdots\cdots) \quad (4.3)$$

第三步，利用第二步的公式不断地迭代 PR 值，当满足下面的不等式后停止迭代，得到最终各类型政策的 PR 值并据此排序：

$$|P_{n+1} - P_n| < \varepsilon \quad (4.4)$$

其中，ε 为一个无限小的值，即当第 $n+1$ 次迭代得到的 PR 值与第 n 次迭代得到的结果相同或近似时停止迭代。

（二）平均效率值

当某类政策需要通过不断地出台相类似的政策或需要大量其他不同类型政策对其进行约束或修正时，我们认为这类政策的发布和执行效率存在一定的问题，从而导致风能产业政策整体结构发展不均衡等问题。因此，为了进一步探索中国风能产业政策组合结构的稳定性，本书将对 2000~2020 年的风能产业政策进行效率评价，构建效率评价矩阵模型：

$$M_{i,j} = \begin{cases} 1 & \dfrac{PR_i/PR_u}{ZC_i/ZC_u} > 1 \cap PR_i > PR_u \\ 1 & M_{j,i} = 0 \cap PR_i < PR_u \\ 0 & M_{j,i} = 1 \cap PR_i < PR_u \end{cases} \quad (4.5)$$

其中：$M_{i,j}$ 表示矩阵中第 i 行第 j 列的数值；PR_i 表示在所研究时间段内，PageRank 值排名第 i 的某类型政策所对应 PageRank 值；PR_u 表示在所研究时间段内，PageRank 值排名第 u 的某类型政策所对应 PageRank 值；ZC_i 表示在所研究时间段内，PageRank 值排名第 i 的某类型政策的数量；ZC_u 表示在所研究时间段内，PageRank 值排名第 u 的某类型政策的数量。

平均效率矩阵表示政策类型 i 作为前向政策对其后向政策 j 是否有效。1 表示 i 对 j 是有效的，存在积极影响，反之为 0。公式（4.5）的约束条件为：

$$s.t \begin{cases} PR_i > PR_{i+1}; \ PR_u > PR_{u+1} \\ i \in [1, N-1]; \ j \in [1, N-1]; \ u = j+1 \end{cases} \quad (4.6)$$

其中：$PR_i > PR_{i+1}$；$PR_u > PR_{u+1}$ 表示各类型风能政策按照 PageRank 值的高低进行排列，$i \in [1,8]$；$j \in [1,8]$；$u \in [2,9]$；$M_{i,j} = M_{i,u-1}$ 的约束条件保证矩阵中每一值都是由 PageRank 值排名较前的政策类型与排名较后的政策类型作比较得到的。

某一时间段的各类型政策的平均效率值可以通过下式进行计算：

$$\overline{EF_{year(i)}} = \frac{\sum_{j=1}^{N-1} M_{ij}}{N-1} \quad (4.7)$$

其中，$\overline{EF_{year(i)}}$ 表示某一时间段内 i 类政策的平均效率值，$\sum_{j=1}^{8} M_{ij}$ 表示该时段 i 类政策的总体效率值，N 为政策类型总数。

（三）信息熵

信息熵表示整个系统信息量的一种期望值，通常可以用来度量一个系统的复杂程度。在物理学中，熵越大，系统越混乱，其微观状态的分布越均匀。以气体为例，将某两种不同气体混合，混合后气体内部的物质微粒分布得越均匀，则混乱程度越大，熵值就越大，也可以说这两种气体的融合度高。本书将这一概念引入政策组合结构中，把每年的风能产业政策视作一个系统，则风能产业政策组合结构复杂程度的变化可以通过信息熵进行反映，这里的"复杂程度"可以理解为各类型风能产业政策之间的关联程度。信息熵越大表明该年度风能产业政策内部各类型政策之间的关联程度越高。利用公式（4.8）测算每一年的政策信息熵：

$$Entropy(year_j) = \sum_{i=1}^{n} - p(A_i) log p(A_i) \qquad (4.8)$$

其中，$Entropy(year_j)$ 表示第 j 年的风能产业政策信息熵；$p(A_i)$ 表示第 i 种政策在第 j 年所有政策中所占比重。

四、中国风能产业政策组合结构特征分析

（一）风能产业政策组合结构特征整体分析

1. 风能产业政策组合的中心政策研究

将 2000~2020 年中国部委级别及以上部门发布的共计 223 项政策细分成 3 类 9 种共 586 项政策工具，以政策在时间上的前后联系和直接的文本关联关系为基础，通过 Gephi 软件绘制不同种类政策间的有权有向网络图谱（权重为两政策间联系的频繁程度即联系度），如图 4-7 所示。

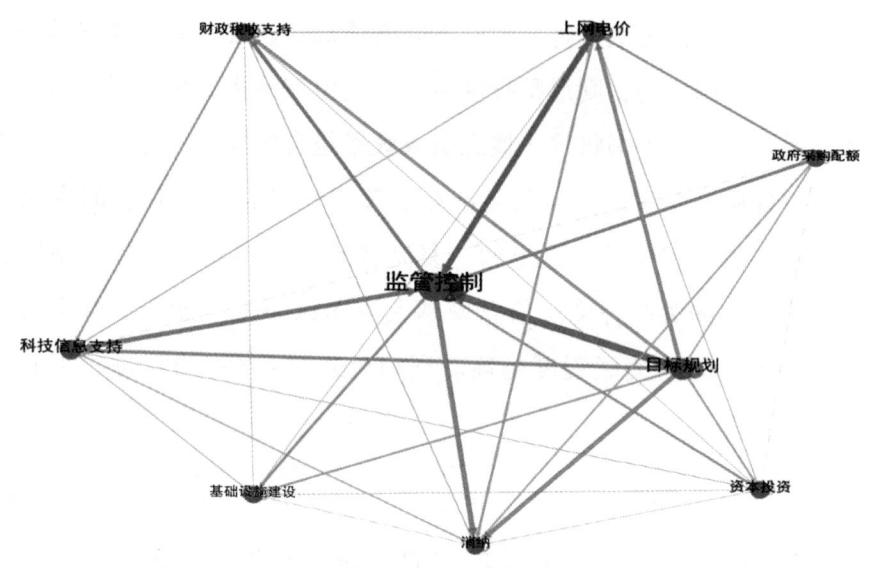

图 4-7　风能产业政策工具关联网络有权有向

图 4-7 中每一节点代表一种类型的风能政策工具，节点的大小体现该政策工具在所研究时间内的 PageRank 值高低，节点越大则该类型政策 PageRank 值越高；政策工具即节点之间的连线体现两类政策工具的前后向关联政策的数量，连线越粗则两类政策工具前后向关联政策的数量越多。分析图谱可知，监管控制类政策的 PageRank 值最高，消纳类政策的 PageRank 值最低。其中，监管控制、目标规划与其他政策工具的前后向关联政策数量较多，基础设施建设、资本投资与其他政策工具的前后向关联政策数量较少。

由政策工具前后向关联数量统计得到概率转移矩阵，利用模型将 2000~2020 年不同类型的风能政策工具按 PageRank 值进行排序，结果如表 4-1 所示。根据表 4-1 可知，监管控制类政策的 PageRank 值明显高于其他类型政策，在风能产业政策组合中重要性程度最高也最具影响力；而消纳的 PageRank 值最低，即其在风能产业政策组合中的重要性程度最低。

表4-1　　2000~2020年不同种类风能政策PageRank排名

排序	政策类型	PageRank值（PR）	政策数量（C）
1	监管控制	0.233457	148
2	目标规划	0.142635	90
3	上网电价	0.121807	57
4	科技信息支持	0.110503	70
5	财政税收支持	0.084835	53
6	资本投资	0.078903	38
7	政府采购配额	0.077354	28
8	基础设施建设	0.077049	47
9	消纳	0.073458	55

本书认为，2000~2020年，中国风能产业政策组合呈现多中心均衡结构，其中，监管控制、目标规划和上网电价三类政策工具是风能产业政策组合的关键中心点。目标规划类政策工具是中国风能政策组合的基础，其内容决定中国风能产业的整体战略方向，任何其他政策的发布和制定都是以目标规划为中心而展开的；监管控制政策作为中心政策之一，一项政策的出台，无论其属于何种类型，对于其后向政策都存在监管和控制的需求，且监管控制类政策在一定时间段内不受时期限制，在其被废除或修订前，对于各类型政策在任何时候都可以发挥其作用；在风能产业发展过程中上网电价由前期的政府调节和适当补助，到中后期为促进风能产业的市场化转型逐步放开对于电价的管控，上网电价政策的发布很大程度上影响了风能产业的发展方向。

综合图4-7和表4-1的情况不难发现，某类型政策工具的政策数量对PageRank值排名的影响较大，PR值排名靠前的政策，其政策数量基本高于排名靠后的政策，与其他政策工具之间的关联政策数量也较多。这一现象表明某些政策工具在组合结构中的整体影响力较高可能是由于国家或有关部门出台了大量同类型政策导致的，单项政策的重要性程度可能出现不同的情况。因此，在研究风能产业政策组合的中心政策类型时，在对PageRank值排名的基础上还应该对政策工具的效率进行比较。

根据公式（4.5）至公式（4.7）计算出了2000~2020年各类政策工具的平均效率值，并综合得到各类型政策工具的PageRank值和平均效率值排名进行比较，见表4-2。

表4-2　　2000~2020年不同种类风能政策PageRank和平均效率值对比

政策类型	PageRank值排名	平均效率值排名
政府采购配额	7	1
上网电价	3	2
资本投资	6	3
基础设施建设	8	4
财政税收支持	5	5
目标规划	2	6
科技信息支持	4	7
监管控制	1	8
消纳	9	9

从表4-2可知，在排除政策数量影响的情况下，政府采购配额类型政策的效率最高，即该类单项政策发布后对风能产业政策发展的推进作用最为明显。上网电价、财政税收支持和消纳政策的PR值与平均效率值排名差距较小，其政策影响力受政策数量影响较小，即其单项政策

的发布及实施的效率较高，不需要通过大量的同类型政策堆砌来增加其效果。其中，上网电价政策的 *PR* 值和平均效率值排名均保持较前的排名，因此，可以认为上网电价是风能产业政策组合中心政策的核心政策。

2. 风能产业政策组合的内部关联性研究

2006年之前政策数量较少，不具有参考意义，利用公式（4.8）对2006~2020年风能产业政策的信息熵进行计算，结果如图4-8所示。图4-8分别为原始信息熵和修正后信息熵曲线，根据统计数字和原始信息熵曲线可知，由于2009年统计的整体政策数量偏少，导致信息熵出现较大波动，因此采用选取平均值的方法对原始数据进行修正，得到修正后的信息熵曲线。

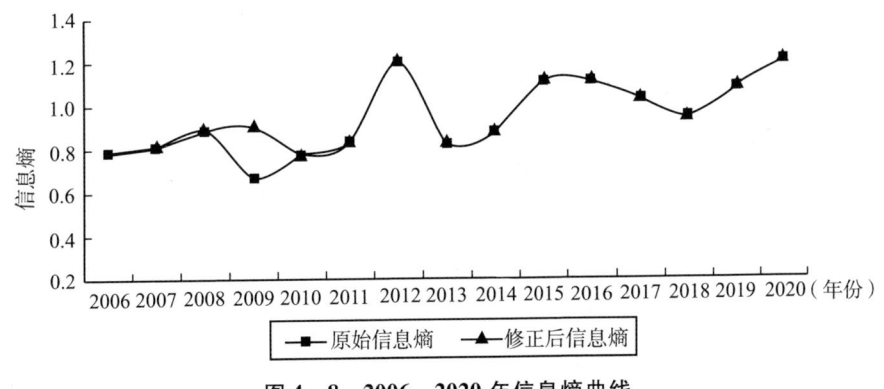

图 4-8　2006~2020 年信息熵曲线

可以看出，2006~2020年政策信息熵整体呈现波动性上升的趋势，各类型政策之间的关联程度在不断增强。2012年的信息熵波动较为明显，在这一时期，政策之间的相互联系显著增加，这是由于国家能源局颁布了《关于加强风能并网和消纳工作有关要求的通知》，意味着中国风能产业政策进入新的时期，风能消纳对产业良性循环、持续发展造成重要的威胁，对"弃风""限电"等供需失衡的现象进行治理，政策结构加速变化。

信息熵反映的是2006~2020年政策工具整体关联性的动态变化情况。为了进一步探究风能产业政策组合中各类型政策工具的关联程度，对各类型政策工具之间进行相关性分析，政策工具之间相关性越强，则一项政策发布后对于其他后向政策的推动作用越明显，互相的关联程度越高。

根据图4-9对政策之间的相关性进行分析，图中方框A表示供给型与环境型政策工具之间的相关性情况，方框B表示供给型与需求型政策工具之间的相关性情况，方框C表示需求型与环境型政策工具之间的相关性情况。

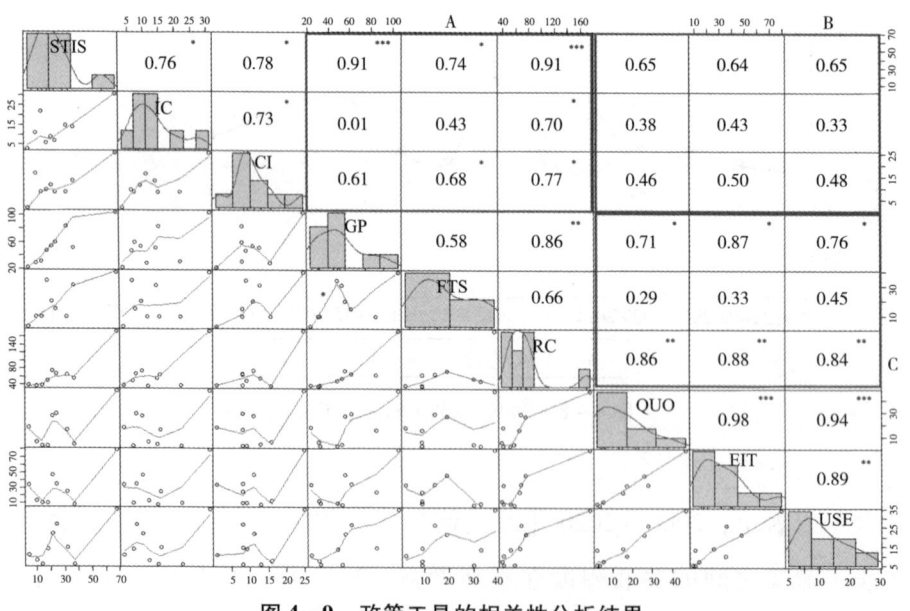

图4-9 政策工具的相关性分析结果

注：STIS：科技信息支持；ZC：基础设施建设；CZ：资本投资；GP：目标规划；FTS：财政税收支持；RC：监管控制；QUO：政府采购配额；FIT：上网电价；USE：风电消纳政策。

整体来看，环境型政策与其他政策之间的联系度最高，供给型次之，需求型最差。其中：供给型与需求型政策工具之间的关联性最弱，一种类型政策的发布对于另一类政策发展的推动作用较小；环境型与供给型政策工具之间相关性的显著程度较强，且与需求型政策工具相比更加均衡，即环境型政策与其他政策的紧密性更强。

从不同类型政策内部的角度来看，需求型的三项政策工具之间互相联系最为紧密，供给型次之，环境型最弱。需求型政策的发布更有利于促进需求侧发展，减少风能市场的不确定性，开拓并稳定风能产业的市场。

从单项政策来看，资本投资与基础设施建设、科技信息支持与财政税收支持、目标规划与消纳、监管控制与上网电价、监管控制与消纳、政府采购配额与上网电价、上网电价与消纳这7组政策工具之间的相关性较为显著，表明这些政策工具之间关联较为紧密。例如，当颁布科技信息支持类型政策时通常会带动财政税收支持政策的发展，表明中国通常利用财政税收补贴等方式来促进中国风能产业的科技创新发展。在所有政策工具中，政府采购配额与超过半数的其他政策工具类型的相关性不显著，即关联性最差，且其在政策组合中的重要性程度也是最低的，表明政府采购配额类型政策属于风能产业政策发展过程中较为薄弱的环节。

这里值得注意的一点是，在表4-2中，政府采购配额政策的平均效率值排名为第一，但图4-7中反映出政府采购配额与其他类型政策工具之间的关联性最差，两者似乎存在矛盾。

分析表4-3平均效率矩阵可知，当配额政策作为前向政策时，对其他类型政策工具的效率均为1，表示配额政策的发布对其他政策的影响较大；但当政府采购配额政策作为后向政策时，其他政策对它的效率为0，表示其他政策的发布对政府采购配额影响力较小。从中国风能政策颁布的实际情况来看，配额政策作为目前的重点发展政策，但其出现的时间较晚,在风能产业发展前期,其他政策制定的过程中并没有考虑过配额问题,因此出现了配额制的单向积极影响作用,而其与整体的关联性程度较低的现象。

表4-3　　　　　　　　2000~2020年平均效率矩阵

政策类型	RC	GP	FIT	STIS	FTS	CI	GPQ	IC	USE
RC		0	0	0	0	0	0	0	1
GP	1		0	1	0	0	0	0	1
FIT	1	1		1	1	1	0	1	1
STIS	1	0	0		0	0	0	0	1
FTS	1	1	0	1		0	0	0	1
CI	1	1	0	1	1		0	1	1
QUO	1	1	1	1	1	1		1	1
IC	1	1	0	1	1	0	0		1
USE	0	0	0	0	0	0	0	0	

(二) 风能产业政策组合结构动态变化特征分析

依据第三章的内容,中国风能产业发展分为起步阶段(2000~2006年)、飞跃阶段(2007~2012年)、发展阶段(2013~2020年)。各时间段不同种类风能产业政策PageRank值排名变化见表4-4。

表4-4　　　　　分阶段各类风能政策PageRank排名变化

政策类型	2000~2006年 PageRank值排名	2007~2012年 PageRank排名	2013~2020年 PageRank排名	排名变化
监管控制	1	1	1	保持不变
目标规划	2	2	2	保持不变

续表

政策类型	2000~2006年 PageRank值排名	2007~2012年 PageRank排名	2013~2020年 PageRank排名	排名变化
资本投资	3	8	8	下降
上网电价	4	4	3	上升
科技信息支持	5	3	5	保持不变
财政税收支持	6	7	6	保持不变
基础设施建设	7	5	9	下降
政府采购配额	8	6	7	上升
消纳	9	9	4	上升

由表4-4可知,监管控制、目标规划的 PR 值在这三个发展阶段始终保持第一、第二位置,科技信息支持、财政税收支持的 PR 值排名在2007~2012年这一阶段存在小幅度波动,但总体仍保持不变,其中,资本投资、上网电价和消纳三类政策呈现单调变化趋势,印证了中国风能产业政策内部组合结构在总体上存在一定的变化趋势而非一种随机游走的状态的判断。目标规划、监管控制和上网电价政策工具作为政策组合结构的中心政策在保持高排名的同时确保了稳定性。

同时,为了更加具体地探究中国风能产业政策组合在不同发展阶段的特征,对各阶段政策工具的平均效率值进行计算并排名,结果见表4-5。

表4-5　　分阶段各类风能政策平均效率值排名变化

政策类型	2000~2006年 平均效率值排名	2007~2012年 平均效率值排名	2013~2020年 平均效率值排名	排名变化
财政税收支持	1	5	7	下降
上网电价	2	3	3	下降

续表

政策类型	2000~2006年 平均效率值排名	2007~2012年 平均效率值排名	2013~2020年 平均效率值排名	排名变化
资本投资	3	1	2	上升
目标规划	4	6	6	下降
监管控制	5	8	5	保持不变
政府采购配额	6	2	1	上升
科技信息支持	7	4	8	下降
基础设施建设	8	7	4	上升
消纳	9	9	9	保持不变

观察表4-5可以发现，上网电价作为中国风能政策组合中心政策的核心，其效率排名虽有小幅下降但始终保持在前列。资本投资、政府采购配额和基础设施建设的效率始终保持上升趋势，其中，政府采购配额的上升程度最高。中国风能产业发展呈现出较为明显的阶段性特征：处于起步阶段（2000~2006年）时，财政税收支持、资本投资这两类通过直接和间接方式利用资金投入促进风能产业发展，其效率排名均靠前；进入发展阶段（2013~2020年）后，通过财政税收支持来促进发展的方式逐渐展现出疲态，其作用效率逐渐减弱，政府采购配额的平均效率值排名不断上升到前列，配额制度逐渐成为促进风能产业政策发展的重要推动力。

（三）风能产业政策组合结构的稳定性

将某一时间段各类型政策的平均效率值进行排序，并与同一时间段风能产业各类政策的PageRank排名进行比较，分析中国风能产业政策组合结构的稳定性。当某类政策的PageRank排名及平均效率值

第四章 绿色能源产业政策组合结构分析：基于风能视角

排名出现较大差异时，则证明该类政策可能会使得中国风能产业政策的结构出现不均衡发展的情况，具体表现为：第一，政策效率低，需要通过大量相同类型政策的发布才能得到有效的执行；第二，此类政策的效率较高，但在风能产业政策的整体结构中并没有产生较大影响。

为了进一步探究政策结构的稳定性，尝试绘制不同发展阶段各政策工具的 PageRank 值与平均效率值排名曲线，当两条曲线的变化趋势基本相近时，表明政策的 PageRank 值与其平均效率值排名匹配，即一类政策在组合结构中的重要程度并非由大量同类型政策的堆砌而形成的，因此对于政策结构整体而言，不存在发展非均衡的情形，政策结构较为稳定。根据表 4-4 和表 4-5 数据得到三个不同时段内各类政策 PageRank 值与平均效率值排名的趋势，如图 4-10 所示。

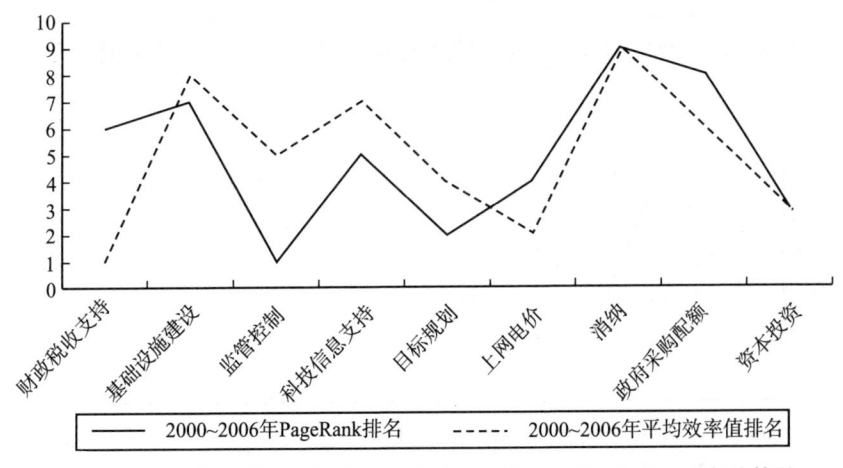

图 4-10 2000～2006 年各类政策 PageRank 值与平均效率值排名趋势图

分析图4-10、图4-11和图4-12可知，2000~2006年各类型政策工具的 *PR* 值与平均效率值排名趋势较为一致，即此阶段的政策结构较为均衡。2013~2020年是中国风能产业政策结构是最不稳定的一段时期，两项排名除上网电价政策工具外几乎均不匹配，即在此阶段影响程

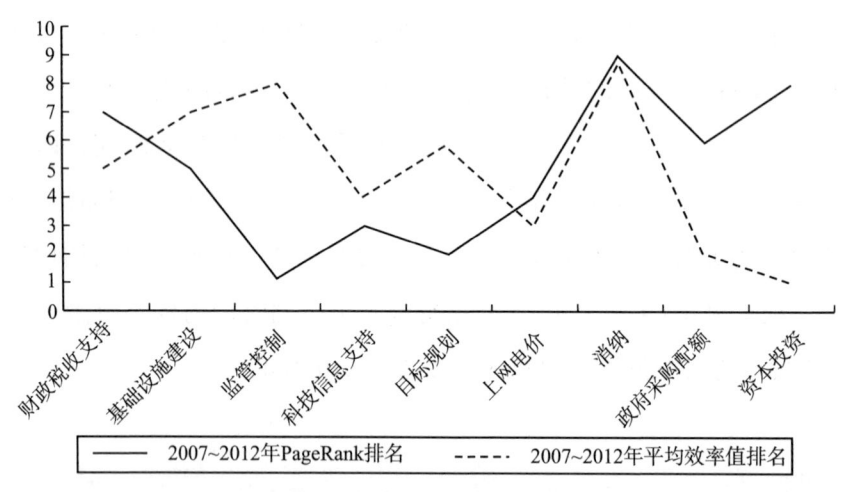

图4-11　2007~2012年各类政策 PageRank 值与平均效率值排名趋势图

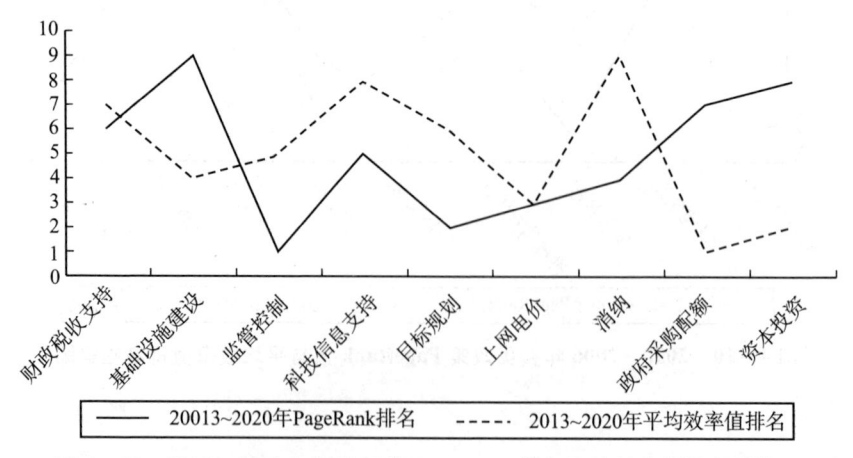

图4-12　2013~2020年各类政策 PageRank 值与平均效率值排名趋势图

度较高的政策工具多是通过颁布大量相同类型的政策，政府投入大量成本得到的，政策执行成本高。这是由于此阶段中国风能产业正处于高速发展阶段，一项政策出台后可能存在实施上的阻碍，导致难以进行后向政策的推进，从而降低了政策效率，只能通过不断尝试新的政策类型和发展方向来探索中国风能产业发展的合适路径。

五、本章结论

本章从风能政策组合的内部结构、动态变化和稳定性等角度，对中国目前风能政策组合的整体结构进行了分析，得到以下结论。

（1）风能政策总数量呈现出逐年波动上升的趋势，政策工具的复杂程度逐渐增加。环境型政策数量始终是风能政策的主要组成部分，占比最高。供给型、需求型政策总体数量占比相差不大，但存在发展时期上的差异。风能产业发展前期，供给型政策数量始终高于需求型，2012年之后，中国开始重点关注消纳、配额等需求侧问题，需求型政策数量才逐渐增多，并于2017年超过供给型。

（2）在2000~2020年这一研究时段内，中国风能政策组合结构的中心政策是由监管控制、目标规划和上网电价三类政策工具共同构成的多中心均衡体，其中上网电价为推动政策组合发展的核心政策。

（3）政策组合的内部关联程度呈现逐年波动上升的趋势，整体来看，环境型政策与其他政策之间的联系度最高，供给型次之，需求型最差。其中，供给型与需求型政策工具之间的关联性最弱，环境型与供给型政策工具之间相关性的显著程度较强，且与需求型政策工具相比更加均衡。从不同类型政策内部的角度来看，需求型的三项政策工具之间互相联系最为紧密、供给型次之、环境型最弱。

从单项政策来看，资本投资与基础设施建设、科技信息支持与财政税收支持、目标规划与消纳、监管控制与上网电价、监管控制与消纳、政府采购配额与上网电价、上网电价与消纳这 7 组政策工具之间的相关性较为显著，表明这些政策工具之间关联较为紧密。政府采购配额政策工具与其他类型政策之间关联性最差。

（4）中国风能政策根据发展特征被分为三个阶段，监管控制、目标规划和上网电价这三项政策的影响力在各个发展阶段均位于前列，且上网电价政策的平均效率也始终保持在较高水平，更加验证了结论 2 中的观点。而其他政策在不同的发展阶段呈现出较为明显的波动性特征，反映出在政策制定层面，在保持整体稳定的同时，在不同时期具有一定程度的偏向性。例如，2000~2006 年更加偏向于加强资本投资等政策工具的作用效果，而在 2013~2020 年这一阶段，政策的制定则更加关注政府采购配额、消纳等政策工具的实施。

（5）中国风能产业政策组合结构的整体稳定程度在逐渐减弱，2000~2006 年这一阶段稳定性较强，2013~2020 年这一阶段稳定性最弱。风能产业发展初期，单项政策的发布对于政策组合结构的影响均较强，进入发展阶段后，由于政策工具种类增加且在不同时期政策发展的方向不同，导致单项政策发布的影响减弱。

第五章

绿色能源产业政策的影响及作用机制研究：基于风能视角

一、研究背景

2020年9月，中国在第七十五届联合国大会上明确提出，将力争于2030年前实现"碳达峰"、2060年前实现"碳中和"。在"双碳"背景下，以风能为代表的可再生能源开发和利用受到高度重视，风电作为战略性新兴产业成为政策大力扶持的对象。政策的设计和实施能够促进可再生能源的普及（Muhammed G & Tekbiyik – Eesoy N，2020），为促进风能产业繁荣，中国中央政府颁布了不同类型的产业政策：需求型政策以刺激终端消费群体为目的；供给型政策为企业的技术创新提供资源支撑；环境型政策则力图优化风电行业的整体市场环境（王海和尹俊雅，2021；Wang X Z & Zou H H，2018；Liao Z J，2016）。在产业政策支持下，中国的风电市场稳步发展，2021年累计并网风电装机3.28亿千瓦，已连续12年稳居全球第一。产业政策对风电行业的迅速崛起产生了深远而重要的影响，但其对于中国风电企业长期生存能力的影响效果和影响机制尚不明晰，产业政策是否有助于企业实现可持续发展有待验证。

党的十八届五中全会明确提出，要坚持创新、协调、绿色、开放、共享的五大新发展理念。在提倡可持续发展理念的背景下，企业作为政策作用的微观主体，如何增强责任意识、引导责任投资并形成可持续的商业模式已成为社会各界关注的重点（张慧和黄群慧，2022）。ESG 理念已成为协调发展企业环境（environment，E）、社会责任（social，S）和公司治理（governance，G）的新的可持续发展理念（李井林、阳镇、陈劲等，2021），通过践行 ESG 理念，企业研发节能环保技术、协调利益相关者利益、优化内部各层级人员配置，传递了追求经济价值和社会价值相统一的发展观，形成了优良的企业文化和社会形象，能够提高生产效率、增强客户忠诚度、吸引优秀员工，获取更多制度资源和更大竞争优势（柳学信、李胡扬、孔晓旭，2022），从而保持发展的可持续性。但目前，一方面是中国风能资源分布与风电需求不匹配，资源整合和配置效率有待提升（王晓珍、邹鸿辉、高伟，2018）；另一方面是部分追求"利润最大化"的企业存在从事污染性生产、盲目扩大生产规模等短视行为，严重违背了产业绿色转型和高质量发展的要求，导致风能产业仍面临技术创新能力不强和产能过剩等困境（王晓珍、蒋浩、郑颖，2019）。

基于上述现实，本书对以下几个问题进行讨论：产业政策整体以及不同的政策类型组合是否有助于促进中国风能企业的长期可持续发展？产业政策通过何种渠道影响风能企业的可持续发展？产业政策对不同所有制、不同市场化水平地区的风能企业的影响效果是否存在差异？考察这些问题，对于进一步制定和完善产业政策、提升政策传导效果，引导企业践行 ESG 理念、筑牢可持续发展的微观基础具有重要意义。

二、文献回顾

（一）企业可持续发展

"企业可持续发展"理念于1984年在世界环境管理工业会议上首次提出，其最初含义是指企业注重经济效益之外的环境效益，通过环境管理提升企业形象、赢得公众认可，从而获得在市场中长期发展的竞争力（刘帮成和姜太平，2000）。在此基础上，弗里曼（Freeman，1984）提出了"利益相关者"理论，认为企业想要实现长期生存目标，有必要考虑政府、股东、员工、客户和公众等利益相关者的利益（Lee M P，2008；Shapiro C，1987；Blasi S，Caporin M & Fontini F，2018）；艾灵顿（Ellkington，1998）则将企业可持续发展扩充到环境、社会和经济绩效的"三重底线"上，认为企业应考虑后代需求，并在保证满足环境和社会利益的基础上达到经济效益的持续提升（Vildåsen，S S，KeitschM & Fet A M，2017；Ahi P，Searcy C & Jaber M Y，2018；Wagner M，2020）。进入新时代，ESG（环境、社会、治理）理念成为了衡量企业可持续发展水平的重要标准（李井林、阳镇、陈劲等，2021；邱牧远和殷红，2019），保护环境、履行社会责任、提高治理水平有利于降低企业的股权融资成本（Skaife H A，Collins D W & Lafond R，2004；蒋琰和陆正飞，2009）、缓解其财务和运营风险（Blasi S，Caporin M & Fontini F，2018；Cruz J M，2009）、提高生产力（Ortiz-de – Mandojana N & Bansal P，2016；Nofsinger J R，Sulaeman J & Varma A，2019），从而实现可持续发展。相关研究对企业可持续发展能力的衡量可以总结为两类：第一类基于企业环境、社会和经济绩效"三重底线"的某些方面构建企业可持续性指标（姜燕和秦淑悦，2022），如阿希、瑟西、贾比尔（Ahi P，Searcy C & Jaber M Y，2018）以企业环境管理行为指标构建了评估企业可持续发展的概率模型，靳曙畅（2019）使用企业的净资产收益率、收益留存率等指标构建企业可持续率变量；第二类使用ESG指标，如邱牧远、殷红（2019）、李井林、阳镇、陈劲等（2021）构建了企业环境、社会责任和公司治理变量代表企业的可持续发展能力。

部分文献研究了影响企业可持续发展的因素，认为企业发展的持续性受到政府约束和激励、企业自身资源配置能力、公众和媒体关注等因素的影响（陈耀和汤学俊，2006；Tang M & Wang Y，2022；徐二明和左娟，2010）。其他文献则关注企业可持续发展对企业自身或社会经济等方面的影响效果（Wagner M，2010；Al Abri I，Bi X & Mullally C et al.，2017），其中，研究企业可持续绩效（CSP）与企业财务绩效（CFP）关系的文献较为集中（Flammer C，2015；Margolis J D，Elfenbein H A & Walsh J P，2007），这些研究提供了CSP对CFP影响的积极、消极等不同结论（Margolis J D & Walsh J P，2016；Nollet J，Filis G & Mitrokostas E，2016；Xiao C Y，Wang Q & Van Der Vaart T et al.，2018）。随着可持续发展的社会意识不断增强，更多的文献扩展了对企业可持续发展的研究（邱牧远和殷红，2019；Cruz J M，2009），如张和孔（Zhang & Kong，2022）对能源企业在可再生能源政策影响下的可持续发展能力进行了测度，发现可再生能源政策不利于提高企业可持续性。

（二）产业政策对企业的影响

关于产业政策的作用效果，现有文献从以下几个方面进行了探讨。研究产业政策对产业规模的影响（邱兆林，2015），如高伟、吴昌松、乔光辉等（2017）发现风能产业研发资助政策对于产业规模具有促进作

第五章 | 绿色能源产业政策的影响及作用机制研究：基于风能视角

用。研究产业政策对风电装机容量和发电量的影响（刘、张、冯，2019；刘、陈和徐，2022）（Liu W F, Zhang X P & Feng S, 2019; Liu T T, Chen Z & Xu J P, 2022），如宋、刘、魏等（Song Y, Liu J & Wei Y C et al., 2021）发现价格导向政策、数量导向政策都对风电装机容量的增加具有显著促进作用。探讨产业政策对企业绩效的影响（李凤梅、柳卸林、高雨辰等，2017；陈艳、周园媛、纪雅星，2021），如张和孔（Zhang & Kong, 2022）运用DID模型进行研究发现，"十二五"规划政策对能源企业全要素生产率（TFP）具有提升作用，但此作用被企业的资源配置效率和技术创新所掩盖。大部分文献研究产业政策对企业创新表现的影响（王晓珍、蒋浩、郑颖，2019；王天驰、陈吕斌、孟丽，2019），如陈艳、许伟、周园媛（2022）运用固定面板效应模型进行实证分析，发现政府直接支持政策促进了新能源企业的技术创新，而间接支持政策则阻碍了企业的技术创新；王和邹（Wang & Zou, 2018）运用负二项回归模型考察了产业政策类型对风电企业创新绩效的影响，发现综合产业政策、供给型政策有利于提升企业的创新能力和水平，但需求型、环境型政策不利于企业创新绩效的提升。其他文献以产业政策组合为研究对象，如陈艳、龚承柱、尹自华（2019）运用PageRank算法对中国风能产业政策的内在关系和组合效率进行了研究，发现运行规范、财税支持、政府激励政策是风电产业政策组合的关键中心均衡点，而产业政策组合变迁的总体效率呈下降趋势；王、刘、陶等（Wang X Z, Liu S & Tao Z Y et al., 2022）将风能产业创新政策分为基于资源、管制的两类以评估其对企业创新质量的影响，结果表明不同类别的产业政策及其组合对风能企业的创新质量具有正向影响；孙薇、叶初升（2023）则运用双向固定效应模型进行研究发现，需求侧采购政策和供给侧补贴政策对企业创新具有一定相互促进的协同效应。

现有研究为研究企业可持续发展、揭示产业政策的宏微观效应奠定了基础，但仍存在一些不足。主要体现在：第一，现有研究或广泛探讨产业政策短期的经济和创新激励效应，或探究企业可持续发展的影响因素及 CSP – CFP 关系，直接研究产业政策对风能企业可持续发展影响的文献较为欠缺，政策对风能企业可持续发展的影响机制尚不明确；第二，多数研究从产业政策类型的视角出发，并未对不同政策类型组合的效果进行深入讨论，而部分研究着眼于具体的政策工具组合，却缺乏对政策顶层设计的总体把握，难以全面总结产业政策的作用效果；第三，部分文献通过构建企业环境或经济表现的单方面指标衡量企业的可持续发展能力，由于此类指标并未综合反映企业的非经济绩效，研究结果可能存在偏差。

鉴于此，本书运用双向固定效应模型研究产业政策对风能企业可持续发展的影响及其作用机制，并进一步探究需求型、供给型、环境型政策组合影响企业可持续发展的效果，以期对以往文献进行有益补充。本部分可能提供的边际贡献主要体现在以下方面：首先，对风能企业在环境（E）、社会责任（S）和公司治理（G）三方面的表现进行区分，使用 ESG 评级作为企业可持续发展的代理变量，分析了产业政策对企业长期发展可持续性的影响，为产业政策作用于风能企业行为的研究提供了新视角；其次，从政策组合的视角考察了各类政策工具的搭配情况，为研究产业政策组合对企业可持续发展的实施效果提供了新证据；最后，在一个理论框架内阐明了产业政策影响风能企业可持续发展的机制并进行了相应的实证检验，从理论和实证两个方面丰富了产业政策的非经济效果研究。

三、理论分析与研究假设

（一）产业政策与风能企业可持续发展

持续变化的社会经济环境使企业面临着日益加剧的生存与发展压力，可持续发展成为企业保持竞争力和生命力的必然选择（张长江、张玥、施宇宁等，2020）。然而现实中，企业为了获得短期经济收益，往往忽视保护环境、承担社会责任、改善内部治理以实现可持续发展的必要性。企业想要在稳定经济绩效的基础上走可持续发展道路，则面临着资源使用效率、融资水平有限等困境，并且缺乏有效监督（Zhang D Y & Kong Q X，2022；解学梅和朱琪玮，2021）。其中，资源使用效率有限是由于企业技术创新的动机和能力不强；融资水平不高是指企业遭受到内外部的融资约束；缺乏有效监督是指社会对企业战略决策的监督意识薄弱。风能企业面临的可持续发展问题凸显出产业政策的重要作用。风能产业政策涉及对企业的财政税收、科技信息支持，对风电设备、基础设施质量的监管以及对风电价格的规定等，是政府推动风能企业可持续发展的主要工具，能够提升企业技术创新能力、缓解融资约束、提升社会关注度，打破企业可持续发展困境，从而推动风能企业实现长期可持续发展。

1. 技术创新促进效应

大量行业实践和经验研究表明，稳定存在"产业政策—技术创新—企业可持续发展"的正向传导机制。一方面，风能产业政策具有创新导向功能，可以直接提升企业的技术创新能力（陈艳、周园媛、纪雅星，

2021；Wang X Z, Liu S & Tao Z Y et al.，2022）。新能源产业属于综合性高技术产业，其技术研发需要大量资本投入，并存在较高失败风险（辜胜阻和王晓杰，2006）；由于技术创新活动具有正外部性，知识和技术的外溢导致企业因被模仿而遭受利益损失，其可持续发展受到研发投入不足、创新激励有限的制约。而产业政策为企业技术创新提供财政和税收激励，帮助企业分担创新风险，降低技术创新的边际成本，促使企业持续进行技术创新（Lazzarini S G，2015）。另一方面，具备技术优势的企业能够更好地适应时代和新形势的需要，实现可持续发展（Zhang D Y & Kong Q X，2021）。企业的长期竞争优势来源于其创新能力的保持和提升，技术创新为企业提供知识和技术支撑，帮助企业灵活应对利益相关者的诉求，减轻环境和社会责任压力（范德成和张修凡，2021）；在此基础上，企业的人力资源水平和经营管理能力得到有效提升（李瑞雪、彭灿、吕潮林，2022），也更有动力在获取经济利润的同时进行环境保护、承担社会责任。

2. 融资约束缓解效应

基于资源依赖理论，企业的生存依赖于其发展环境所能汲取的资源，其竞争优势的建立一定程度上取决于利益相关者能够为企业提供的资源（顾雷雷、郭建鸾、王鸿宇，2020）。融资约束是企业发展过程中不可避免的关键问题，而产业政策能够有效降低风电企业的融资成本，为企业的可持续发展提供充足的资金保障。税收优惠政策具有减免企业税负、加速设备折旧和加计抵扣企业研发费用等作用，有助于增加企业的营运资本，缓解企业的内源性融资约束（匡小平和肖建华，2007；林洲钰、林汉川、邓兴华，2013）；针对政策鼓励型产业的银行信贷和股票市场融资审批，地方政府也会采取较为宽松的态度，并可能通过直接干预信贷等手段给予企业资金支持,由此缓解企业的外部融资约束问题(陈冬华、李真、新夫,2010)。总体而言,产业政策的颁布对宏观经济前景预期、行业前景预期及企业信息环境等具有积极影响,能够增强企业的融资能力(姜国华和饶品贵,2011),从而提高企业的可持续发展水平。

3. 社会关注提升效应

根据组织合法性理论和利益相关者理论,企业只有保持战略决策与社会规范、价值理念相一致,才能够获得政府、媒体、投资者、社会公众等利益相关者的认可,从而得到合法性支持(柳学信、李胡扬、孔晓旭,2022)。以环境污染、财务造假为代表的"丑闻"事件被社会关注和揭露,将造成企业的股价剧烈下跌,投资者的利益严重受损(Capelle-Blancard G & Petit A,2017),对企业的可持续发展造成负面影响,甚至可能导致上市企业退市;而企业经理人或大股东为了避免负面社会报道对自己的声誉产生毁灭性影响(杨德明和赵璨,2012),在经营决策时也会更加注重环境保护和社会责任实践决策,这些经营决策将会推动企业实现可持续发展。产业政策具有引导行业走向的功能,绿色政策能够提升社会对企业环境保护等非财务表现的关注度(Chang R D, Zuo J & Zhao Z Y et al.,2017);风能产业政策在设备质量、风能预警等方面的规定将形成高质量发展的社会共识,引导投资者关注更具发展实力的企业,从而倒逼风能企业进行绿色转型、践行可持续发展理念。基于上述分析,本书提出以下假设。

H1:产业政策对风能企业的可持续发展具有积极影响。

H2:产业政策通过技术创新促进效应、融资约束缓解效应和社会关注提升效应促进风能企业可持续发展。

(二) 产业政策对风能企业可持续发展影响的异质性

1. 所有权异质性

国有企业与非国有企业在股权性质、管理方式和利益目标上存在显著区别。相对于非国有企业，国有企业与政治的联系更为紧密，能够有效解决市场失灵和外部性问题，在保护环境、履行社会责任方面具有更高参与度。也有相反观点认为，非国有企业的资源储备和研发补贴相对欠缺，其为了保持市场竞争地位将更加重视市场化经营，通过核心技术创新、资源合理配置建立与利益相关者的联系渠道（Wang X Z & Zou H H，2018），并履行相关社会责任以塑造企业形象、吸引绿色投资者。综上所述，由于中国的ESG实践刚起步不久，对于企业在环境、社会和内部治理方面的具体要求尚不明确，不同所有制企业在可持续发展理念的贯彻意愿、贯彻能力和贯彻效果方面也存在差异（王海军、王淞正、张琛等，2022）。综上所述，本书提出以下假设。

H3：产业政策对风能企业可持续发展的影响存在所有权异质性效应。

2. 市场化水平异质性

中国各地区的市场化进程明显不同，意味着产业政策的传导和执行效果在市场化水平不同的地区存在显著差异。市场化水平较高的地区，市场机制展现出较有效的自我调节功能，能够缓解企业面临的融资约束（姜燕和秦淑悦，2022），激励企业将更多资金和精力投入到研发环保技术、提高员工待遇、改善层级结构中，促进企业实现可持续发展。市场化水平较低的地区，政府对经济活动干预较多，企业存在为维系与政府的关系而打造"面子工程"的动机（胡宗义、何冰洋、李毅等，2022），表面上响应政府政策，实际上却利用政府的补助和支持从事非生产性活动，不利于实现可持续发展。综上所述，本书提出以下假设。

H4：产业政策对风能企业可持续发展的影响存在市场化水平异质性效应。

四、研究方法与指标的选取

（一）研究方法

为消除异方差，本书使用具有异方差稳健标准误的双向固定效应模型考察产业政策对风能企业可持续发展的影响，设定模型如下：

$$ESG_{it} = \beta WpeN_t + \theta Controls_{it} + \lambda_i + \eta_i + \epsilon_{it} \quad (5.1)$$

$$ESG_{it} = \beta DemN\_SupN_t + \theta Controls_{it} + \lambda_i + \eta_i + \epsilon_{it} \quad (5.2)$$

$$ESG_{it} = \beta DemN\_EnvN_t + \theta Controls_{it} + \lambda_i + \eta_i + \epsilon_{it} \quad (5.3)$$

$$ESG_{it} = \beta SupN\_EnvN_t + \theta Controls_{it} + \lambda_i + \eta_i + \epsilon_{it} \quad (5.4)$$

其中：i 表示个体，t 表示时间，ESG_{it} 为风能企业 i 在第 t 年的 E、S、G 评价得分，$WpeN_t$ 代表第 t 年的风能政策得分，$DemN\_SupN_t$ 代表第 t 年需求型和供给型政策的交互作用，$DemN\_EnvN_t$ 代表第 t 年需求型和环境型政策的交互作用，$SupN\_EnvN_t$ 为第 t 年供给型和环境型政策的交互作用，$Controls_{it}$ 为包括企业规模（$InSize$）、股权集中度（$Herfi1$）、资产负债率（Lev）等企业特征的控制变量集合，λ_i 和 η_i 分别代表个体固定效应和时间固定效应，ϵ_{it} 为随机干扰项，参数 β 反映了产业政策对风能企业可持续发展影响的效应。本书使用式（5.1）探究产业政策整体对于企业可持续发展的影响，并使用式（5.2）至式（5.4）分别探究需求型和供给型、需求型和环境型、供给型和环境型政策组合对于企业可持续发展的影响效果。

为了探讨产业政策作用于风能企业可持续发展的所有权异质性效应，本书依据产权性质差异，将样本划分为国有企业和非国有企业并进行分组回归；为了探讨市场化水平异质性，本书参考樊纲、王小鲁、马光荣（2011）计算每年各省份的市场化指数，并以平均值为标准将样本划分为高、低市场化水平地区进行分组回归。

同时，为了探究产业政策作用于风能企业可持续发展水平的渠道，本书根据江艇（2022），孙薇、叶初升（2023）构建如下机制检验模型：

$$Mechanism_{it} = \alpha WpeN_t + \theta Controls_{it} + \lambda_i + \eta_i + \epsilon_{it} \tag{5.5}$$

其中，$Mechanism_{it}$ 代表机制变量。如果 $WpeN_t$ 的估计参数 α 显著为正，则表明产业政策与机制变量正相关。

（二）数据说明与分析

1. 数据来源

本书收集了 2009~2021 年中国部委及以上级别部门颁布的 241 项风能产业政策。借鉴廖（Liao，2016）和陈艳、龚承柱、尹自华（2019）的研究，在国务院、国家发改委、国家能源局、财政部等政府各部委官网及其他能源相关网站如"中国能源网"等，检索"风电""风能""风力"等风能相关关键词及"可再生能源""上网电价""绿色能源"等其他绿色经济关键词。主要筛选原则为：第一，政策与风能行业密切相关；第二，政策是法律、法规、意见、通知或其他代表政府政策的文件，不包括行业标准；第三，政策发行机构是全国人民代表大会或国务院及其下属机构，而不是省、市、自治区等。

本书通过对 2009 年之前在上海、深圳交易所上市的风能企业进行筛选整理，共选取 58 家企业并取其 2009~2021 年的相关数据，剔除了 ST 企业以及其他变量存在缺失的企业，最终得到 754 个样本观测值。本书有关企业特征的变量数据来自 CSMAR 数据库，ESG 数据来自华证指数发布的华证 ESG 评级。为减少极端值误差，本书对使用的主要连续变量进行了前后各 1% 的缩尾处理。

2. 变量说明

（1）被解释变量。

风能企业可持续发展能力。本书选用 ESG 表现作为企业可持续发展能力的代理变量。ESG 指标通过获取企业财务信息以外的绩效表现来衡量企业的环境保护价值、社会影响力及公司治理的完善程度（李增福和冯柳华，2022；王双进、田原、党莉莉，2022），而环境（E）、社会责任（S）和公司治理（G）被视作企业可持续发展最重要的三个维度（邱牧远和殷红，2019）。当前，国际上主要有明晟 MSCI、道琼斯、英国富时、汤森路透、彭博社等 ESG 评级机构，中国的 ESG 评级机构主要有华证 ESG、商道融绿等，这些机构都建立了各自的 ESG 评级体系，并定期发布相关指数，从环境、社会和治理绩效三个角度对企业进行评价。华证 ESG 指标体系参考国外主流 ESG 评价框架，并结合中国市场的实情及各类上市企业的特点，设立了 26 个关键指标，采用行业加权平均法按季度进行 ESG 评价，其评级分为 9 个等级，由低到高依次为 C-AAA。考虑到中国市场实情以及数据的可获得性，本书选取华证 ESG 评级，并参考高杰英、褚冬晓、廉永辉等（2021），以及柳学信、李胡扬、孔晓旭等（2022）的研究，并将其量化，从低到高依次赋值为 1~9，并将每年 4 次评分取平均值得到企业每年的 E、S、G 表现。

(2) 解释变量。

产业政策水平。本书参考王和邹（Wang & Zou，2018）以及廖（Liao，2016）的研究，根据政府在促进风力发电行业发展的过程中发挥的作用类型，将风能产业政策分为需求型、供给型和环境型3类，每类政策下分二级政策指标。同时，借鉴陈艳、周园媛、纪雅星（2021）；王晓珍、彭志刚、高伟等（2016）的研究，从政策力度、政策目标和政策措施三个方面细化政策，以表5-1的标准对每项具体政策进行评分，利用式（5.6）对每年各项二级政策的得分进行累计加总，得出每年发布的二级政策的年度得分。考虑到政策在有效期内会持续发挥作用，本书利用式（5.7）计算第i年累积的二级产业政策得分。

$$WPE_t = \sum_{j=1}^{n}(m_j + g_j)p_j \qquad (5.6)$$

$$NWPE_t = \sum_{t=1}^{13} WPE_t \qquad (5.7)$$

其中：t代表时间，n代表每年发布的政策数量，j为第t年发布的第j项政策；m_j、g_j分别为第j项政策的政策目标m和政策措施g的得分，p_j为第j项政策的力度p的得分；WPE_t代表第t年二级产业政策的得分情况，$NWPE_t$代表第t年累积的二级产业政策的得分情况。由于政策一旦被废止，就会失去影响企业的法律效力，因此本书利用式（5.8）计算第t年发布的风电产业政策得分和截至第t年仍具有执行效力的政策的得分和。

$$NWPE_t = NWPE_{t-1} + WPE_t - \sum_{j=1}^{n^*} WPE_t \qquad (5.8)$$

其中，n^*表示第t年失去法律效力的风电产业政策数量。

计算出二级政策的年度得分见表5-2。本书通过对二级政策指标得分进行主成分分析，测算出需求型、供给型、环境型各类政策的综合得

分 $DemN$、$SupN$、$EnvN$，并对 9 项二级政策进行主成分分析，测算出风能产业政策的综合得分 $WpeN$。

表 5-1　政策量化标准

指标	得分	评判标准
政策力度（P）	5	全国人民代表大会及其常务委员会颁布的法律
	4	国务院颁布的条例、各部门的部令
	3	国务院颁布的暂行条例/意见/规划；各部门的条例、规定
	2	各部门的意见、纲要、规划、办法、暂行规定
	1	通知
政策目标（M）	5	"必须""明确""严禁""从严控制"等最强、最详细描述
	4	"不得低于/超过""严格使用"等强语气较详细描述
	3	"可按不低于""充分利用"等较强语气描述
	2	"在……前提下，亦可""完善"等条件一般性语句
	1	"可根据""加强"等一般性描述
政策措施（G）	5	列出具体措施，针对每一项均给出严格的执行与控制标准，并对其进行具体说明
	4	列出具体措施，针对每一项给出较详细的执行与控制标准
	3	列出较具体的措施，从多个方面分类给出大体的执行内容
	2	列出一些基础措施，并给出简要的执行内容
	1	仅从宏观上谈及相关内容，没有具体方案

表 5-2　二级政策指标年度得分

年份	需求型			供给型			环境型		
	政府采购配额	并网支持	价格引导	科技信息支持	基础设施建设	资本投资	目标规划	财税支持	监管控制
2009	7	0	7	14	18	0	30	0	17
2010	7	6	7	28	18	18	30	0	43

续表

年份	需求型			供给型			环境型		
	政府采购配额	并网支持	价格引导	科技信息支持	基础设施建设	资本投资	目标规划	财税支持	监管控制
2011	7	6	7	28	31	18	42	5	108
2012	0	11	7	28	57	26	115	10	138
2013	0	17	10	32	62	26	152	13	154
2014	0	17	12	32	65	31	177	13	184
2015	0	27	16	43	68	46	194	21	219
2016	18	61	21	58	47	46	264	25	248
2017	30	47	31	58	47	46	265	29	275
2018	42	64	31	58	47	46	280	29	308
2019	47	66	42	58	47	46	283	31	325
2020	51	66	55	46	31	46	366	52	337
2021	51	72	56	50	47	46	366	59	367

（3）控制变量。

为控制其他因素对风能企业可持续发展的影响，本书在现有研究的基础上（Zhang D Y & Kong Q X，2022；王海军、王淞正、张琛等，2022；斯丽娟和曹昊煜，2022），选取了一系列控制变量，具体如下。

企业规模（$InSize$）：根据环境库兹涅茨（EKC）假说，企业规模会对企业产出和污染排放产生影响。本书选择期末总资产的自然对数进行衡量，以减少企业规模极端值带来的偏差。

股权集中度（$Herfi1$）：表示股权结构的变量。第一大股东持股比例反映了在公司经营决策过程中决策权的大小，将直接影响公司治理和运营表现。

资产负债率（Lev）：表示资产负债水平的变量。反映企业利用债权人提供的资金进行经营活动的能力，可能会从污染排放和产出水平两方面影响企业的可持续发展能力。

资产回报率（ROA）：表示盈利能力的变量，反映企业自有资产创造利润的水平。公司具有较高的ROA意味着有更好的财务表现，生产经营模式具有高回报特点的企业具有资金保障从事保护环境、承担社会责任等可持续发展行为。

营业收入增长率（Gro）：表示成长能力的变量，一般具有高营业收入增长率的公司可以获得更可观的收益，进而可以投资更多的营运项目，承担社会责任。

现金流比率（CashFlow）：表示资金流动性的变量，反映企业的现金流动性，将直接影响企业的财务绩效，进而影响企业的可持续发展能力。

独董比例（lnDirect）：独立董事是上市公司重要的监督者和决策者，对于企业的经营管理拥有一定的建议权，能够影响企业的运营决策。

高管团队规模（TMTSize）：高管作为企业战略决策的制定者，对于环境变化做出的反应受自身对环境问题认知的影响，如果高管将环境问题视作企业发展机会，则会更倾向选择前瞻型环境战略，进而提升企业环境绩效与财务绩效。

两职合一（Dual）：董事长与总经理是否是同一人。企业所有权和经营权分离容易导致委托—代理问题，两职合一影响着公司的治理结构，进而影响企业运营和可持续发展能力。

主要变量的定义及说明见表5-3。

表 5-3　　　　　　　　　　变量描述及定义

变量性质	变量名称	变量符号	变量定义
因变量	风电企业可持续发展能力	E	环境评价得分
		S	社会责任评价得分
		G	公司治理评价得分
自变量	产业政策水平	WpeN	风电产业政策得分
		DemN	需求型政策得分
		SupN	供给型政策得分
		EnvN	环境型政策得分
控制变量	企业规模	InSize	企业总资产的自然对数
	股权集中度	Herfi1	第一大股东持股比例
	资产负债率	Lev	总负债/总资产
	资产回报率	ROA	净利润/平均资产总额
	营业收入增长率	Gro	（本期－上期营业收入）/上期营业收入
	现金流比率	CashFlow	经营活动产生的现金流/总资产
	独董比例	InDirect	独立董事总人数/董事会总人数
	高管团队规模	TMTSize	高管总人数加1取自然对数
	两职合一	Dual	董事长和总经理兼任记为1，其他为0

3. 描述性统计

描述性统计结果见表 5-4。E、S、G 三项的平均值分别为 1.972、4.005、5.679，可以看出企业对于环境（E）、社会（S）和治理（G）的关注度偏低，并且相对于社会和治理方面，企业更不注重环境保护的重要性。

表 5-4　　　　　　　　　　变量描述性统计结果

变量	观测值	平均值	标准差	最小值	最大值
E	754	1.972	1.051	1.000	6.000
S	754	4.005	1.568	1.000	8.000
G	754	5.679	0.997	1.000	7.750
$WpeN$	754	0.000	2.246	-3.860	3.229
$DemN$	754	0.000	1.681	-1.672	2.763
$SupN$	754	-0.000	1.484	-3.418	1.327
$EnvN$	754	0.000	1.705	-2.591	2.897
$InSize$	754	23.331	1.610	20.294	26.673
$Herfi1$	754	39.787	15.193	11.740	77.070
Lev	754	0.582	0.165	0.173	0.881
ROA	754	0.032	0.033	-0.067	0.148
Gro	754	0.161	0.366	-0.469	2.253
$CashFlow$	754	0.052	0.058	-0.136	0.232
$InDirect$	754	0.361	0.045	0.300	0.556
$TMTSize$	754	1.986	0.304	1.386	2.639
$Dual$	754	0.119	0.324	0.000	1.000

五、实证结果分析

（一）风能产业政策与风能企业可持续发展：假设 H1 的验证

表 5-5 报告了产业政策对风能企业可持续发展的回归结果。模型（1）和模型（2）表明，度量风能产业政策水平的变量 $WpeN$ 与企业环境表现 E、社会责任表现 S 分别在 10% 和 5% 统计水平上显著正相关，但对企业治理水平 G 影响不显著，说明产业政策有利于风能企业环境和

社会责任方面的可持续发展，但对企业治理水平方面的可持续发展影响有限，假设 H1 大部分得到验证。政府颁布关于财政优惠、资本投资、人力资源培训等的产业政策有助于企业的资本深化和人力资本积累（曾婧婧和童文思，2017），促进了企业经济效益和市场竞争力的提升，使企业有能力获取更多资源创造财富和就业（Ng A C & Rezaee Z，2015），从而更好地履行社会责任；税收激励政策为企业提供了更多自由现金流，缓解了企业购买固定资产的财务负担，在污染过高可能影响声誉和信用的情况下，企业倾向于购买高效节能的环保设备（Tang M & Wang Y，2022），从而进一步提升资源利用效率，减轻污染水平。由于与政府之间存在信息不对称，企业通过向外释放积极信号以期成为政府政策的扶持对象（黎文靖和郑曼妮，2016），而当今企业环境和社会责任表现具有较高的可见度，内部治理水平相对不容易受到政府及社会的关注，因此风能企业并没有动力在政策激励下完善治理结构。

表 5-5　　　　　风能产业政策对风能企业可持续发展的影响

变量	(1) E	(2) S	(3) G
WpeN	0.0464 * (1.6786)	0.1293 ** (2.2080)	-0.0636 (-1.3672)
_cons	0.2223 (0.0801)	-5.2529 (-0.8771)	5.2980 (1.4146)
Controls	Y	Y	Y
Firm. FE	Y	Y	Y
Year. FE	Y	Y	Y
N	754	754	754
Adj. R^2	0.0715	0.2412	0.1436

注：*，** 分别表示在 10%、5% 的水平上显著；括号内数据为各回归系数的 t 值。

第五章 绿色能源产业政策的影响及作用机制研究：基于风能视角

将风能产业政策分为需求、供给和环境型三类并分别进行回归，结果见表 5-6。与政策整体影响效果一致，三类政策都分别对风能企业的环境 E 和社会责任 S 表现产生显著正向影响，说明单一类型的产业政策工具也能够提升企业环境和社会责任方面的可持续发展能力。

表 5-6　　　　　不同类别产业政策对风能企业可持续发展的影响

变量	(1) E	(2) S	(3) G
DemN	0.0742* (1.6786)	0.2066** (2.2080)	-0.1016 (-1.3672)
_cons	0.1672 (0.0607)	-5.4064 (-0.9117)	5.3735 (1.4520)
Controls	Y	Y	Y
Firm. FE	Y	Y	Y
Year. FE	Y	Y	Y
N	754	754	754
Adj. R^2	0.0715	0.2412	0.1436
SupN	0.0748* (1.6786)	0.2083** (2.2080)	-0.1024 (-1.3672)
_cons	0.2987 (0.1065)	-5.0401 (-0.8302)	5.1933 (1.3642)
Controls	Y	Y	Y
Firm. FE	Y	Y	Y
Year. FE	Y	Y	Y
N	754	754	754
Adj. R^2	0.0715	0.2412	0.1436
EnvN	0.0600* (1.6786)	0.1670** (2.2080)	-0.0821 (-1.3672)

续表

变量	(1) E	(2) S	(3) G
_cons	0.1985 (0.0718)	-5.3192 (-0.8920)	5.3306 (1.4307)
Controls	Y	Y	Y
Firm. FE	Y	Y	Y
Year. FE	Y	Y	Y
N	754	754	754
Adj. R²	0.0715	0.2412	0.1436

注：*，** 分别表示在10%、5%的水平上显著；括号内数据为各回归系数的 t 值。

为进一步刻画不同政策组合对企业可持续发展的影响，本书运用政策交互项进行回归，结果见表 5-7，具体分析如下。

需求型和供给型政策交互项 $DemN\_SupN$ 对风能企业环境 E 和社会责任 S 表现影响的系数分别在 10%、5% 的水平上显著为负，说明需求型和供给型政策组合不利于提升企业环境和社会责任方面的可持续性。可能的原因是，中国需求拉动和供给推动型政策缺乏协调配合。在上网电价政策的指导下，发电厂商获得的补贴数额与其发电量直接相关，可能导致企业拘于不成熟的技术盲目进行产量竞争（孙传旺和占妍泓，2023），出现消费不足、产能过剩的局面，不利于企业环保和社会责任绩效的提升。理论上，供给型政策能够降低企业的研发成本，鼓励企业开展绿色创新活动，提升企业环保技术水平并弥补需求型政策对企业技术质量的消极影响；但在实际中，政府提供过多的科技信息支持也可能加剧产能过剩，降低了投资者对需求扩张的预期，减少了企业获得私人投资的机会（Costantini V，Crespia F & Palmad A，2017），无法有效缓解企业面临的融资约束问题，导致风能企业没有充足的资金从事环保和社会实践。因此在长期中，需求型和供给型政策组合不仅没有相互配合以弥补单一产业政策类型的不足，反而可能激励产量竞争、增加融资压力，抑制了风能企业环保和社会责任方面的可持续性。

需求型和环境型政策交互项 $DemN\_EnvN$ 对风电企业环境 E 和社会责任 S 表现影响的系数分别在 10%、5% 的水平上显著为正，说明需求型和环境型政策组合相互配合，有效提升了企业环境和社会责任方面的可持续发展能力。需求型政策通过价格指导、政府采购、并网支持等方式引导和激励终端消费者群体，目的在于提升风电消费的积极性；环境型政策则通过目标规划、财税支持、监管控制等措施营造公平健康的市场环境，目的在于为风能行业的发展提供保障机制。在环境型政策支持的健康市场背景下，价格指导政策能够稳定风能厂商的利润预期，向投资者释放风险 – 回报调整积极的信号（Liu W F, Zhang X P & Feng S, 2019）；低息贷款、税收减免等优惠措施也有助于提高储蓄 – 投资转化和资源配置效率（王晓珍、蒋浩、郑颖，2019），缓解了风能企业的融资约束、激励了风能消费需求，使风能企业拥有充足的资金用于研发环保技术和改善产品质量，从而提高环境保护绩效，履行更多的社会责任。

供给型和环境型政策交互项 $SupN\_EnvN$ 对风能企业环境 E 和社会责任 S 表现影响的系数分别在 10%、5% 的水平上显著为负，说明供给型和环境型政策组合抑制了企业的环境和社会责任表现，不利于企业实现可持续发展。出现这种现象的原因可能是供给型政策为企业提供了补贴资金，而由于信息不对称，企业表面上积极响应政策和监管，实际上却将政府提供的资源用于与自身可持续发展无关的高收益活动（汪秋明、韩庆潇、杨晨，2014）；高收益的非生产性活动仅在短期内有利于提升企业利润、促进规模扩大，而在长期中由于不具有实质性的技术进步和社会责任实践经验，企业难以吸引更多优秀员工和投资者，导致发展不可持续。理论上，监管控制政策能够限制企业的此类道德风险行为，督促企业合理配置资源以实现高质量发展；但在从中央到地方的政策实施过程中，缺乏对相关部门认真贯彻政策的激励可能导致政策目标扭曲（Zhang S，Andrews – Speed P & Zhao X，2013），地方政府追求短期经济利益的动机抑制了微观企业的环保和社会责任表现。由于缺乏监管的配套激励措施，环境型政策未实现与供给型政策的优势互补，导致该类政策组合对风能企业长期发展能力的提升具有不利影响。

表 5 – 7　　　　　产业政策组合对风电企业可持续发展的影响

变量	(1) E	(2) S	(3) G
DemN_SupN	-0.1097 * (-1.6786)	-0.3054 ** (-2.2080)	0.1502 (1.3672)
_cons	0.6698 (0.2265)	-4.0068 (-0.6189)	4.6851 (1.1387)
Controls	Y	Y	Y
Firm. FE	Y	Y	Y
Year. FE	Y	Y	Y
N	754	754	754
Adj. R^2	0.0715	0.2412	0.1436
DemN_EnvN	0.0896 * (1.6786)	0.2496 ** (2.2080)	-0.1228 (-1.3672)
_cons	-0.3452 (-0.1346)	-6.8332 (-1.2666)	6.0753 * (1.8381)
Controls	Y	Y	Y

续表

变量	(1) E	(2) S	(3) G
Firm. FE	Y	Y	Y
Year. FE	Y	Y	Y
N	754	754	754
Adj. R²	0.0715	0.2412	0.1436
SupN_EnvN	-0.0548* (-1.6876)	-0.1525** (-2.2080)	0.0750 (1.3672)
_cons	0.5280 (0.1822)	-4.4017 (-0.6966)	4.8794 (1.2212)
Controls	Y	Y	Y
Firm. FE	Y	Y	Y
Year. FE	Y	Y	Y
N	754	754	754
Adj. R²	0.0715	0.2412	0.1436

注：*$p<0.1$，**$p<0.05$，***$p<0.01$；括号内为 t 值。

（二）机制检验：假设 H2 的验证

通过前文的分析结论可知，产业政策在总体上有利于风能企业实现可持续发展。本部分基于前文的理论分析，从技术创新促进效应、融资约束缓解效应以及社会关注提升效应三个角度揭示其作用机制。

1. 技术创新促进效应

本部分以企业年度申请专利数量的对数（lnPatent）衡量企业的技术创新水平，专利申请数量是企业创新绩效的直接反映，lnPatent 值越大，表明风能企业的技术创新水平越高。表 5-8 中的模型（1）报告了技术创新促进效应的估计结果。回归结果显示，风能产业政策

($WpeN$) 的系数在 1% 的水平上显著为正，说明产业政策促进了风能企业实施技术创新，有助于企业参与绿色创新实践，实现可持续发展。

2. 融资约束缓解效应

参考孙薇和叶初升（2023）、胡宗义、何冰洋、李毅等（2022）、阿多克和皮尔斯（Hadlock C J & Pierce J R，2010）的研究，本书采用 CSMAR 数据库中的 SA 指数衡量风能企业所面临的融资约束，SA 数值越大，代表企业面临的融资约束程度越高。表 5-8 中的模型（2）呈现了融资约束缓解效应的检验结果，风能产业政策（$WpeN$）的系数显著为负。产业政策释放的激励信号有助于缓解企业的融资约束、增强企业的融资能力，进而对风能企业可持续发展产生正向影响。

3. 社会关注提升效应

本书选用上市公司年度媒体新闻报道总数的对数（$\ln Nnews$）作为社会关注的代理变量，该指标数据由来自 CNRDS 数据库的上市公司报刊和网络新闻报道日度统计数据加总得到。上市公司的经营状况除了自身主动向外界披露，还依靠社会力量的监督，而媒体则是上市公司信息的主要挖掘者和传播者（周开国、应千伟、陈晓娴，2014），媒体报道越多，表明社会对该企业的关注度越大。表 5-8 中的模型（3）展示了社会关注提升效应的检验结果，风能产业政策（$WpeN$）的系数显著为正，说明产业政策的颁布提升了社会对风能企业战略决策的关注度，能够督促企业注重环保和社会责任实践，提高可持续发展水平。至此，本书的 3 条理论机制均得到验证，假设 H2 成立。

表 5-8 机制检验

变量	(1) lnPatent	(2) SA	(3) lnNews
WpeN	0.1769*** (2.9090)	-0.0535*** (-10.4759)	0.4368*** (12.3590)
_cons	-1.0567 (-0.2263)	-3.9347*** (-7.5799)	7.7760*** (3.6244)
Controls	Y	Y	Y
Firm. FE	Y	Y	Y
Year. FE	Y	Y	Y
N	754	754	754
Adj. R²	0.3704	0.8132	0.6233

注：*p<0.1，**p<0.05，***p<0.01；括号内为t值。

（三）异质性分析：假设 H3 和假设 H4 的验证

1. 所有权异质性

国有企业和非国有企业处于不同的制度环境和历史背景，其治理目的和治理效果存在显著差别（柳学信、李胡扬、孔晓旭，2022），本部分对产业政策影响风能企业可持续发展的所有权异质性效应进行检验，结果见表 5-9。回归结果显示，产业政策显著提升了国有企业社会责任和非国有企业环境保护方面的可持续性。主要原因在于国有企业的目标不仅在于实现股东财富最大化，更重要是实现社会财富最大化和充分就业（Zhang D Y & Kong Q X, 2022），因此，政策对国有风能企业社会责任表现具有积极影响；(Zhang D Y & Kong Q X, 2022)；为了在激烈的市场竞争中获取资金支持，非国有企业倾向于通过改善环境表现向投资者传递可持续发展的积极信号（李小荣和徐腾冲，2022），以获得社会声誉、提高经济效益；产业政策对非国有风能企业社会责任表现影响不显著，其原因可能是非国有企业的社会责任行为更多受到社会舆论、同行竞争的影响，对政府政策的敏感度并不高。假设 H3 得到验证。

表 5-9　　　　　　　　　　所有权异质性检验

变量	国有企业样本			非国有企业样本		
	E	S	G	E	S	G
$WpeN$	0.0200 (0.7531)	0.1350** (2.0879)	-0.0601 (-1.1304)	0.1467** (2.4968)	0.0783 (0.7709)	-0.1345 (-1.1753)
$\_cons$	0.5441 (0.1918)	-3.6127 (-0.5391)	5.3020 (1.1276)	-6.0956 (-1.2497)	-20.0266** (-2.7687)	0.7271 (0.0729)
Controls	Y	Y	Y	Y	Y	Y
Firm. FE	Y	Y	Y	Y	Y	Y
Year. FE	Y	Y	Y	Y	Y	Y
N	574	574	574	180	180	180
Adj. R^2	0.0540	0.2337	0.0968	0.4610	0.4560	0.4132

注：* $p<0.1$，** $p<0.05$，*** $p<0.01$；括号内为 t 值。

2. 市场化水平异质性

由于中国各地区资源、要素流通的显著差异将影响政策战略的制定，本部分假设产业政策对风能企业可持续发展的影响存在市场化水平异质性，检验结果见表 5-10。回归结果显示，风能产业政策显著抑制了低市场化水平地区的企业治理水平，但显著提升了高市场化水平地区企业的环境和社会责任表现，说明在市场化水平较高的地区，产业政策有利于风能企业可持续发展，而在市场化水平较低的地区，产业政策不利于企业可持续发展。市场化水平较高意味着市场竞争机制和金融体系更加完善，资源要素流通水平更高，企业在此种环境下具有稳定的发展预期（Fang M Y, Nie H H & Shen X Y, 2023），有动力通过环境保护、社会责任投资获得长期回报；而市场化水平较低的地区政府干预程度较高，可能导致要素市场和补贴扭曲（Zhang D Y & Kong Q X, 2022），风能企业不仅没有将资源用于提升环境和社会责任表现，反而可能用于不正当的市场竞争，损害了其商业道德，抑制了其内部治理维度的可持续性。假设 H4 得到验证。

表 5–10　　　　　　　　市场化水平异质性检验

变量	低市场化水平地区样本			高市场化水平地区样本		
	E	*S*	*G*	*E*	*S*	*G*
WpeN	0.1344 (1.6007)	-0.0952 (-1.0356)	-0.2360** (-2.7591)	0.0461* (1.7762)	0.1454** (2.3688)	-0.0423 (-0.8985)
_cons	15.3320* (1.9028)	-19.7687*** (-3.6797)	-7.5375 (-0.9934)	-1.6259 (-0.5605)	-4.2682 (-0.6316)	6.4842 (1.6267)
Controls	Y	Y	Y	Y	Y	Y
Firm. FE	Y	Y	Y	Y	Y	Y
Year. FE	Y	Y	Y	Y	Y	Y
N	161	161	161	593	593	593
Adj. R²	0.1856	0.5440	0.3263	0.1086	0.2229	0.1745

注：* $p<0.1$，** $p<0.05$，*** $p<0.01$；括号内为 t 值。

（四）内生性分析

为减少可能存在的内生性问题对实证结果可信度的影响，本书采取滞后解释变量的方法缓解模型中的内生性问题。将综合产业政策水平滞后一期并定义为 *lag_WpeN*，将需求型和供给型、需求型和环境型、供给型和环境型政策交互项滞后一期，并分别定义为 *lgDemN_SupN*、*lgDemN_*

$EnvN$、$lgSupN\_EnvN$，回归结果见表 5-11 至表 5-13。产业政策整体及不同政策类型交互对风能企业可持续发展影响的系数符号和显著性均无实质性变化，机制检验依旧通过且异质性检验结果基本不变，说明控制了可能存在的内生性问题后，本部分所提出的假设仍然成立。

表 5-11　滞后解释变量：产业政策总体及不同政策类型交互的影响

变量	(1) E	(2) S	(3) G
lag_WpeN	0.0634** (2.2521)	0.1645*** (2.7636)	-0.0589 (-1.2425)
Controls	Y	Y	Y
Firm. FE	Y	Y	Y
Year. FE	Y	Y	Y
N	696	696	696
Adj. R^2	0.0587	0.2224	0.1462
$lgDemN\_SupN$	-0.0869** (-2.2521)	-0.2255*** (-2.7636)	0.0807 (1.2425)
Controls	Y	Y	Y
Firm. FE	Y	Y	Y
Year. FE	Y	Y	Y
N	696	696	696
Adj. R^2	0.0587	0.2224	0.1462
$lgDemN\_EnvN$	0.1878** (2.2521)	0.4876*** (2.7636)	-0.1746 (-1.2425)
Controls	Y	Y	Y
Firm. FE	Y	Y	Y
Year. FE	Y	Y	Y
N	696	696	696

续表

变量	(1) E	(2) S	(3) G
Adj. R²	0.0587	0.2224	0.1462
lgSupN_EnvN	-0.0521** (-2.2521)	-0.1351*** (-2.7636)	0.0484 (1.2425)
Controls	Y	Y	Y
Firm. FE	Y	Y	Y
Year. FE	Y	Y	Y
N	696	696	696
Adj. R²	0.0587	0.2224	0.1462

注：*p<0.1，**p<0.05，***p<0.01；括号内为 t 值。

表 5-12　　　　　　　滞后解释变量：机制检验

变量	(1) lnPatent	(2) SA	(3) lnNews
lag_WpeN	0.1417** (2.4525)	-0.0545*** (-11.1589)	0.4015*** (10.1514)
Controls	Y	Y	Y
Firm. FE	Y	Y	Y
Year. FE	Y	Y	Y
N	696	696	696
Adj. R²	0.3395	0.8168	0.6206

注：*p<0.1，**p<0.05，***p<0.01；括号内为 t 值。

表 5-13　　　　　　　滞后解释变量：异质性检验

变量	国有企业样本			非国有企业样本		
	E	S	G	E	S	G
lag_WpeN	0.0351 (1.3102)	0.1676** (2.4579)	-0.0574 (-1.0656)	0.1758** (2.5634)	0.1032 (1.1740)	-0.1314 (-1.0229)

续表

变量	国有企业样本			非国有企业样本		
	E	S	G	E	S	G
Controls	Y	Y	Y	Y	Y	Y
Firm. FE	Y	Y	Y	Y	Y	Y
Year. FE	Y	Y	Y	Y	Y	Y
N	530	530	530	166	166	166
Adj. R^2	0.0378	0.2252	0.1051	0.4446	0.4275	0.3968

变量	低市场化水平地区样本			高市场化水平地区样本		
	E	S	G	E	S	G
lag_WpeN	0.1443 * (1.9549)	-0.0257 (-0.2946)	-0.2158 ** (-2.2559)	0.0621 ** (2.2571)	0.1824 *** (2.8220)	-0.0355 (-0.6824)
Controls	Y	Y	Y	Y	Y	Y
Firm. FE	Y	Y	Y	Y	Y	Y
Year. FE	Y	Y	Y	Y	Y	Y
N	146	146	146	550	550	550
Adj. R^2	0.2168	0.5409	0.3314	0.0965	0.2045	0.1841

注：* $p<0.1$，** $p<0.05$，*** $p<0.01$；括号内为 t 值。

（五）稳健性检验

1. 替换解释变量

为了减少由于度量指标的选择可能带来的偏差，本书现更改 ESG 评级方式，将华证 ESG 评级 C – CCC 赋值为 1、B – BBB 赋值为 2、A – AAA 赋值为 3，将企业的环境、社会、治理绩效重新命名为 Enew、Snew、Gnew 并进行回归，结果见表 5 – 14 和表 5 – 15。主要研究变量的回归系数显著性和符号基本不变，说明模型的估计结果比较稳健。

表 5-14　替换解释变量：产业政策总体及不同政策类型交互的影响

变量	(1) Enew	(2) Snew	(3) Gnew
WpeN	0.0213 ** (2.1464)	0.0333 * (1.7153)	-0.0218 (-1.3435)
Controls	Y	Y	Y
Firm. FE	Y	Y	Y
Year. FE	Y	Y	Y
N	754	754	754
Adj. R^2	0.0660	0.2240	0.1345
DemN_SupN	-0.0502 ** (-2.1464)	-0.0787 * (-1.7153)	0.0514 (1.3435)
Controls	Y	Y	Y
Firm. FE	Y	Y	Y
Year. FE	Y	Y	Y
N	754	754	754
Adj. R^2	0.0660	0.2240	0.1345
DemN_EnvN	0.0411 ** (2.1464)	0.0644 * (1.7153)	-0.0420 (-1.3435)
Controls	Y	Y	Y
Firm. FE	Y	Y	Y
Year. FE	Y	Y	Y
N	754	754	754
Adj. R^2	0.0660	0.2240	0.1345
SupN_EnvN	-0.0251 ** (-2.1464)	-0.0393 * (-1.7153)	0.0257 (1.3435)
Controls	Y	Y	Y
Firm. FE	Y	Y	Y
Year. FE	Y	Y	Y

续表

变量	(1) Enew	(2) Snew	(3) Gnew
N	754	754	754
Adj. R²	0.0660	0.2240	0.1345

注：* $p<0.1$，** $p<0.05$，*** $p<0.01$；括号内为 t 值。

表 5-15　　　　　　　　替换解释变量：异质性检验

变量	国有企业样本			非国有企业样本		
	Enew	Snew	Gnew	Enew	Snew	Gnew
WpeN	0.0140 (1.5703)	0.0402* (1.9441)	-0.0330 (-1.4726)	0.0515* (1.7753)	0.0011 (0.0374)	0.0051 (0.1493)
Controls	Y	Y	Y	Y	Y	Y
Firm. FE	Y	Y	Y	Y	Y	Y
Year. FE	Y	Y	Y	Y	Y	Y
N	574	574	574	180	180	180
Adj. R²	0.0543	0.2059	0.1116	0.3650	0.4239	0.3956

变量	低市场化水平地区样本			高市场化水平地区样本		
	Enew	Snew	Gnew	Enew	Snew	Gnew
WpeN	0.0401 (1.4804)	-0.0508 (-1.5503)	-0.0742** (-2.9146)	0.0150* (1.7522)	0.0410* (1.9167)	-0.0116 (-0.6658)
Controls	Y	Y	Y	Y	Y	Y
Firm. FE	Y	Y	Y	Y	Y	Y
Year. FE	Y	Y	Y	Y	Y	Y
N	161	161	161	593	593	593
Adj. R²	0.2530	0.4794	0.2407	0.0877	0.2080	0.1487

2. 替换控制变量

本书控制变量中选取了一系列企业不同维度的特征变量，考虑到不同的变量指标测度存在差异，现将成长能力这一维度选用净利润增长率（$NetProfit$）替换营业收入增长率（Gro）。$NetProfit$ 可能会影响公司的生产经营和盈利能力，同时可能影响公司的治理水平，进而影响公司的可持续性，因此选取净利润增长率（$NetProfit$）作为营业收入增长率（Gro）的替代变量进行稳健性检验，结果见表 5-16 至表 5-18。主要系数的显著性和符号也没有发生实质性变化，说明本书的研究结果较为稳健。

表 5-16　替换控制变量：产业政策总体及不同政策类型交互的影响

变量	（1）E	（2）S	（3）G
$WpeN$	0.0481 * （1.7668）	0.1301 ** （2.2196）	-0.0634 （-1.3664）
$NetProfit$	0.0135 ** （2.1845）	0.0059 （0.3800）	0.0013 （0.1123）
Controls	Y	Y	Y
Firm. FE	Y	Y	Y
Year. FE	Y	Y	Y
N	754	754	754
Adj. R^2	0.0759	0.2393	0.1435
$DemN\_SupN$	-0.1135 * （-1.7668）	-0.3072 ** （-2.2196）	0.1499 （1.3664）
$NetProfit$	0.0135 ** （2.1845）	0.0059 （0.3800）	0.0013 （0.1123）
Controls	Y	Y	Y

续表

变量	(1) E	(2) S	(3) G
Firm. FE	Y	Y	Y
Year. FE	Y	Y	Y
N	754	754	754
Adj. R²	0.0759	0.2393	0.1435
DemN_EnvN	0.0928* (1.7668)	0.2511** (2.2196)	−0.1225 (−1.3664)
NetProfit	0.0135** (2.1845)	0.0059 (0.3800)	0.0013 (0.1123)
Controls	Y	Y	Y
Firm. FE	Y	Y	Y
Year. FE	Y	Y	Y
N	754	754	754
Adj. R²	0.0759	0.2393	0.1435
SupN_EnvN	−0.0567* (−1.7668)	−0.1534** (−2.2196)	0.0748 (1.3664)
NetProfit	0.0135** (2.1845)	0.0059 (0.3800)	0.0013 (0.1123)
Controls	Y	Y	Y
Firm. FE	Y	Y	Y
Year. FE	Y	Y	Y
N	754	754	754
Adj. R²	0.0759	0.2393	0.1435

注：*$p<0.1$，**$p<0.05$，***$p<0.01$；括号内为 t 值。

表 5-17　　　　　　替换控制变量：机制检验

变量	(1) ln$Patent$	(2) SA	(3) ln$News$
$WpeN$	0.1805*** (3.0532)	-0.0535*** (-10.3702)	0.4373*** (12.2674)
$NetProfit$	0.0309*** (3.0860)	0.0003 (0.3043)	0.0042 (0.8621)
Controls	Y	Y	Y
Firm. FE	Y	Y	Y
Year. FE	Y	Y	Y
N	754	754	754
Adj. R^2	0.3766	0.8124	0.6231

注：* $p<0.1$，** $p<0.05$，*** $p<0.01$；括号内为 t 值。

表 5-18　　　　　　替换控制变量：异质性检验

变量	国有企业样本			非国有企业样本		
	E	S	G	E	S	G
$WpeN$	0.0207 (0.7865)	0.1353** (2.1285)	-0.0594 (-1.1312)	0.1484** (2.4624)	0.0840 (0.8141)	-0.1255 (-1.1166)
$NetProfit$	0.0142* (1.9788)	0.0121 (0.8281)	0.0086 (0.6939)	-0.0068 (-0.2167)	-0.0350 (-0.6499)	0.0523 (1.3104)
Controls	Y	Y	Y	Y	Y	Y
Firm. FE	Y	Y	Y	Y	Y	Y
Year. FE	Y	Y	Y	Y	Y	Y
N	574	574	574	180	180	180
Adj. R^2	0.0606	0.2344	0.0978	0.4581	0.4362	0.4187

续表

变量	低市场化水平地区样本			高市场化水平地区样本		
	E	S	G	E	S	G
$WpeN$	0.1541* (1.9634)	-0.0714 (-0.7797)	-0.2576*** (-3.1522)	0.0458* (1.7782)	0.1446** (2.3035)	-0.0418 (-0.8079)
$NetProfit$	0.0268*** (4.0521)	0.0276 (1.0669)	-0.0279* (-1.9212)	0.0169* (1.9872)	-0.0044 (-0.3003)	0.0093 (0.6870)
$Controls$	Y	Y	Y	Y	Y	Y
$Firm. FE$	Y	Y	Y	Y	Y	Y
$Year. FE$	Y	Y	Y	Y	Y	Y
N	161	161	161	593	593	593
$Adj. R^2$	0.2003	0.5442	0.3463	0.1124	02215	0.1751

注：* $p<0.1$，** $p<0.05$，*** $p<0.01$；括号内为 t 值。

六、结论与启示

（一）主要结论

本书选取 2009~2021 年中国 A 股上市的 58 家风能企业作为研究对象，探究了风能产业政策对风能企业可持续发展的影响及其作用机制。研究结论如下。

第一，产业政策对风能企业环境和社会责任方面的可持续发展水平具有显著促进作用；需求型和环境型政策组合有利于企业可持续发展，而需求型和供给型政策组合、供给型和环境型政策组合则阻碍了企业的可持续发展。

第二，产业政策通过不同渠道影响风能企业的可持续发展能力，具体表现为：(1) 产业政策给予风能企业技术信息等支持提升了企业技术创新能力，有助于提高企业环保技术水平，从而增强企业的环境保护和社会责任承担能力；(2) 产业政策通过缓解融资约束、提高融资能力促进了风能企业环境和社会责任方面的可持续性；(3) 风能产业政策对企业的监管规定通过提升社会关注度增强了风能企业的可持续发展能力。

第三，异质性分析表明：(1) 产业政策对国有风能企业社会责任方面的可持续性及非国有企业环境保护方面的可持续性具有积极作用；(2) 市场化水平较高的地区，产业政策对企业环境和社会责任方面的可持续发展具有促进作用；市场化水平较低的地区，产业政策对企业治理水平维度的可持续发展具有抑制作用。

(二) 政策启示

基于上述研究结论，本书从政府角度提出以下政策启示。

第一，充分发挥风能产业政策在风能企业可持续发展中的促进作用。政府应创造完善的制度环境和政策条件，细致规定企业环境、社会责任表现和治理水平指标，推动可持续发展理念落实到微观企业的战略决策。

第二，注重长短期政策目标的平衡，依据不同政策类型组合对风能企业可持续发展的影响效果，针对相关政策进行修改和完善。政府在稳定需求型和环境型政策协同效应的同时，应注重需求型和供给型政策的配合，提高科技信息支持的质量而不是数量；改善供给型和环境型政策搭配，建立健全从中央到地方的有效沟通机制，并给予政策实施过程中利益相关者以相应激励。

第三，充分利用技术创新、融资能力和社会关注度渠道，合理支持风能技术研发、缓解企业内外融资约束、提高企业信息披露水平以促进企业可持续发展。

第四，实施差异化风能产业政策，针对不同所有制和地区的企业制定差异化政策目标、政策力度和政策措施。加快风电市场化进程，放宽非国有风能企业与国有企业竞争的限制，促进各地区资源、要素的进一步流动。

(三) 局限性与未来研究

首先，本章将风能企业视为一个整体，未来研究可以进一步探究产业政策对风能产业链的影响，特别是对于上、中、下游风能企业的差异化作用效果。其次，本研究受限于数据的可得性，选择了2009~2021年作为研究区间，而2005年《可再生能源法》颁布实施后风能产业政策便已大量出台，未来研究可以扩大时间区间以验证和拓展本文的结论。最后，本章未细化不同类型产业政策及其组合通过技术创新、融资约束、社会关注度渠道对风能企业异质性的影响，后续研究可以选取其中的某些方面加以细致探讨。

第六章

绿色能源产业政策的最优区间：
基于企业创新视角

为减少化石燃料的使用，实现中国能源从高碳到低碳直至无碳的发展需求，必须注重化石能源和绿色能源互补融合（肖宇、彭子龙、何京东，2019）、转变能源科技创新模式（李全生和张凯，2021）、攻破关键核心技术（王晓珍、蒋子浩、郑颖，2019）、积极抢占国际技术制高点。"十四五"规划提出，实现高质量发展，必须加快提升可再生能源电力系统的消纳和存储能力，其中提高技术创新水平是关键。习近平主席在第七十五届联合国大会上向世界作出的"30·60"承诺，进一步将绿色能源电力创新发展推向高峰。

一、研究背景

中国的绿色能源产业在20世纪90年代开始萌芽，得益于政府产业政策的扶持，21世纪后逐渐走向繁荣。截至2020年底，以风能、光伏发电为代表的绿色能源发电累计装机容量5.3亿千瓦，到2030年将突破12亿千瓦，其中，海上风电有望在2030年达到0.588亿千瓦。然而现实的问题是，在装机容量步步高升的同时，装机规模的扩大并没有带来同比例发电能力的提升。2006~2013年，中国风力发电场的发电量占其设备理论发电量的37%~45%，而美国为54%~61%（Huenteler J, Tang T & CHen G et al., 2018）；2019年中国绿色能源发电占总发电量的比重为30.43%，而同年这一比例在德国为53.38%（Rechsteiner R, 2020）。张和怀特（Zhang W & White S, 2016）认为，造成中国风电实际发电量远低于设备理论水平除电网连接延迟和风电场选址等电网管理方面的原因外，很大部分是涡轮型号的选择和涡轮机轮毂高度等技术方面的限制（Huenteler J, Tang T & CHen G et al., 2018）。因此，要想实现可再生能源高质量跃升发展，保持中国能源产业在国际上的竞争地位，必须攻克技术难关，加大自主创新力度。

张和怀特（2016）认为，中国相对低廉的劳动力成本和电力成本以及相对宽松的环境规制条件为绿色能源发电企业的起步提供了很多优势。绿色能源企业在21世纪初如雨后春笋般快速发展，在这些企业中，一部分凭借早期政策优势和环境机遇，通过加大创新力度、攻破技术难关而成为行业龙头（何杰、程进文、韩磊，2020）。企业作为微观经济主体具有创新成本低、创新效率高的特点，是整个国家创新过程的中坚力量（黎文靖和郑曼妮，2016）。企业出于自身发展需求也需要不断地进行创新创造，以避免在激烈的市场竞争中被淘汰。安同良和千慧雄（2021）认为，尽管创新创造是必要的，但基于两类市场失灵问题，企业的创新活动时常会受到阻碍。一是由于创新创造的正外部性和知识的非竞争性，企业无法享有创新成果所带来的全部收益，使得其预期收益低于社会最优水平，这极大地打击了企业的创造积极性（Arrow K, 1962）；二是由于市场信息不对称，优质的创新项目未必能适时地获得融资，甚至无法获得外部融资，导致企业无法开展某些有价值的项目

（安同良和千慧雄，2021）。除市场失灵问题以外，对于传统火力发电厂来说，发展新能源技术包括对现有火电厂改造和研发技术上的投入，因此需要支付额外的费用。诚然，减少火力发电同时降低环境负外部性是中国实现碳达峰、碳中和目标的必要途径，但对企业来说是阵痛的，这需要它们在短期内付出成本。这些阻碍为政府干预R&D创新投入提供了理论依据，经实证研究发现，政府补助能在一定程度上缓解上述问题。一方面，通过给企业援以资金支持降低企业创新活动的外部性，同时缓解企业开展创新项目的融资约束（安同良和千慧雄，2021）；另一方面，根据信号理论，政府给企业发放补贴也向外界传递了该企业经营得到政府认可的信号，能为企业吸引更多投资者，进一步支持企业创新研发活动（高艳慧、万迪昉、蔡地，2012）。

二、文献综述

学术界关于产业政策与绿色能源企业创新的文献非常丰富，对于本书的研究提供了坚实的研究基础。鉴于本书的研究需要，分别就产业政策对绿色能源企业创新的作用效果和政策的异质性两个方面进行综述。

（一）产业政策的作用效果

周亚虹、蒲余路、陈诗一等（2015）认为，绿色能源发电作为中国的新兴产业，其市场主体发育尚未完全成熟，市场需求不确定性大，其产业发展仍需政府通过政策加以调整。加之中国绿色能源产业技术相对不成熟，核心技术长期依靠引进和与外企合作，技术创新难度较大，更需要政府加以支持和引导。但政府补助作为直接对企业创新活动进行干预的政策措施备受争议。有学者支持政府补贴有效论，认为不论是高补贴还是低补贴，均对企业的 R&D 支出有不同程度的正向刺激作用，进而促进企业创新（Hussinger K，2008；Aerts K & Schmidt T，2008；Howell A，2017；Mardones C & Velasquez A，2021）。杨洋、魏江、罗来军（2015）则进一步发现，政府补助对民营企业创新绩效的促进程度大于国有企业，并且在要素市场扭曲程度低的地区，政府补助的促进作用更明显。另一部分学者则支持政府补助对企业创新投入有"挤出"作用（Wallsten S J，2000；李万福、杜静、张怀，2017）。布索姆（Busom I，2000）则发现，政府补助确实会刺激更多的私人研发支出，但对于一些企业（约 30%），不能排除存在完全的挤出效应；波音（Boeing P，2016）利用 2001~2006 年中国研发补贴对其上市公司研发投资的激励效果，发现 R&D 补助会立即挤出企业的研发资金，但在后期表现为中性。

（二）产业政策的异质性

杨洋、魏江、罗来军（2015）认为，中国目前处于经济转型的窗口期，市场化进程进一步加快，且已取得了公认的成功，但是由于不同地区资源禀赋、政策支持和要素发展程度有较大差异，其市场化程度也存在着明显的地域差异，利用政府补助的效率和效果也不同。要素扭曲程度越高的地区，本土的大规模企业越不愿意进行 R&D 投入（张杰、周晓艳、李勇，2011）。而即使是同样地促进企业创新研发，在东西部也有不同的效果，政府补助对新能源企业创新的促进效果在东部沿海地区中更加显著（刘满芝、杜明伟、刘贤贤，2022）。刘丰云、沈亦凡、何凌云（2021）认为，东西部的政府补助对新能源企业研发创新的影响存在显著的异质性。由此可见，政府补助对企业创新的作用效果会受到区域异质性的影响，中国的绿色能源发电企业广泛分布于全国各省，研究不同区域内政府补助对绿色能源发电企业创新产出的作用机制同样迫在眉睫。

综上所述，产业政策对绿色能源企业创新存在复杂的效应，并非简单的促进或抑制作用。产业政策究竟在什么情形下促进企业创新又在什么情形下挤出，是否存在一个最优的补贴区间？这是本书需要探讨的问题。绿色能源政策类别繁多，为了研究的方便，本部分所指的产业政策仅仅包含政府补助。现有的相关文献大多数聚集于未获得补助企业与获得补助企业之间的创新行为对比（毛其淋和许家云，2015；Heijs J，2004；Marino M，Lhuillery S & Parrotta P et al.，2016），探索政府补助是否能显著地促进企业创新。而本书的重点在于对已经取得政府补助的企业进行研究，考察政府补助对企业创新的作用效果。进一步地，以往研究聚焦政府补贴与企业创新之间的线性关系（Aerts K & Schmidt T，2008；Howell A，2017），即重点研究政府补助是促进或是抑制企业创新，很少有学者研究政府补助与企业产出之间的非线性关系。本书从政府补助与企业创新之间的理论关系入手，在控制内生性问题后，采用动态面板系统 GMM 模型实证探讨政府补助与企业创新之间的非线性关系；在证实政府补助与企业创新之间确实存在非线性结构以后，采用面板门槛模型找出了政府补助与企业创新非线性关系临界点以及政府补助的最优区间。

三、理论基础与研究假设

（一）政府补助对企业创新存在多重影响效应

豪厄尔（Howell A，2017）认为，政府补助能够促进企业创新行为和提高企业创新水平。首先,基于资源基础观,绿色能源发电企业具有资本密集型特征,其进行技术创新所需的成本较高,政府为企业提供用于创新活动的资源、缓解企业的融资约束,这能大大激发企业的创新积极性和创新意愿,也能提高企业的创新能力(黎文靖和郑曼妮,2016;杨洋、魏江、罗来军,2015)。其次,根据社会资本理论,政府对于企业的补助体现了政府这一外部机构对企业的信任,对企业的经济和社会效益有促进作用,进而为企业创造更有利于创新的条件(Lerner J,1999;孙晓华、郭旭、王昀,2017)。此外,由于创新成果具有公共物品特性,企业辛苦研究多年的成果存在被别的企业盗用或无偿使用的风险,这也会打击企业的创造积极性,而政府补助有助于企业外部性内部化。

也有不少学者提出政府补助如果没有被正确利用,可能会对企业创新产生抑制作用。首先,由于信息不对称,政府在发放补助之前很难甄别哪些是真正积极从事创新活动的企业,因此很可能依据企业释放出的"创新信号"来判断企业的创新意愿(Wallsten S J,2000;Heijs J & Herrera L,2004),有企业为了获得政府补助伪装成创新企业,传递虚假的"信号",而把补助另作他用,造成了创新资源的浪费(黎文靖和郑曼妮,2016;孔东民、刘莎莎、王亚男,2013)。另外一种理论则认为,适度的政府补助可能会刺激企业研发投入,但过高的政府补助反而会对私人研发投入产生"挤出效应"(David P A & Hall B H,2000;GÖRG H & Strobl E,2007)。综上所述,在两种效应互相博弈的状况下,政府补助对企业创新产生的作用很可能是非线性的,由此提出以下假设。

H1:政府补助与绿色能源发电企业创新产出之间的关系并非简单的线性关系。

尽管大量研究集中于政府补助是促进还是抑制企业创新产出，但也有少部分学者关注到了政府补助与企业创新之间的非线性关系，探寻是否存在一个"最优区间"，使得政府补助发挥效用最佳（安同良和千慧雄，2021；毛其淋和许家云，2015；成琼文和丁红乙，2021）。事实上，当政府补助处于较低水平时，尤其是在存在大量寻租机会的转型国家中，较低的补助额可能难以满足创新活动所需的资金要求，不能刺激企业创新项目投入，但会触发企业的寻租行为，从而削弱了政府补助对R&D活动的激励效应（Lerner J，1999），有学者证实了在中国存在这样的事实（张杰、周晓艳、李勇，2011；安同良、周绍东、皮建才，2009；余明桂、回雅甫、潘红波，2010）；只有当补助达到一定的水平，能够覆盖企业所承担的风险时，企业才愿意开展创新活动（Aerts K & Schmidt T，2008）；而当政府补助继续增加，甚至高到企业无须投入自有资金时，企业便可能转移本来打算进行研发投入的资金，进而转向投资回报率更高的非创新项目（David P A & Hall B H，2000；GÖRG H & Strobl E，2007）。基于此，本书提出以下假设。

H2：在政府补助与绿色能源发电企业创新产出非线性的关系基础上，存在一个"最优补助区间"，在此区间内的政府补助可以有效促进企业创新产出。

H2a：政府补助低于"最优补助区间"时可能导致绿色能源发电企业产生寻租行为。

（二）创新活动区域异质性效应

根据新经济地理学，区位聚集产生的"路径依赖"导致了经济活动的空间聚集（李世杰、胡国柳、高健，2014），随着工业化进程的加快，空间聚集程度不断提高，不同地区之间由于资源禀赋差异和规模报酬递增的作用产生产业聚集（白重恩、杜颖娟、陶志刚等，2004）。研究表明，产业聚集是导致各省劳动生产率产生显著差异（范剑勇，2006）、创新产出差异（彭向和蒋传海，2011）和产业结构升级（王永进和盛丹，2013）的重要原因。中国自1978年改革开放以来，经济活动向沿海地区集中的趋势日益显现，集聚区内的知识溢出可以降低创新的不确定性和复杂性，由此产生的公共知识库也为将来的创新活动提供了丰富的机会（Baptista R & Swann P，1998）。与此同时，尽管中国从20世纪90年代就开始进行体制转轨，但各地区市场化进程极不平衡（孔东民、刘莎莎、王亚男，2013），从而导致各地的经济发展程度产生差异。市场化程度高的地区政府干预少，产权保护措施较为健全；而市场化程度低的地区，制度往往较为落后，地方政府对企业的经济活动干预程度深，同时要素市场的扭曲也较为严重。大量学者证实，在知识产权保护制度完整（毛其淋和许家云，2015）、市场竞争程度越高（孔东民、刘莎莎、王亚男，2013）、要素扭曲程度越低的地区（张杰、周晓艳、李勇，2011），政府补助对企业创新的促进作用也越明显。由此，本书提出以下假设。

H3：政府补助对绿色能源发电企业创新产出的作用效果存在区域异质性。

四、研究方法与数据来源

（一）数据来源

中国的现代化发展，面临着重大的能源供应挑战。传统的化石能源已经在逐渐枯竭，丧失发展后劲，为了如期实现下个一百年奋斗目标，必须大力发展绿色能源。因此，本部分选择绿色能源发电企业作为研究对象。在同花顺 iFIND 的绿色能源概念中挑选风电（126）、光电（254）、核电（116）、水电（23）、生物质能发电（27）5 个概念，共计 367 家企业（注：由于有的企业同时属于两种及以上概念，因此合计企业数小于每个概念单独相加数），剔除 ST、*ST 以及没有研发投入、政府补助和专利数据的企业，最后得到 234 个符合条件的企业作为本书的研究对象；部分企业 2010 年以前的财务数据缺失较严重，而本书所用研究方法需要平衡面板数据结构，所以选择 2011~2019 年作为观测区间，共计 2106 个观测值。企业的财务信息来自同花顺 iFIND，专利数据来自 CRNDS 数据库和国家知识产权局专利库。

变量设计

（1）被解释变量。

绿色能源发电企业创新产出（lnpatent_all/lnpatent_in）。近年来对于企业创新行为的研究层出不穷，关于企业创新产出的代理变量不同学者所见略有不同。毛其淋、许家云（2015）从产品创新角度采用企业新产品产值与企业总产值的比值来表示企业的创新绩效。苗文龙、闫娟娟、吴炳辉（2020）从创新效率角度采用发明专利数量与研发投入的比值代表企业创新。本书参考霍尔（Hall，2012）和冯根福、郑明波、温军等（2021）的做法，选择专利申请量作为企业创新能力的代理变量。此外，为检验政府补助对企业全部创新产出和实质性创新产出的影响，借鉴黎文靖和郑曼妮（2016）等学者的做法，分别采用全部专利数量和发明专利数量作为被解释变量，后者可以作为前者的稳健性检验。由于专利数据总体呈右偏分布，对专利数据的 1% 和 99% 分位做 winsorize 处理，然后加1取自然对数。

（2）门槛变量。

政府补助（lngov_sub）为门槛变量，由于研究的核心论点为验证政府补助与绿色能源企业创新产出之间的关系结构，检验其门槛效应是否显著，进而寻找政府补助的"最优补助区间"，因此直接选择政府补助作为门槛变量。为了缓解异方差问题并使数据更为平滑，对政府补助额作取对数处理。

（3）核心解释变量。

政府补助强度（gov_subp）。研究本质上是想探寻政府补助与企业创新产出之间非线性关系结构，因此需要考察不同政府补助水平对企业创新产出的异质性影响。核心解释变量仍为政府补助，但为了与门槛变量有所区分，借鉴刘若鸿、邓晓兰、鄢伟波等（2021）等学者的做法，采用政府补助与企业营业总收入的比值，即政府补助强度作为核心解释变量，研究在不同的政府补助水平下，政府补助强度对企业创新产出的影响。

（4）控制变量。

参考孙晓华、郭旭、王昀（2017）和冯根福、郑明波、温军等（2021）等学者的研究，将企业资产规模（$lnasset$）、企业年龄（age）、总资产净利率（$jroa$）、速动比率（$quick$）、资产负债率（dar）、非流动资产与流动资产比值（$nonflu$）以及企业高管薪酬（$lnsalary$）作为控制变量，并在动态面板模型中引入时间虚拟变量（yr）对模型进行回归。为统一量纲，对变量中的绝对量均做了对数化处理，具体见表6-1。

表 6-1 主要变量及定义

变量类型	变量名称	变量符号	变量定义
被解释变量	专利申请总数	lnpatent_all	企业当年专利申请量总数加 1 取自然对数,代表企业全部创新产出
	发明专利申请数	lnpatent_in	企业当年发明专利申请数量加 1 取自然对数,代表企业实质性创新产出
门槛变量	政府补助	lngov_sub	企业当年取得的全部政府补助收入额取对数
核心解释变量	政府补助强度	gov_subp	企业政府补助总额与营业总收入的比值
控制变量	企业规模	lnasset	企业年末总资产取自然对数
	企业年龄	age	观测年份减企业成立年份
	盈利能力	jroa	总资产净利率 = 净利润 × 2/(期初总资产 + 期末总资产)
	偿债能力	quick	企业运营当年速动比率
	资本结构	dar	资产负债率 = 企业总负债/企业总资产
	资产流动性	nonflu	企业年末非流动资产与企业总资产的比值
	企业绩效	lnsalary	管理层年度薪酬总额取对数

注:$*p<0.1$,$**p<0.05$,$***p<0.01$;括号内为 t 值。

(二) 模型设定

1. 动态面板 SYS-GMM 模型

根据研究思路及假设拟定,本书首先验证企业创新产出与政府补助之间的关系结构,基于线性模型的检验结果,判定是否存在门槛效应。现实状况中,企业是否获得政府补助及其获得政府补助的额度高低可能与其释放出的"创新信号"有关系(Heijs J & Herrera L,2004),即企业表现出的创新意向越高,政府对其施以补助的可能性越大,创新水平更高的公司获得政府补助的机会也更大;反之,政府对企业的补助程度越高可能愈加激励企业进行创新研究(Hussinger K,2008)。因此,企业的创新产出与政府补助之间可能存在双向因果关系（黎文靖和郑曼妮，2016；Wallsten S J，2000），采用传统的 OLS 模型进行线性回归结果可能是有偏的。为了解决双向因果关系所导致的内生性问题，本书选择动态面板系统 GMM（SYS - GMM）模型对变量进行回归，该方法同时使用水平变量滞后项和差分变量的滞后项作为原方程的工具变量，以期更为准确地刻画变量之间的关系结构。具体模型如下：

$$\mathrm{ln}patent\_all_{i,t}(\mathrm{ln}patent\_in_{i,t}) = \alpha_2 \mathrm{ln}gov\_sub_{i,t} + \alpha_3 \mathrm{ln}asset_{i,t} + \alpha_4 nonflu_{i,t}$$
$$+ \alpha_5 jroa_{i,t} + \alpha_6 dar_{i,t} + \alpha_7 quick_{i,t}$$
$$+ \alpha_8 \mathrm{ln}salary_{i,t} + \sum year + u_i + \varepsilon_{i,t} \quad (6.1)$$

$$\mathrm{ln}patent\_all_{i,t}(\mathrm{ln}patent\_in_{i,t}) = \alpha_0 + \alpha_1 \mathrm{ln}patent\_all_{i,t-1}(\mathrm{ln}patent\_in_{i,t-1})$$
$$+ \alpha_2 \mathrm{ln}gov\_sub_{i,t} + \alpha_3 \mathrm{ln}gov\_sub2_{i,t} + \alpha_4 \mathrm{ln}asset_{i,t}$$
$$+ \alpha_5 nonflu_{i,t} + \alpha_6 jroa_{i,t} + \alpha_7 dar_{i,t} + \alpha_8 quick_{i,t}$$
$$+ \alpha_9 \mathrm{ln}salary_{i,t} + \sum year + u_i + \varepsilon_{i,t} \quad (6.2)$$

$\mathrm{ln}patent\_all$ 与 $\mathrm{ln}patent\_in$ 分别表示企业全部创新产出与企业实质性创新产出，式中引入被解释变量的滞后一期作为解释变量；$\mathrm{ln}gov\_sub$ 代表政府补助，为了进行非线性检验，在式（6.2）中加入政府补助的平方项 $\mathrm{ln}gov\_sub2$，政府补助及其平方项均为内生解释变量；$\mathrm{ln}asset$ 代表企业资产规模，此为前定解释变量；其余解释变量均为控制变量；$\sum year$ 表示时间虚拟变量，u_i 表示不随时间变化的企业个体差异，$\varepsilon_{i,t}$ 为随机扰动项。

2. 门槛模型

通过对模型 1 和模型 2 的回归结果进行分析，基本可以判定变量之间的关系结构。若二者确实存在显著的非线性特征结构，则进一步建立门槛回归模型对变量进行更深层次的分析。由于政府对企业的补助拨款比企业自筹资金的 R&D 支出更慢,与专利产出大约有 1 年的时滞(朱平芳和徐伟民,2003),并且一般只有当企业释放出创新信号以后,政府才会发放相应的补贴(余明桂、回雅甫、潘红波,2010),为了更好地刻画政府补助与企业创新之间的门槛效应关系,取滞后一期的政府补助作为门槛变量。参考汉森(Hansen B E.,1999)的研究成果,门槛模型构建如下。

如果企业创新产出与政府补助存在单门槛效应,则应满足如下模型:

$$\ln patent\_all_{i,t}(\ln patent\_in_{i,t}) = \beta_0 + \beta_1 govp_{i,t} I(\ln gov\_sub_{i,t+1} \leq \omega)$$
$$+ \beta_2 govp_{i,t} I(\ln gov_{sub\ i,t+1} > \omega) + \beta_3 \ln asset_{i,t}$$
$$+ \beta_4 nonflu_{i,t} + \beta_5 jroa_{i,t} + \beta_6 dar_{i,t} + \beta_7 quick_{i,t}$$
$$+ \beta_8 \ln salary_{i,t} + u_i + \varepsilon_{i,t} \quad (6.3)$$

如果企业创新产出与政府补助存在门槛效应,则应满足如下模型:

$$\ln patent\_all_{i,t}(\ln patent\_in_{i,t}) = \beta_0 + \beta_1 govp_{i,t} I(\ln gov\_sub_{i,t+1} \leq \omega)$$
$$+ \beta_2 govp_{i,t+1} I(\omega) < \ln gov_{sub\ i,t+1} \leq \varphi)$$
$$+ \beta_3 govp_{i,t+1} I(\ln gov\_sub_{i,t+1} > \varphi)$$
$$+ \beta_4 \ln asset_{i,t} + \beta_5 nonflu_{i,t} + \beta_6 jroa_{i,t} + \beta_7 dar_{i,t}$$
$$+ \beta_8 quick_{i,t} + \beta_9 \ln salary_{i,t} + u_i + \varepsilon_{i,t} \quad (6.4)$$

其中:$I(\cdot)$ 为示性函数,如果括号里的表达式为真,则取值为 1,反之则取值为 0;政府补助强度为核心解释变量,政府补助额为门槛变量,ω 和 φ 为门槛值;其余解释变量均为控制变量;u_i 和 $\varepsilon_{i,t}$ 含义同上。由于现实生活中极少出现存在三门槛的经济关系变量,因而此处不对三门槛模型作出设定,如在实证分析过程中实现三门槛,思路同上。

五、实证过程及结果

(一) 变量描述性统计

如表 6-2 所示,在 234 家绿色能源发电企业中,总专利申请量和发明专利申请量的对数均值分别为 3.413 和 2.516,说明在绿色能源发电企业专利申请量中发明专利所占比重较大,且二者的最大值分别为 7.428 和 6.572,这表明专利申请量大的企业中,发明专利是主体。企业年龄的均值较高,为 17.350,一方面绿色能源发电企业需要较高的期初设备投入,对很多企业来说存在一定的进入壁垒,因此留存企业大多为成熟企业;另一方面体现了中国能源发电企业厚积薄发,企业年龄最大者高达 64,说明在这个行业中有不少企业是由传统能源转向绿色能源;而最小的年龄为 2,表明还是有一定比例的企业在试图突破壁垒,努力扩充绿色能源企业群体。总资产对数均值为 22.403,标准差为 1.349,说明不同绿色能源发电企业间的企业规模分布有一定差异。政府补助对数均值为 17.079,标准差为 1.719,可以看出对于不同规模和经营状况的企业政府扶持力度有一定的差别。而从政府补助强度来看,均值为 0.021,标准差仅为 0.041,说明虽然政府补助总额在绿色能源发电企业中有较大差别,但总体来说对各企业的补助强度区别不大。总资产净利率最高值为 20.359,最低值为 -20.310,说明不同绿色能源发电企业间盈利能力差别很大。对于资产负债率、速动比率和非流动资产比例,各企业间也存在较大差别。

表6-2　　　　　　　　　关键变量描述性统计

变量名称	观测值	均值	标准差	最小值	最大值
lnpatent_all	2106	3.413	1.479	0.000	7.428
lnpatent_in	2106	2.516	1.475	0.000	6.572
age	2106	17.350	6.086	2.000	64.000
lnasset	2106	22.403	1.349	19.976	26.511
lngov_sub	2106	17.079	1.719	0.000	21.118
gov_subp	2106	0.021	0.041	0.000	0.849
jroa	2106	3.241	5.554	-20.310	20.359
dar	2106	45.648	19.976	6.818	89.433
quick	2106	1.486	1.515	0.132	10.257
nonflu	2106	43.061	18.535	9.025	93.143
lnsalary	2106	6.031	0.935	0.000	8.052

(二) 单位根检验

在使用面板数据进行实证分析之前，为避免产生"伪回归"的现象，先对面板数据进行单位根检验。结果见表6-3，所有的变量均通过单位根检验。本书所研究的变量均为一阶差分平稳，即为I(1)过程。由于被解释变量和核心解释变量均显著地通过了单位根检验，可认为研究总体为平稳过程，故不再做协整检验，可直接进行计量模型回归。

表6-3　　　　　　　一阶差分后面板单位根检验结果

变量	lnpatent_in	lnpatent_all	lngov_sub	gov_subp	lnasset	jroa	dar	quick	nonflu	lnsalary
HT	-48.347 (0.000)	-47.572 (0.000)	-51.516 (0.000)	-47.735 (0.000)	-36.084 (0.000)	-49.423 (0.000)	-34.535 (0.000)	-32.849 (0.000)	-37.907 (0.000)	-37.885 (0.000)

续表

变量	lnpatent_in	lnpatent_all	lngov_sub	gov_subp	lnasset	jroa	dar	quick	nonflu	lnsalary
IPS	-33.883 (0.000)	-21.732 (0.000)	-78.745 (0.000)	-59.670 (0.000)	-51.961 (0.000)	-40.497 (0.000)	-22.726 (0.000)	-54.832 (0.000)	-25.871 (0.000)	-37.344 (0.000)
Fisher	1608.531 (0.000)	1630.487 (0.000)	1890.553 (0.000)	1478.229 (0.000)	1128.832 (0.000)	1761.463 (0.000)	2182.516 (0.000)	1679.504 (0.000)	1742.864 (0.000)	1724.113 (0.000)

注：HT 检验上行数据表示 z 统计量值，IPS 检验上行数据表示 $w_{\bar{t}}$ 统计量值，Fisher – ADF 检验上行数据表示逆卡方统计量值；下行数据均为 p 值。

（三）政府补助对绿色能源发电企业创新产出的影响效应分析

1. 动态面板 SYS – GMM 模型回归结果分析

本部分首先采用动态面板模型验证政府补助对企业创新产出的影响，在控制了可能由变量间互为因果所导致的内生性偏差后，探讨政府补助和企业创新产出之间的关系结构。如表 6 - 4 所示，模型（1）到模型（4）中 Hansen 统计量均不显著，不能拒绝"所有工具变量均有效"的原假设，表明模型中不存在弱工具变量问题。此外，二阶自回归系数 AR（2）均大于 0.1（0.534、0.346、0.613、0.593），即不存在二阶自相关，说明没有差分之前的动态面板模型的随机扰动项不存在一阶自相关。

在引入企业创新产出滞后一阶作为解释变量后，所有模型的滞后项均显著，表明模型确实存在动态效应。列（1）和列（2）中因变量为企业全部创新产出，在仅引入政府补助一次项时，回归系数并不显著，表明政府补助与企业创新可能存在非线性关系；当引入政府补助的二次项时，该系数在 10% 的水平上显著不为 0，因此可以判定政府补助与企业创新之间的关系并非简单线性关系，这与成琼文等的研究结果一致（成琼文和丁红乙，2021），由此验证假设 H1。列（3）和列（4）可以作为对前文的稳健性检验,将因变量变换为企业实质性创新产出,在未引入政府补助二次项之前政府补助的系数并不显著,而在引入二次项后该系数在1%的水平显著不为0。在两次加入二次项后,政府补助的弹性系数均大幅度提高至0.1以上,这更符合理论与实际情况,说明在加入二次项后,模型的拟合效果更好。由此,假设H1得以再次验证。

表6-4 动态面板回归结果

变量名称	(1) lnpatent_all1	(2) lnpatent_all2	(3) lnpatent_in1	(4) lnpatent_in2
L. lnpatent_all	0.373*** (0.066)	0.472*** (0.063)		
L. lnpatent_in			0.345*** (0.061)	0.364*** (0.067)
lngov_sub	0.025 (0.025)	0.140* (0.081)	0.031 (0.023)	0.118*** (0.045)
lngov_sub2		-0.003 (0.003)		-0.003 (0.002)
L. lnasset	-0.115 (0.222)	-0.036 (0.099)	-0.190 (0.178)	-0.090 (0.148)
jroa	0.015* (0.007)	0.013** (0.006)	0.013 (0.008)	0.008 (0.006)
dar	0.008 (0.007)	0.005 (0.003)	0.015** (0.006)	0.010** (0.005)
quick	-0.006 (0.032)	0.001 (0.027)	0.040 (0.030)	0.026 (0.026)
lnsalary	1.043** (0.441)	0.834*** (0.202)	0.876** (0.406)	0.994*** (0.294)

续表

变量名称	(1) ln*patent_all*1	(2) ln*patent_all*2	(3) ln*patent_in*1	(4) ln*patent_in*2
时间虚拟变量	已控制	已控制	已控制	已控制
_cons	-2.376 (4.276)	-4.216* (2.155)	-0.454 (3.870)	-3.889 (2.618)
AR(2)	0.62 (0.534)	0.94 (0.346)	0.51 (0.613)	0.53 (0.593)
Hansen	35.15 (0.278)	87.19 (0.140)	31.65 (0.434)	49.27 (0.582)
N	1872	1872	1872	1872

注：括号中为 z 值，$*p<0.1$，$**p<0.05$，$***p<0.01$。

2. 门槛模型回归结果分析

前一部分已经证实政府补助与绿色能源发电企业的创新产出具有非线性关系，为了进一步验证假设 H2，采用门槛模型对政府补助是否存在最优补助区间进行研究。

在进行门槛模型估计之前，首先对门槛值的存在性进行检验，即先寻找门槛值，然后利用自主抽样法（Bootstrap）抽样 300 次获得 F 统计量的渐近分布，如表 6-5 所示，全部创新产出单门槛效应在 10% 的水平下显著，而其双门槛效应在 1% 水平下显著；进一步地，构造似然比 LR 检验统计量，对其门槛值的真实性进行检验，如表 6-6 所示，门槛值处于 95% 置信区间内，可以通过门槛效应的真实性检验。回检后发现门槛一致，故选择双门槛模型估计政府补助对绿色能源发电企业创新产出的门槛效应。

表 6-5 门槛效应显著性检验结果

被解释变量	门槛模型	F 统计量	p 值	临界值 1%	临界值 5%	临界值 10%
ln*patent_all*	单门槛	11.70	0.083	18.289	13.049	10.664
	双门槛	13.97	0.003	12.695	10.612	9.040
ln*patent_in*	单门槛	10.14	0.093	14.389	11.340	9.989
	双门槛	13.89	0.017	15.806	11.337	9.521

表 6-6 门槛效应真实性检验结果

被解释变量	核心解释变量	门槛值		95% 置信区间
ln*patent_all*	政府补助强度	第一门槛	16.698	[16.609, 16.705]
		第二门槛	18.598	[18.449, 18.616]
ln*patent_in*	政府补助强度	第一门槛	16.746	[16.632, 16.759]
		第二门槛	19.181	[18.837, 19.246]

以企业全部创新产出为被解释变量，政府补助强度为核心解释变量，双门槛模型的系数估计结果见表 6-7。当政府补助弹性系数小于 16.698 时，对企业创新产出的作用为负，此时政府补助较少，不足以激发企业的创新意愿，但由于政府补助能为企业分担一部分利润压力，企业还是希望获得这些资金，于是就会催生较为严重的"寻租活动"，一个重要特征即表现为企业管理费用增加（任曙明和张静，2013）。这一阶段政府补助对企业创新产出的抑制作用主要表现为：企业为进行"寻租活动"花费的资金取代了本该作为创新投入的资金。为此，将核心解释变量替换为企业管理费用，检验其是否存在门槛效应，并观察其门槛值是否与政府补助强度的第一门槛值重合。

如表 6-8 所示，以管理费用为核心解释变量、政府补助为门槛变量的模型在1%的显著性水平下通过了单门槛检验,且不存在双门槛,故此处没有汇报双门槛的检验结果。全部创新产出的门槛值为16.011,这与上文的第一门槛16.698相差无几,因此,可以认为管理费用的门槛值与政府补助强度的第一门槛值有重合。从估计系数来看,以企业全部创新产出作为被解释变量,当政府补助弹性系数低于门槛值16.011时,企业管理费用对企业创新产出的作用系数为-0.017,表明管理费用的支出对企业的创新活动起抑制作用,这部分支出即为企业所付出的"寻租成本";而当政府补助高于门槛值时,企业管理费用支出对创新产出作用变为0.030,起到了正向促进作用,即处于企业支出的正常管理费用范围。由此验证假设H2a,这一阶段政府补助对企业创新作用为负,主要是因为其提高了企业的寻租成本。

表6-7　　　　　　　　门槛效应回归结果

变量名称	(1) $\ln patent\_all$	变量名称	(2) $\ln patent\_in$
$\ln asset$	0.610*** (0.057)	$\ln asset$	0.543*** (0.055)
age	0.088*** (0.010)	age	0.090*** (0.009)
$jroa$	0.003 (0.004)	$jroa$	0.000 (0.004)
dar	-0.003 (0.002)	dar	-0.000 (0.002)
$quick$	-0.068*** (0.021)	$quick$	-0.027 (0.020)
$nonflu$	-0.007*** (0.002)	$nonflu$	-0.004** (0.002)

续表

变量名称	(1) lnpatent_all	变量名称	(2) lnpatent_in
lnsalary	-0.029 (0.025)	lnsalary	-0.048** (0.024)
lngov_sub <= 16.698	-1.231 (0.808)	lngov_sub <= 16.746	-0.937 (0.773)
16.698 < lngov_sub <= 18.598	2.777 (0.742)	16.746 < lngov_sub <= 19.181	2.646 (0.703)
lngov_sub > 18.598	-0.927 (0.699)	lngov_sub > 19.181	-0.999 (0.697)
_cons	-10.940*** (1.115)	_cons	-10.620*** (1.064)
N	1872	N	1872

注：括号中为 z 值，* $p<0.1$，** $p<0.05$，*** $p<0.01$。

表 6-8　　以管理费用为核心解释变量门槛效应检验结果

被解释变量	核心解释变量	门槛模型	F 统计量	门槛值	门槛区间	估计系数
lnpatent_all	企业管理费用	单门槛	18.72***	16.011	≤16.011	-0.017
					>16.011	0.030
lnpatent_in	企业管理费用	单门槛	18.66***	16.113	≤16.113	-0.017
					>16.113	-0.003

回到表 6-7，以全部企业创新产出作为被解释变量，当政府补助弹性系数在 16.698 与 18.598 之间时，政府补助显著提高了企业创新产出。即在该区间内，政府补助越高，企业的创新产出越高。政府补助的强度足够激发企业的创新意愿，并能带动企业加大创新投入，因此该区间

为政府补助的"最优补助区间"。在该区间内的政府补助能够有效促进企业创新,既能鼓励企业真正参与创新,又能帮助企业减轻创新压力。

最后,当政府补助弹性系数大于 18.598 时,政府补助对企业创新产出的作用又变为负,这一阶段的抑制作用略低于第一阶段。可能的原因是当政府补助高于第二门槛时,根据前文学者们的经验,过高的补助对企业自身的创新投入有"挤出作用",会使得企业本该用作创新研发的投入另作他用,而只依靠政府补助进行创新可能导致企业创新资金匮乏,进而也会抑制企业创新产出。

由此假设 H2 得以很好地验证,政府补助对企业创新产出确实存在一个"最优补助区间",低于该区间时,企业的创新意愿没有被完全激发,反而滋生了希望得到额外补助的企业的"寻租活动";高于该区间时,又会挤出企业本该作为创新投入的资金,也不能对企业的创新起到良好的推动作用。只有政府补助处于合理的补助区间时,才能最有效地促进企业进行创新研究,提高企业的创新产出,这与戴维和霍尔(David P A & Hall B H, 2000);戈尔格和施特罗布尔(GÖRG H & Strobl E, 2007)等的研究结论一致。

根据两个门槛值将样本划分为三个补助区间,图 6-1 为四种绿色能源发电企业 2011~2019 年落在各补助区间的企业占比。第一,从整体上看,中国政府对各类型绿色能源发电企业的补助主要是低于最优区间和处于最优区间,小部分企业补助高于最优区间。第二,从企业类型上看,光伏发电和核能发电均有半数左右企业处于最优区间、约 10% 的企业高于最优补助区间。相比之下,风电和生物质能发电企业的补助比例缺乏合理性,超过 60% 的企业落在最优区间以外,生物质能发电企业的政府补助整体偏低,而风电企业高于和低于最优区间的比例均为最大,说明中国目前风电企业的补助情况最令人担忧。第三,从年份上看

（见表6-9），中国的政府补助效益呈现先上升后下降的趋势，2013年、2015年和2016年这三个年份补助效益最高，约半数的新能源发电企业都处于最优补助区间。这可能得益于中国于2015年和2016年相继出台的《关于进一步深化电力体制改革的意见》和《能源生产和消费革命战略》等相关文件。总体来说，中国目前的绿色能源发电企业政府补助结构不尽合理，落在最优补助区间的企业数量还不够多，需要对相应的补助政策做出调整。

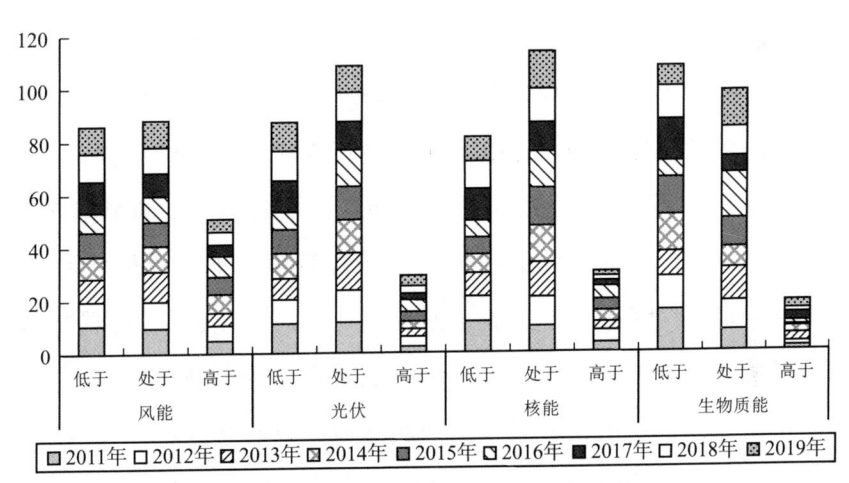

图6-1 各企业类型政府补助区间分布

表6-9　　　　　　　　　总体区间结果分析　　　　　　　　　单位：%

年份	低于最优区间	最优区间	高于最优区间
2011	48.95	38.88	12.18
2012	40.31	44.06	15.63
2013	34.91	51.14	13.96
2014	39.10	43.70	17.21
2015	38.51	47.09	14.40

续表

年份	低于最优区间	最优区间	高于最优区间
2016	26.67	54.40	18.93
2017	51.18	36.73	12.09
2018	44.77	44.25	10.99
2019	38.04	48.27	13.69

(四) 政府补助对绿色能源发电企业创新产出的地区异质性分析

根据前文对区域异质性理论的描述，本书将全样本分为东部地区和中西部地区两大子样本（由于西部地区企业数量较少，难以达到检验数量，且中西部地区绿色能源发电企业发展程度相近，故将中西部合并为一个子样本），分别建立门槛模型进行研究。有趣的是，在将样本按地区进行分割以后，政府补助的门槛数及门槛值均发生了变化。表 6-10 显示，东部地区门槛效应不显著，但政府补助对企业创新产出的影响为正向，说明政府补助有力地激发了绿色能源企业的创新研发意愿，并推动其产生量大而优质的创新成果。中西部地区政府补助单门槛效应分别在 1% 水平下显著存在，以全部创新产出作为被解释变量，政府补助弹性低于 15.1441 时，其作用为负；超过该值以后，政府补助对企业全部创新产出影响作用变为正向。

表 6-10 分地区子样本门槛检验结果

被解释变量	地区划分	门槛模型	F 统计量	门槛值	门槛区间	估计系数
lnpatent_all	东部地区	无门槛	—	—	—	为正
	中西部地区	单门槛	14.30***	15.144	≤15.144	-7.206
					>15.144	2.075

第六章 | 绿色能源产业政策的最优区间：基于企业创新视角

续表

被解释变量	地区划分	门槛模型	F统计量	门槛值	门槛区间	估计系数
lnpatent_in	东部地区	无门槛	—	—	—	为正
	中西部地区	单门槛	11.22**	16.570	≤16.570	-3.153
					>16.570	2.839

注：*p<0.1，**p<0.05，***p<0.01。

产生以上现象的原因可能为，改革开放初期，中国采取了以沿海地区为重点，逐步向内陆推进的经济发展方式，东部地区凭借地理位置优势和政策优势迅速崛起，积累了雄厚的资金和科技基础（彭向和蒋传海，2011；陈曦、朱建华、李国平，2018）。因此，东部地区相比中西部地区具有经济发展的先发优势，并且东部地区科技型人才聚集效应明显，集中的市场为创新活动提供了更好的环境，不确定性更小。此外，较高的市场集中程度和较低的要素市场扭曲程度也能有效地促进东部地区创新发展（杨洋、魏江、罗来军，2015；尚洪涛和宋雅希，2020）。由于中西部地区发展动力不足、科技人才缺乏，当政府补助较低时，研发的风险高于其自身可接受范围，但他们又希望获得一定数额的政府补助，就会滋生"寻租活动"，这时政府补助对企业创新产出的作用为负；进一步提高政府补助，直到该资金可以覆盖企业的研发风险时，企业才会加大创新投入力度，进而产生创新成果。特别说明的是，中西部地区只存在单门槛，即不存在"挤出"企业自身研发投入的情况，这表明中西部地区目前绿色能源发电企业的补助仍然存在缺口，即上文中落入"低于最优补助区间"的企业，多为中西部地区的企业。正是因为中西部地区发展速度较为缓慢，创新动力不足，才更需要国家对其创新行为进行支持，而政府创新支持力度不够会进一步诱导企业的"寻租行为"，进而抑制中西部地区创新发展。由此，假设 H3 得证。

六、稳健性检验

为了检验回归结果的稳健性，研究中将被解释变量替换为企业发明专利对数，全程进行跟踪检验。表 6-4 中（3）列和（4）列以及表 6-7 中（2）列结果，表 6-5、表 6-6、表 6-8 及表 6-10 中的下行结果均为稳健性检验结果，所有回归结果中主要研究变量的显著性及符号均与原回归模型一致，说明本部分的研究模型及结果分析是经得起检验的。

七、本章结论

本章以 2011~2019 年 234 家绿色能源发电上市公司为研究对象，采用企业全部创新产出作为被解释变量，政府补助作为门槛变量以及政府补助强度作为核心解释变量构建面板门槛模型，对政府补助于绿色能源发电企业的创新产出的作用机制进行了实证分析。研究结论如下。

（1）政府补助对绿色能源发电企业的创新产出并非简单的线性影响，而是存在最优补助区间。低于该区间时，政府补助对企业创新产出作用为负，此时会刺激企业的"寻租行为"；处于最优区间时，政府补助能显著促进企业创新；超出该区间后，政府补助对企业创新的影响作用又变为负向，此时的负向效应略低于第一区间，其效应变为负主要是因为挤出了企业的自有创新资金投入。

（2）具体而言，目前中国绿色能源发电企业政府补助结构整体不太合理，其中以风能企业最为严重，落入低于最优区间和高于最优区间的企业均是最多；相比之下，核电和光伏发电企业的补助政策较为合理，但也仅是过半企业落入最优区间。想要中国的政府补助政策更好地服务于绿色绿电企业创新发展，补助策略还有待进一步调整。

（3）政府补助对绿色能源发电企业的创新产出存在区域异质性。政府补助对东部地区企业创新产出不存在门槛效应，表现为显著的促进作用，主要是因为东部地区资本和人才聚集程度高，市场化程度也高，对创新资金的利用效率较优。而中西部地区存在显著的单门槛效应，即当政府补助低于门槛值时会抑制企业创新，企业的"寻租行为"诱发了抑制作用。而当高于该门槛值时，政府补助可以促进企业创新。此外，相比于全样本模型，中西部地区不存在第二门槛，说明政府对于中西部地区的创新补助支持力度还不够大，较低的政府补助反而加重了不发达地区的"寻租行为"。

第七章

绿色能源产业政策制定和执行中的多主体利益博弈

绿色能源产业政策的制定和执行涉及多个利益主体，比如中央政府与地方政府、绿色能源企业与传统能源企业、企业与消费者，这些主体之间存在直接利益相关关系。因此，绿色能源产业政策既是多目标主体博弈的结果，同时也是各利益主体相互博弈实现利益均衡的过程。绿色能源产业政策组合调整的过程就是确定经济主体利益的过程，是利益主体多元化的过程，也是多主体利益均衡的实现过程。

一、文献综述

如何协调市场中各方利益主体间的关系和考察多主体的策略行为决策，学术界通过构建多主体演化博弈模型求解稳定状态均衡解并进行模拟仿真等，以此来得出策略演化路径。具体来看，有以下三类。

第一，中央政府与地方政府之间的博弈。范斌和周德群（2017）对光伏产业准入规制下的中央政府与地方政府策略选择进行演化博弈分析，结果表明，中央政府积极引导同时地方政府主动支持与合作有利于促进光伏产业的可持续发展。除此之外，有部分学者构建了中央政府、地方政府与其他参与者之间的博弈模型，探讨各方的最优策略问题，比如吕东东等（2017）构建中央政府、地方政府和光伏企业的三方不完全信息动态博弈模型来分析光伏产业政策的优化路径。潘峰等（2015）通过分别构建中央政府与地方政府、地方政府与排污企业的演化博弈模型来分析中央和地方政府以及排污企业的策略演进，进而探讨环境规制政策的效果。任以胜、陆林、虞虎等（2020）分析了中央、省级以及市级政府等不同层级的政府对区域流域生态补偿制度的演化博弈机制。

第二，政企之间的博弈。比如陈娟、高江梅（2023）构建装机补贴、电量补贴和平价上网三种政策情境下政府、屋顶所有者、电网和光伏企业的四维演化系统，并根据试点地区分别进行动态仿真，得出户用光伏整县开发协同机制的理想均衡状态。郭本海、吕东东、陈玮（2017）构建政府、光伏企业和学研机构的三方博弈模型分析得出结论：政府奖励、外部收益、经费、持续性补贴、创新投入、关联收益等因素是影响光伏产业出现低端技术锁定问题的原因。岳奇、邵文宏、毕星等（2021）通过对政府的补贴形式和海上风电企业的决策的路径演化的探讨，为海上风电平价上网提供政策补贴效率和企业的研发力度方面的政策建议。周德群、许晴、马骥等（2018）由构建的政府和光伏发电企业的演化博弈模型探讨不同补贴政策对政府的经济环境效益和不同效率发电技术对光伏企业的经济收益。

第三，企业之间的博弈。武英利、张彬、闫龙等（2014）对不同类型的海上风电投资者的策略选择进行博弈演化分析得出政策、技术支持和市场阻入程度等的影响。赵新刚、任领志、万冠（2019）通过绿电和火电两个发电厂商策略演进的博弈分析得出可再生能源配额制对发电厂商的影响，其中，绿证交易成本、发电厂商的边际成本差额、配额数量、罚款等都是影响配额制实施效果的重要因素。

上述文献的研究视角或是从政策执行过程中分析政策对博弈双方的影响，或是讨论在政策的引导下博弈双方的最优策略，缺少系统探索从政策的制定到政策的执行这一完整过程中各利益主体的博弈分析。基于此，本章首先分析绿色能源产业政策所涉及的多主体之间的利益关系，构建多主体博弈的利益机制，搭建绿色能源产业政策组合设计的理论基础，在此基础上详细分析在政策执行过程中中央政府与地方政府、政府与绿电生产企业、绿电消费企业之间的演化博弈过程。

二、配额制为主的产业政策组合涉及多主体之间的利益关系

中国绿色能源产业近年来取得了长足发展，得益于以上网电价为主体的政策组合的支持。目前中国绿色能源产业政策由上网电价为主的政策组合向配额制为主的政策组合转变。绿色能源配额制政策是政府强制对绿色能源发电的市场份额做出规定的创新型政策工具，其目的是提高绿色能源利用效率和市场消纳能力，包括绿色能源电力总量配额和非水电绿色能源电力配额两个方面。配额制将重点激励对象从发电侧转向了消费侧，有效解决新能源"重建轻用"的问题。配额制的实施必须有相应的配套政策相协调，最重要的配套制度就是绿色电力证书制度，两种制度组合实施能够通过政策和市场机制的共同作用降低制度性交易成本，进而助力全国统一能源市场建设。还应包括建立健全绿色能源配额制保障机制，综合考虑绿色能源电力的商品属性与环境属性，有序推进"证电分离"等。

第七章 | 绿色能源产业政策制定和执行中的多主体利益博弈

上网电价为主的政策组合向配额制为主的政策组合转变这一强制性制度变迁能否取得成功，取决于中央政府与地方政府之间的利益博弈、政府与企业之间的利益博弈、企业与消费者之间的利益博弈，即需要平衡各级政府之间、政企之间以及企业与消费者之间的利益。上述利益主体在配额制为主体的政策组合实施中形成了复杂的利益关系，各方利益主体对待配额制政策的态度是配额制政策能否成功的关键。因此，在正式分析多主体的利益博弈之前有必要厘清各主体的利益诉求，并进一步梳理各利益主体的战略选择。根据利益相关者理论及多主体利益博弈的复杂性，本部分内容仅选取其中的中央政府、地方政府、绿色电力生产企业、绿色电力消费企业四个核心利益主体。

（一）中央政府与地方政府之间的利益关系

中央政府与地方政府之间就配额制政策存在直接利益关系，或者说两者目标并不一致。在目前的政府绩效考核体系下，地方政府会关注环保问题，因为环境污染太严重导致环境污染事故会影响到政府的绩效考核，但关注度不会太高，因为地方政府实际关注的重点是本地区的经济利益最大化。中央政府相对于地方政府而言理性程度更高，关注全国整体的利益而并非个别区域的利益。同时，中央政府的目标函数不仅仅包含 GDP 的增长，还包括社会环境问题、缩小贫富差距、可持续发展等。比较而言，在拥有信息方面，地方政府更有优势，中央政府在政策过程中所需要的信息往往是由地方政府反馈的，由此地方政府会有选择性或有技巧性地传递对本区域发展更有利的信息，容易造成道德风险。

（二）政府与企业之间的利益关系

在绿色能源配额制为主的政策组合实施过程中，不仅存在中央政府与地方政府之间的利益博弈，同时存在政府与企业之间的利益博弈。见表7-1。这里的政府是包含了中央政府与地方政府的整体，履行政策的颁布和监管等工作。企业包含两类：一类是绿色能源电力生产企业，另一类是绿色能源电力消费企业。在绿色能源配额制为主的政策组合实施过程中，一个重要的博弈是政府和企业之间关于绿电生产、消费的博弈，其实质就是政府对企业消费绿电的激励机制。一般认为，一套完善的激励机制应该包括正向激励和负向激励两个方面，即对于完成绿电消费的企业施以奖励，对于不能完成绿电消费的企业施以罚款。也就是说，政府不仅要用负向激励提高用电企业消费火电的成本，还要用正向激励增加用电企业消费绿电的收益。只有用电企业完成绿电消费配额的预期净收益大于不完成绿电消费配额的预期净收益，理性的用电企业管理者才会把完成绿电消费配额作为最优选择。

表7-1 配额制为主的政策组合制定和实施过程中的主要利益相关者

主体	中央政府	地方政府	绿电生产企业	绿电消费企业
角色	政策制定者	既是政策制定者同时也是政策执行者	绿电或绿证的生产者	火电、绿电和绿证的消费者
目标	社会整体利益最大化	本区域利益最大化	企业利益最大化	企业利益最大化
行为	监管手段：奖励、罚款	监管手段：奖励、罚款	生产绿电或绿证	消费火电、绿电或绿证

具体来看，中央政府、地方政府、绿电生产企业和绿电消费企业之间的利益博弈机制如图7-1所示。

第七章 | 绿色能源产业政策制定和执行中的多主体利益博弈

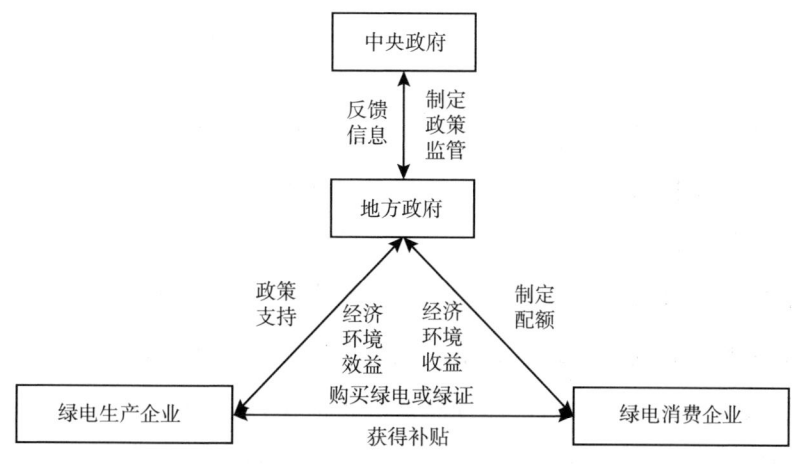

图 7-1　政府之间、政府与企业之间的利益博弈机制

三、配额制为主的政策组合设计理论

以配额制为主的绿色能源产业政策组合的设计其实质就是激励机制设计，同时配额制政策也是一种强制性公共政策（秦德君和曹永盛，2015），政策从无到有的过程也是一种强制性制度变迁。机制设计从本质上讲也是委托—代理行为。好的机制有两个特点：同时满足参与约束和激励相容约束。陈艳和朱雅丽（2014）以政府与绿色能源企业之间的博弈为例来分析，根据委托—代理理论，政府设计配额制为主的政策组合，其实就是政府设计一个博弈规则。这里，政府是委托人，此处的政府包含中央政府与地方政府整体，绿电企业是代理人，绿电企业包括绿电生产企业和绿电消费企业，简称绿电企业。简单来说，配额制为主的政策组合使绿电企业不是被迫地而是很积极地主动参与，这就是参与约束。激励相容约束，则是把政府的利益和绿电企业的利益最大化融合在一起，也就是在实现政府利益最大化的前提下实现绿电企业利益的最大化。

（一）政策组合设计中三阶段动态博弈模型的构建

具体来看，这是一个典型的三阶段动态博弈过程，如图7-2所示，其中参与人1代表政府，参与人2代表绿电企业。

第一阶段，政府先行动，政府从自身的利益最大化角度考虑实施该政策，能源与环境危机倒逼政府制定政策大力发展绿色能源，如果不制定配额制政策，就维持现状，虽然没有制度创新成本，但是以上网电价为主的政策组合已经不再适应现阶段绿色能源产业的发展，假设政府的收益维持现状为 $R(0)$，绿电企业也维持目前的收益为 W。

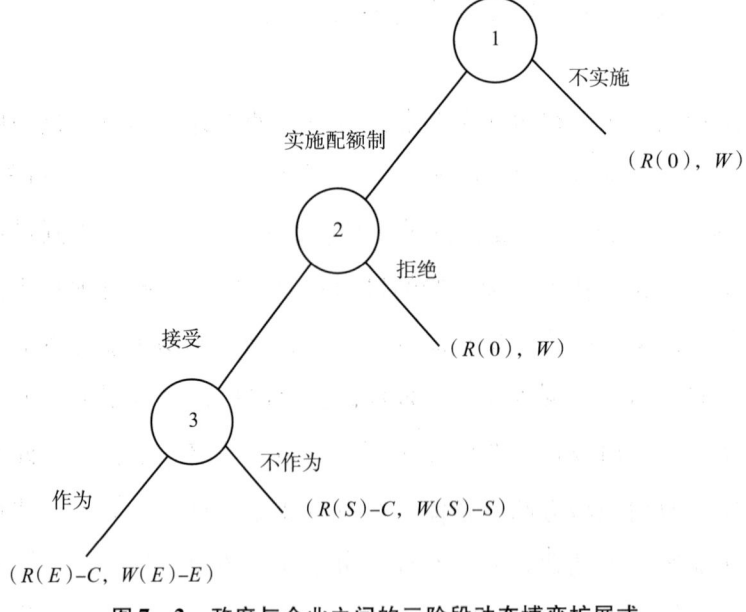

图7-2 政府与企业之间的三阶段动态博弈扩展式

第二阶段，绿电企业面对政府的政策调整，假设有两种方案可以选择，其一是接受该政策，其二是拒绝接受该政策，比如在政府实施该政策以后，绿电企业撤出资金改投他行以获取原有的利润水平，此时双方得益与第一阶段政府不实施配额制政策完全相同。如果绿电企业接受该政策，那么还面临在第三阶段是积极作为还是消极怠工的问题。

第三阶段，绿电企业是选择积极完成政府规定的配额义务还是选择消极怠工，则依据不同情景下的收益情况。如果绿电企业积极完成政策规定的最低配额，那么政府可以得到较高的收益 $R(E)$，但同时要支付制度创新和运行成本 C。绿电企业获得较高收益 $W(E)$，同时绿电企业自身承担较高的成本 E。如果绿电企业消极怠工，虚假执行，此时政府获得较低的收益 $R(S)$，同时仍然要支付制度创新和运行成本 C。绿电企业获得相应的收益 $W(S)$，同时绿电企业承担成本 S。因此在绿电企业积极作为时，政府与绿电企业双方的收益为 $[R(E)-C, W(E)-E]$；在绿电企业不作为时，双方的收益为 $[R(S)-C, W(S)-S]$。

(二) 政策组合设计需要满足的条件

运用逆向归纳法的思路来分析该博弈，首先看第三阶段绿电企业是选择积极执行配额制政策还是被动接受，虚假执行。即在给定政府在第一阶段选择了实施配额制为主的政策组合，绿电企业在第二阶段接受该政策的情况下，第三阶段绿电企业如何进行选择。

如果 $W(E)-E>W(S)-S$，绿电企业选择积极执行该政策，因此上述不等式就是该博弈绿电企业积极作为的"激励相容约束"；相反的情况，如果 $W(E)-E<W(S)-S$，则满足了绿电企业被动接受、虚假执行的"激励相容约束"。从上述公式还可以看出，只有当绿电企业在积极作为的情况下获得的收益要比其在被动接受、虚假执行政策的情况下能得到的报酬更多，绿电企业才会选择积极执行以配额制为主的政策组合。

再来讨论第二阶段绿电企业是否接受该政策的决策。因为第三阶段绿电企业有积极作为和消极怠工两种选择，需要区分不同的收益来具体分析，由图 7-2 不难看出，两种情况下绿电企业选择接受该政策而不是拒绝该政策的条件分别为 $W(E)-E>W$ 和 $W(S)-S>W$。这也构成了绿电企业在积极作为的情况下的"参与约束"和消极怠工情况下的"参与约束"。其含义可以这样理解，绿电企业选择接受政府制定的配额制为主的政策组合以后是积极作为还是消极怠工，取决于满足哪一个参与约束。积极作为的参与约束为：积极作为的收益 $W(E)$ 扣除积极作为的成本 E 以后的收益要高于维持现状的收益 W；消极怠工的参与约束为：消极怠工的收益 $W(S)$ 扣除消极怠工的成本 S 以后的收益要高于维持现状的收益 W。

最后回到第一阶段政府的选择，绿电企业在第二阶段选择拒绝的情况可以忽略。绿电企业在第二阶段选择接受仍然有两种情况，由图 7-2 容易得出第一阶段政府选择实施配额制为主的政策组合的条件分别为 $R(E)-C>R(0)$ 和 $R(S)-C>R(0)$，即政府选择实施配额制为主的政策组合其条件为：实施该政策组合以后带来的收益 $R(E)$ 或 $R(S)$ 扣除制度创新和运行成本 C 以后还要高于维持现状带给政府的收益。

总体来看，绿色能源产业配额制为主的政策组合设计要同时满足参与约束与激励相容约束。

四、配额制为主的政策组合执行中政府之间的博弈

由于绿色能源电力配额制涉及中央政府、地方政府、电力生产企业和电力消费者等多主体的交互环节，而这些主体之间的目标并不一致。以中央政府与地方政府为例，中央政府关注的是其他国家绿色能源配额

指标的制定和完成情况,并规定中国各区域具体的最低绿色能源配额指标以及社会福利等。而地方政府重点关注的是努力完成中央政府规定的最低绿色能源配额指标,在此基础上最大化本区域的经济发展。配额制政策酝酿多年,迟迟不能落实的原因就是中央政府与地方政府之间存在博弈,两者之间的利益目标不一致是配额制难以实施的根本原因[①]。地方政府希望国家给的绿色能源配额指标越低越好,虽然从环境发展的目标看,绿色能源配额指标越多,碳中和的目标更容易实现。但地方政府的目标还包括本地经济发展,绿色能源配额指标越多意味着需要耗费更多的成本,会直接影响地方政府的经济发展。

因此,地方政府在执行中央政府的绿色能源配额指标任务的过程中有两种策略:"作为"和"不作为"。地方政府如果执行绿色能源配额指标能获得更多经济利益,就会采取积极的态度执行配额制政策,也就是"作为";地方政府如果不严格执行绿色能源配额制政策更能获取经济利益,也就是没有完成中央政府下达的绿色能源配额指标却只是受到轻微批评,但违反政策能带来的收益是 GDP 的更快上涨,即不严格执行政策的收益超过受到处罚的成本,地方政府就会采取消极的态度对待配额制政策,也就是"不作为"。因此,配额制政策要做到严格落实,中央政府必须采取严格的监管。

(一) 理论假设与模型构建

为了更好地解释中央政府与地方政府之间的行为博弈,提出如下假设。

---

① 呼声阵阵可再生能源配额制为何总差"临门一脚"?[EB/OL]. https://baijiahao.baidu.com/s? id =1608046298220028853&wfr = spider&for = pc. 2018 – 08 – 06.

（1）不考虑其他主体的行为对该博弈的影响，即只关注中央政府与地方政府之间的动态重复博弈。

（2）中央政府与地方政府之间信息不对称，即在博弈最初，地方政府并不清楚中央政府是否会采取严格的监管措施，因此，地方政府就有浑水摸鱼、蒙混过关的策略。中央政府与地方政府由集体做决策，集体理性程度有限，基于此，中央政府与地方政府之间的博弈体现为演化博弈。即中央政府与地方政府不是一次博弈就能找到最优策略，而是通过学习、模仿对手的策略不断调整，最终形成演化稳定均衡。

（3）博弈的参与人为中央政府与地方政府，中央政府有监管和不监管两种策略，地方政府有作为和不作为两种策略。

（4）双方的支付水平假设。

假设地方政府采取"不作为"策略时的纯收益为 V。采用"作为"策略时要多花费 C_1 的能源成本才能达到 V 的纯收益，但采用"作为"策略，可以给社会带来 J 的外部环境收益，本地仅可享受 aJ 的环境收益。地方政府向中央政府缴纳税额为 $rV(r>0)$。中央政府采用"监管"策略，即监督并实施相应的奖惩措施，监督成本假设为 C_2，如果地方政府采用"作为"策略，中央政府的纯收益为 $rV+J-C_2$；如果地方政府采用"不作为"策略，中央政府对地方政府进行处罚，假设处罚额为 H，此时中央政府的纯收益为 $rV+H-C_2$。中央政府如果采用"不监管"战略，政策就会流于形式，出现"上有政策、下有对策"的现象，这种情况下政策执行成本虽然很低，但政府也会因此而支付其"威信"成本，也就是以后中央政府颁布的政策其威信会下降，增加其执行成本 P。地方政府"作为"时，中央政府的纯收益为 $rV+J-P$；地方政府不作为时，中央政府的纯收益为 $rV-P$。以上各参数设定见表 7-2。

第七章 | 绿色能源产业政策制定和执行中的多主体利益博弈

中央政府与地方政府之间同时做决策，进一步假设中央政府选择"监管"和"不监管"策略的概率分别为 x 和 $1-x$；地方政府选择"作为"和"不作为"策略的概率分别为 y 和 $1-y$。构建如下博弈矩阵。

表 7-2　　　　　　　　　　参数设定

参数变量	含义
V	地方政府收益
r	税收比例
C_1	地方政府增加的能源成本
J	社会外部环境效益
a	地方政府外部环境效益比例
C_2	中央政府监督成本
H	罚款
P	中央政府增加的政策执行成本

（5）模型构建。

基于以上假设，列出中央政府和地方政府在不同策略选择下的支付矩阵，如表 7-3 所示。

表 7-3　　　　中央政府与地方政府之间博弈的支付矩阵

监管		地方政府	
		作为 y	不作为 $1-y$
中央政府	监管 x	$rV+J-C_2$，$(1-r)V-C_1+aJ$	$rV+H-C_2$，$(1-r)V-H$
	不监管 $1-x$	$rV+J-P$，$(1-r)V-C_1$	$rV-P$，$(1-r)V$

(二) 配额制为主的政策组合下中央政府与地方政府之间的演化博弈模型分析

博弈论的研究表明：当博弈方的理性程度较低或者涉及集体决策时，可以采用生物进化的"复制动态"机制模拟博弈方的学习和动态调整，集体决策的主体意识到错误和调整策略的能力较差，经济行为的变化更多是缓慢的"进化"而不是快速的学习。基于此，构建中央政府与地方政府之间演化博弈的复制动态方程。

1. 中央政府与地方政府的期望支付函数

对于中央政府来说，监管的期望支付为：

$$E_{监管} = y(rV + J - C_2) + (1-y)(rV + H - C_2)$$

不监管的期望支付为：

$$E_{不监管} = y(rV + J - P) + (1-y)(rV - P)$$

中央政府的平均支付为：

$$\overline{E}_{中央政府} = xE_{监管} + (1-x)E_{不监管}$$

对于地方政府来说，作为的期望支付为：

$$E_{作为} = x[(1-r)V - C_1 + aJ] + (1-x)[(1-r)V - C_1]$$

不作为的期望支付为：

$$E_{不作为} = x[(1-r)V - H] + (1-x)(1-r)V$$

地方政府的平均支付为：

$$\overline{E}_{地方政府} = yE_{作为} + (1-y)E_{不作为}$$

2. 中央政府与地方政府的演化稳定均衡

中央政府的复制动态方程为：

$$F(x) = \frac{dx}{dt} = x(1-x)(P + H - C_2 - Hy) \qquad (7.1)$$

地方政府的复制动态方程为：

$$F(y) = \frac{dy}{dt} = y(1-y)[(aJ+H)x - C_1] \quad (7.2)$$

由方程（7.1）和方程（7.2）可以求出五个均衡点，即 $E1(0, 0)$，$E2(1, 0)$，$E3(0, 1)$，$E4(1, 1)$，$E5(x^*, y^*)$，其中 $x^* = \frac{C_1}{aJ+H}$，$y^* = \frac{P+H-C_2}{H}$。

（三）中央政府与地方政府演化博弈的结果及其推论

根据演化稳定战略的性质，稳定状态必须对微小扰动具有稳健性才能称为演化稳定战略。即对于演化稳定的 X^* 和 Y^* 来说，除了要求 X^* 和 Y^* 本身是均衡状态以外，还必须具备这样的性质：当中央政府和地方政府某一博弈方由于偶然的失误偏离它们，复制动态仍然会让它们回复到 X^* 和 Y^*。在数学上，必须达到微分方程的稳定性，即要求 $F(x) = 0$ 时，$F'(x) < 0$。相应的复制动态方程的相位图就是与水平轴相交且交点处斜率为负的点。

对于中央政府来说，

$$F(x) = \frac{dx}{dt} = x(1-x)(P+H-C_2-Hy)$$

$$F'(x) = (1-2x)(P+H-C_2-Hy)$$

令 $F(x) = \frac{dx}{dt} = 0$，可以求得均衡解为 $X^* = 0$，$X^* = 1$，$Y^* = \frac{P+H-C_2}{H}$。

根据演化博弈的理论，雅可比矩阵的行列式 det 为正、迹 tr 为负时，对应的均衡点为该系统的演化稳定策略（ESS）。复制动态方程的雅可比矩阵为：

$$J = \begin{bmatrix} J_1 & J_2 \\ J_3 & J_4 \end{bmatrix}$$

中央政府与地方政府的演化博弈中，复制动态方程的雅可比矩阵为：

$$J = \begin{bmatrix} (1-2x)(P+H-C_2-Hy) & x(x-1)H \\ y(1-y)(aJ+H) & (1-2y)[(aJ+H)x-C] \end{bmatrix}$$

其中，矩阵 J 的行列式为：

$$detJ = (1-2x)(P+H-C_2-Hy)(1-2y)[(aJ+H)x-C] \\ -x(x-1)Hy(1-y)(aJ+H)$$

矩阵 J 的迹为：

$$trJ = (1-2x)(P+H-C_2-Hy) + (1-2y)[(aJ+H)x-C]$$

求解 $E_1 \sim E_4$ 所对应雅克比矩阵的特征值。将均衡点代入矩阵 J，求得各均衡点对应的特征值见表 7-4。

表 7-4　　　　　　　　各均衡点及其行列式和迹

均衡点	$detJ$	trJ
$E_1(0, 0)$	$C_1(C_2-P-H)$	$P+H-C_1-C_2$
$E_2(0, 1)$	$P-C_2$	$P+C_1-C_2$
$E_3(1, 0)$	$(C_2-P-H)(aJ+H-C_1)$	$aJ+C_2-C_1-P$
$E_4(1, 1)$	$(C_2-P)(C_1-aJ-H)$	$C_1+C_2-P-aJ-H$

推论 1：当 $C_2 > P+H$ 时，系统的演化稳定策略为 (0, 0)。$C_2 > P+H$，即中央政府的监督检查成本大于中央政府增加的政策执行成本和对地方政府的罚款之和，意味着中央政府监督检查成本过高，而中央

政府颁布政策不监督其执行导致政策流于形式对后续政策的执行成本影响不大,或者说中央政府对地方政府"不作为"的情况罚款力度较低时,中央政府缺乏对地方政府严格监管的动力。此时中央政府"不监管"的收益会大于"监管"的收益,地方政府"作为"的收益会小于"不作为"的收益,中央政府和地方政府都会倾向于消极怠工,系统最终演化为(不监管,不作为)。见表7-5。

表7-5 各均衡点及其行列式和迹的符号

均衡点	$detJ$	符号	trJ	符号	稳定性
$E_1(0,0)$	$C_1(C_2-P-H)$	+	$P+H-C_1-C_2$	-	ESS
$E_2(0,1)$	$P-C_2$	-	$P+C_1-C_2$	不确定	鞍点
$E_3(1,0)$	$(C_2-P-H)(aJ+H-C_1)$	-	$aJ+C_2-C_1-P$	不确定	鞍点
$E_4(1,1)$	$(C_2-P)(C_1-aJ-H)$	-	$C_1+C_2-P-aJ-H$	不确定	鞍点

推论2:当 $C_2<P+H$ 且 $C_1>aJ+H$ 时,系统的演化稳定策略为(1,0)。$C_2<P+H$,即中央政府的监督检查成本小于中央政府增加的政策执行成本和对地方政府的罚款之和,意味着中央政府监督检查成本较低,而中央政府颁布政策不监督其执行导致政策流于形式对后续政策的执行成本影响较大,或者说中央政府对地方政府"不作为"的情况罚款力度较大时,中央政府就会加大对地方政府监管的力度。$C_1>aJ+H$,即地方政府采用"作为"策略时多花费的能源成本超过了地方政府在采用在"作为"时增加的环境收益和中央政府对地方政府不作为的罚款之和时,意味着地方政府的"作为"成本较高,或采用"作为"策略带给本地的环境收益较低,或采用"不作为"策略的罚款力度较低时,地方政府缺乏采用"作为"策略的积极性。系统最终会演化为(监管,不作为)。见表7-6。

表7-6　　　　　　　各均衡点及其行列式和迹的符号

均衡点	$detJ$	符号	trJ	符号	稳定性
$E_1(0, 0)$	$C_1(C_2 - P - H)$	-	$P + H - C_1 - C_2$	不确定	鞍点
$E_2(0, 1)$	$P - C_2$	不确定	$P + C_1 - C_2$	+	
$E_3(1, 0)$	$(C_2 - P - H)(aJ + H - C_1)$	+	$aJ + C_2 - C_1 - P$	-	ESS
$E_4(1, 1)$	$(C_2 - P)(C_1 - aJ - H)$	不确定	$C_1 + C_2 - P - aJ - H$	不确定	

推论3：当 $C_2 < P$ 且 $C_1 < aJ + H$ 时，系统的演化稳定策略为（1，1）。$C_2 < P$，即中央政府的监督检查成本小于中央政府增加的政策执行成本，意味着中央政府的监督检查成本较低，或中央政府颁布政策不监督其执行导致政策流于形式对后续政策的执行成本影响较大，此时中央政府会积极选择监督检查。$C_1 < aJ + H$，即地方政府采用"作为"策略时多花费的能源成本低于地方政府在采用在"作为"策略时增加的环境收益和中央政府对地方政府不作为的罚款之和时，意味着地方政府的"作为"成本较低，或采用"作为"策略带给本地的环境收益较高，或采用"不作为"策略的罚款力度较高时，地方政府就有积极性采用"作为"策略。此时系统最终演化为（监管，作为）。见表7-7。

表7-7　　　　　　　各均衡点及其行列式和迹的符号

均衡点	$detJ$	符号	trJ	符号	稳定性
$E_1(0, 0)$	$C_1(C_2 - P - H)$	-	$P + H - C_1 - C_2$	不确定	
$E_2(0, 1)$	$P - C_2$	+	$P + C_1 - C_2$	+	
$E_3(1, 0)$	$(C_2 - P - H)(aJ + H - C_1)$	-	$aJ + C_2 - C_1 - P$	不确定	
$E_4(1, 1)$	$(C_2 - P)(C_1 - aJ - H)$	+	$C_1 + C_2 - P - aJ - H$	-	ESS

进一步地，可以将中央政府与地方政府之间博弈的复制动态关系，

第七章 | 绿色能源产业政策制定和执行中的多主体利益博弈

在以两个比例为坐标的坐标平面图上表示出来，如图7-3所示，其中，中央政府监管的概率和地方政府积极作为的概率临界值分别为 $X^* = \dfrac{C_1}{aJ+H}$ 和 $Y^* = \dfrac{P+H-C_2}{H}$，临界值 X^* 和 Y^* 将中央政府与地方政府演化博弈的相位图分为 E、F、G、D 四个区域，当初始状态落在 G 区域时，中央政府与地方政府之间的演化博弈收敛于 B 点，即（监管，作为）是双方博弈的演化稳定战略；当初始状态落在 D 区域时，中央政府与地方政府之间的演化博弈收敛于 C 点，即（不监管，作为）是双方博弈的演化稳定战略；当初始状态落在 E 区域时，中央政府与地方政府之间的演化博弈收敛于 O 点，即（不监管，不作为）是双方博弈的演化稳定战略；当初始状态落在 F 区域时，中央政府与地方政府之间的演化博弈收敛于 A 点，即（监管，不作为）是双方博弈的演化稳定战略。

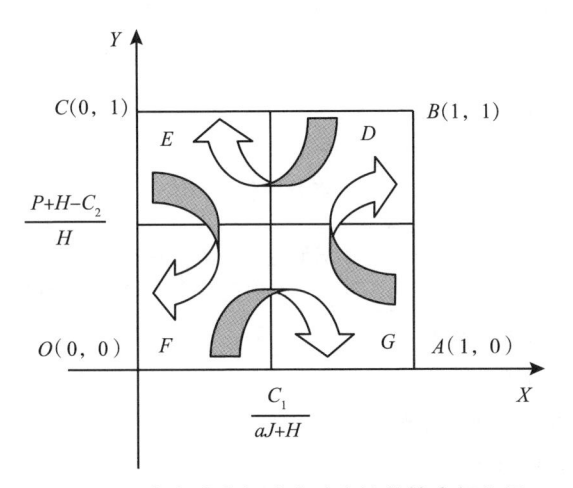

图7-3 中央政府与地方政府演化博弈相位图

结论：只有右下区域的 G 才会最终演化为 B 点，即要达到（监管，作为）的演化稳定均衡，就必须满足 $X^* > \dfrac{C_1}{aJ+H}$ 的条件，也就是说中央政府的监管概率必须要大到一定的程度，地方政府才有可能采取积极作为的策略完成中央下达的绿色能源配额任务。

（四）中央政府与地方政府演化博弈的数值模拟和仿真

1. 各种情形下中央政府和地方政府的演化轨迹

为了验证所构建演化博弈的几种稳定状态（0，0）、（1，0）和（1，1），分析相关参数对稳定状态的影响，采用数值模拟和进行情境仿真。给定演化初始时间 t（年）都为 [0，5]，这个区间可以表示为5年或者5个单位时间长度，中央政府和地方政府的初始策略概率既定（既定的初始概率数值的不同均不改变双方的演化轨迹）。根据复制动态方程及上述讨论的各参数约束条件，本书运用 Matlab2022b 编程，实现对中央政府和地方政府演化过程的数值模拟。参数赋值遵循模型约束条件，具体参数初始值见表7-8。

表7-8　　　　　　　　参数赋值

参数变量	含义	满足 $C_2>P+H$ 赋值	满足 $C_2<P+H$，$C_1>aJ+H$ 赋值	满足 $C_2<P$，$C_1<aJ+H$ 赋值
V	地方政府收益	75	75	75
r	税收比例	0.5	0.5	0.5
C_1	地方政府增加的能源成本	35	35	30
J	社会外部环境效益	20	20	20
a	地方政府外部环境效益比例	0.6	0.6	0.6
C_2	中央政府监督成本	40	30	30
H	罚款	20	20	30
P	中央政府增加的政策执行成本	10	20	40

第七章 | 绿色能源产业政策制定和执行中的多主体利益博弈

假定初始演化策略概率为（0.7，0.8），根据约束条件进行相应赋值如表7-5满足$C_2>P+H$时所示，绘制出中央政府和地方政府策略的演化轨迹，如图7-4所示，当中央政府监督成本足够高且中央政府执行成本和罚款足够低时，即中央政府进行监管的成本过高，不进行监管的执行成本过低，地方政府不作为需要支付的罚款过低时，不论初始策略的选择概率为多少，中央政府和地方政府策略选择最终都趋向（0，0），即中央政府选择不监管，地方政府选择不作为，此时系统的演化稳定策略为（0，0）。

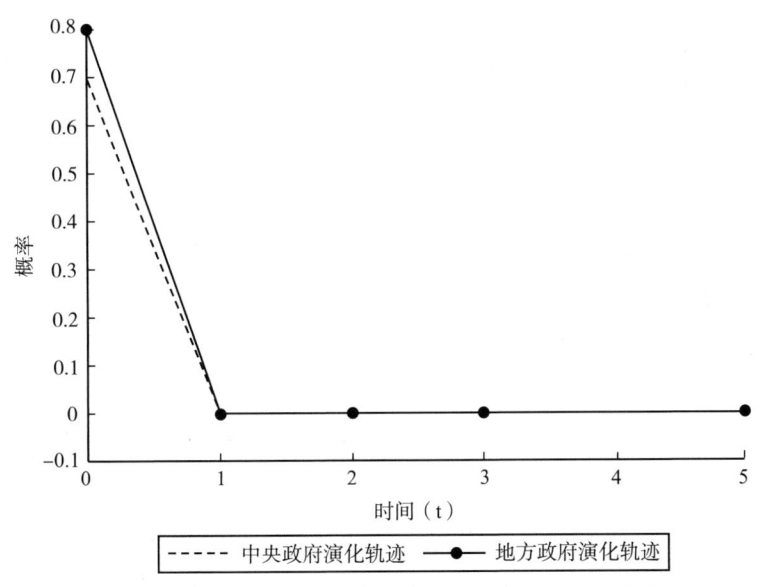

图7-4 满足$C_2>P+H$时中央政府与地方政府演化轨迹

假定初始演化策略概率为（0.2，0.8），根据约束条件进行相应赋值（见表7-6），满足$C_2<P+H$且$C_1>aJ+H$时所在列所示，绘制出中央政府和地方政府策略的演化轨迹，如图7-5所示，当中央政府监督成本足够低且中央政府执行成本和罚款足够高，同时地方政府能源成本足够高且大于地方能获得的环境效益和不作为需要支付的罚款时，即中央政府进行监管的成本较低，地方政府作为需要付出的成本较高，而不作为能获得的地方环境效益和需要接受的罚款较低时，不论初始策略的选择概率为多少，中央政府和地方政府策略选择最终都趋向（1，0），即中央政府选择监管，地方政府选择不作为，此时系统的演化稳定策略为（1，0）。

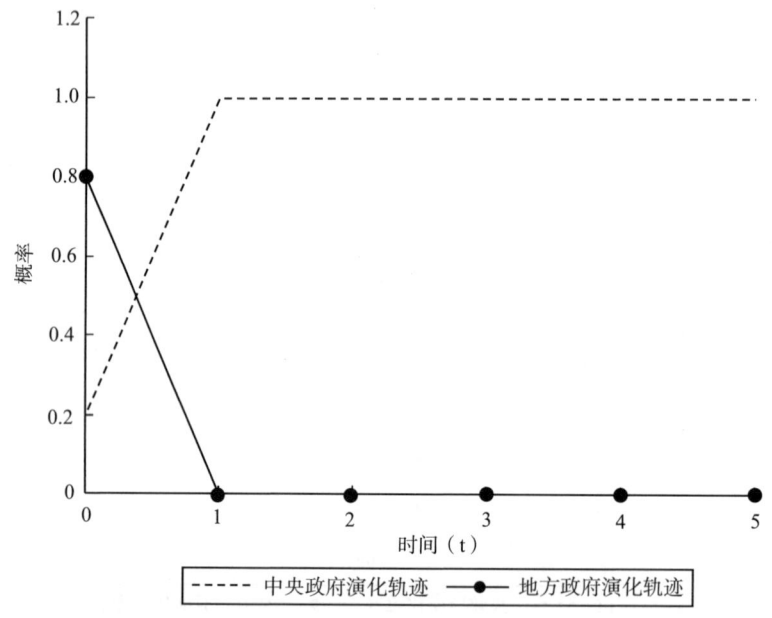

图7-5 满足$C_2 < P+H$且$C_1 > aJ+H$时中央政府与地方政府演化轨迹

假定初始演化策略概率为（0.2，0.3），根据约束条件进行相应赋值如表7-7满足$C_2 < P$且$C_1 < aJ+H$时所在列所示，绘制出中央政府和地方政府策略的演化轨迹，如图7-6所示，当中央政府监督成本足够低且中央政府执行成本足够高，同时地方政府能源成本足够低，地方

政府能获得的环境效益和采用"不作为"策略时需要支付的罚款之和足够高时,即中央政府进行监管的成本较低,地方政府采用"不作为"策略时需要支付的罚款较高,采用"作为"策略时能获得的地方环境效益较高时,中央政府和地方政府策略选择最终都趋向(1,1),即中央政府选择监管,地方政府选择作为。系统的演化稳定策略为(1,1)。

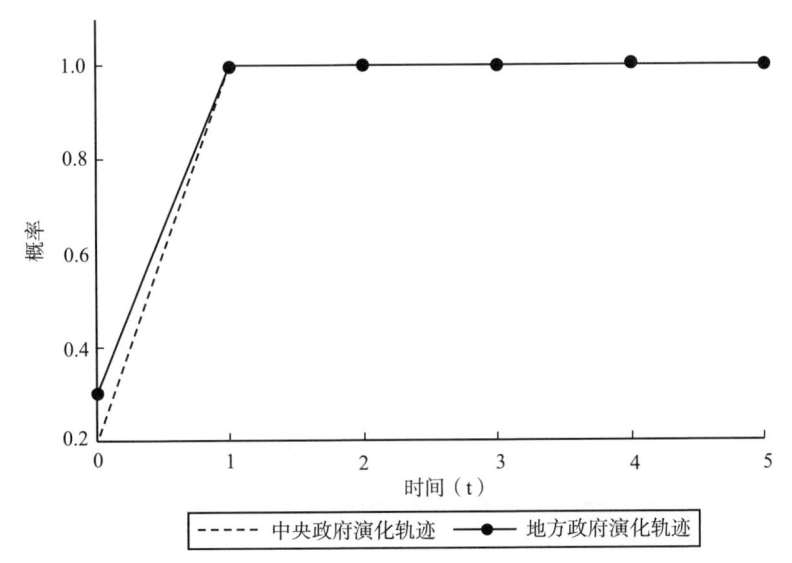

图7-6 满足 $C_2 < P$ 且 $C_1 < aJ + H$ 时中央政府与地方政府演化轨迹

2. 敏感度分析

由于策略(1,1)为中央政府和地方政府在配额实际制执行过程中的最佳理想状态,所以不考虑(0,0)和(1,0)在实际中的作用,只分析(1,1)策略的演进过程中的敏感度。

(1)中央政府监管成本 C_2 的敏感性分析。

令 $x = y = 0.5$,令 C_2 分别取值 15、25、35、75、85,其他参数值不变,则监管成本对中央政府博弈策略演化结果的影响如图7-7所示。

对于中央政府来说，随着监管成本的升高，策略选择由收敛于1即进行监管转变为收敛于0即不进行监管。监管成本越低，中央政府策略选择收敛于1的速度越快；监管成本越高，中央政府策略选择收敛于0的速度越快。这说明监管成本的降低能够减轻中央政府的监管财政成本压力和增加中央政府进行监管的积极性，监管成本过高会使中央政府疏于监管甚至不愿花费高昂的成本进行监管。

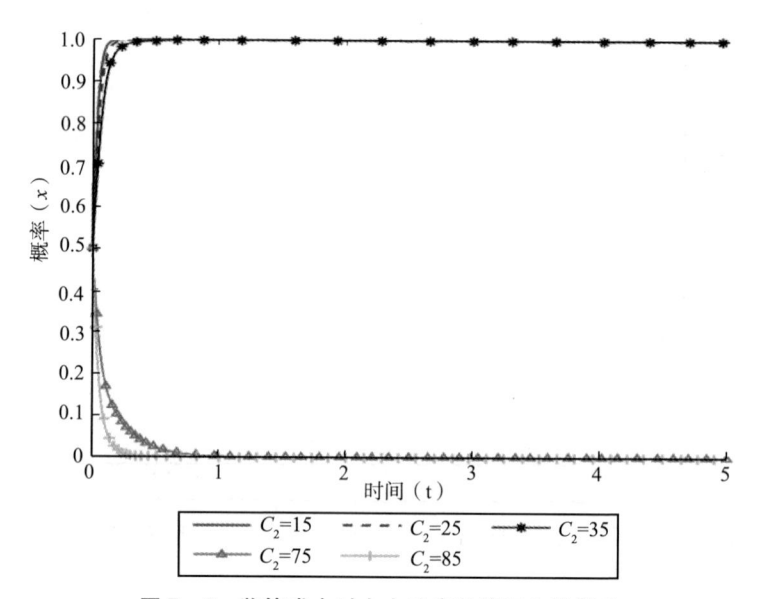

图7-7 监管成本对中央政府监管行为的影响

（2）地方政府增加的能源成本C_1的敏感性分析。

令$x=y=0.5$，令C_1分别取值20、30、40、50、60，其他参数值不变，则地方政府能源成本对地方政府博弈策略演化结果的影响如图7-8所示。

对于地方政府来说，随着能源成本的升高，策略选择由收敛于1即作为转变为收敛于0即不作为。能源成本越低，地方政府策略选择收敛

第七章 | 绿色能源产业政策制定和执行中的多主体利益博弈

于1的速度越快;能源成本越高,地方政府策略选择收敛于0的速度越快。这说明能源成本的降低能够提高地方政府积极执行配额制的意愿和主动性,能源成本过高会使地方政府不愿严格执行配额制完成配额标准。

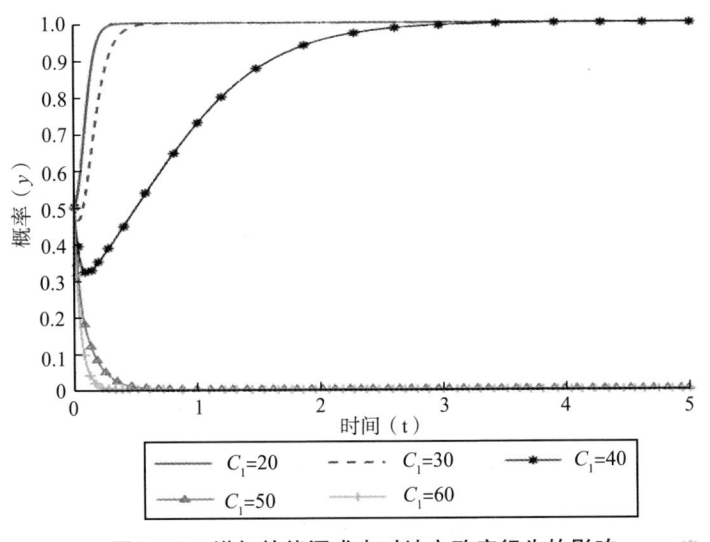

图7-8 增加的能源成本对地方政府行为的影响

(3) 中央政府对地方政府的罚款 H 的敏感性分析。

令 $x = y = 0.5$,令 H 分别取值5、10、20、30、40,其他参数值不变,则罚款对地方政府博弈策略演化结果的影响如图7-9所示。

对于地方政府来说,随着罚款的升高,策略选择由收敛于0即不作为转变为收敛于1即作为。罚款越高,地方政府策略选择收敛于1的速度越快;罚款越低,地方政府策略选择收敛于0的速度越快。这说明罚款的提高能够增加对地方政府的压力和督促地方政府严格执行配额制,罚款过低会使地方政府不积极甚至不屑于严格执行配额标准。

图 7-9　罚款对地方政府行为的影响

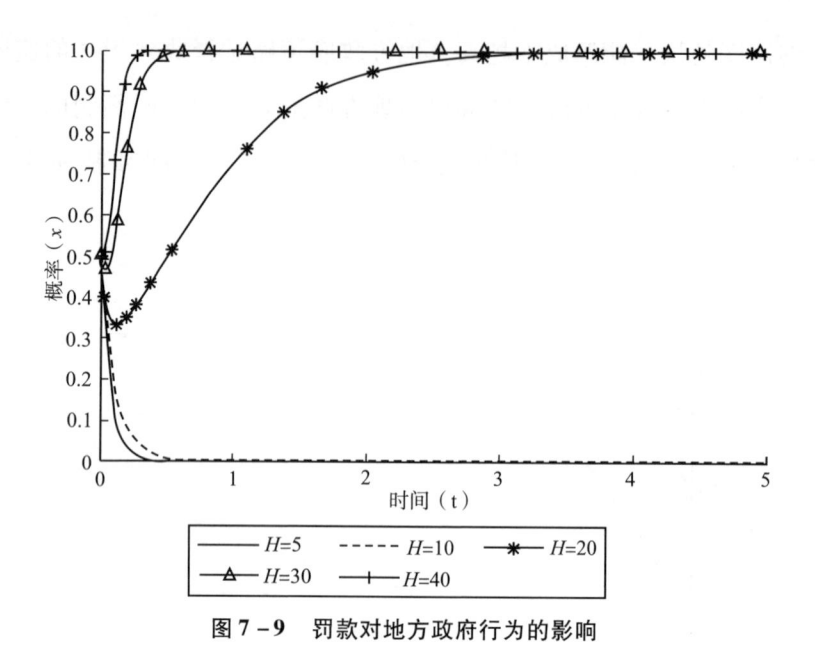

(4) 中央政府增加的政策执行成本 P 敏感性分析。

令 $x=y=0.5$, 令 P 分别取值 5、15、35、45、55, 其他参数值不变, 中央政府颁布政策不监督其执行导致政策流于形式对后续政策的执行成本 (简称中央政府增加的政策执行成本), 对中央政府博弈策略演化结果的影响如图 7-10 所示。

对于中央政府来说, 随着增加的政策执行成本升高, 策略选择由收敛于 0 即不进行监管转变为收敛于 1 即进行监管。增加的政策执行成本越低, 中央政府策略选择收敛于 0 的速度越快; 增加的政策执行成本越高, 中央政府策略选择收敛于 1 的速度越快。这说明增加的政策执行成本升高能够增加中央政府对保持自己威信力的压力和增加中央政府进行监管的积极性, 不作为而失信的执行成本过低会使中央政府疏于监管甚至不进行监管。

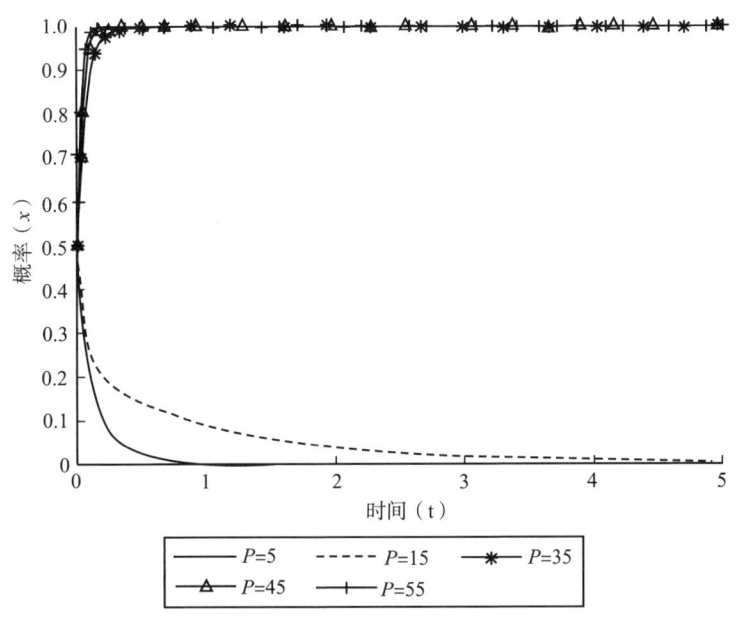

图 7-10 增加的政策执行成本对中央政府行为的影响

五、以配额制为主的政策组合执行中的政企三方博弈

配额制政策经历多年终于正式实施,目前阶段却也面临诸多困难与挑战。绿色证书交易制度作为配额制的互补,是为了建立一个统一的绿证交易市场。由于电力用户对于绿色电力的支付意愿较低,实施强力的电力配额是电力市场化的必然要求。在绿色证书交易制度实施过程中,不仅存在中央政府与地方政府之间的利益博弈,同时存在政府与企业之间的利益博弈。这里的政府是指包含中央政府与地方政府的整体,履行政策的颁布和监管等工作。企业包含两类:一类是绿色能源电力生产企业,另一类是绿色能源电力消费企业。本部分内容以绿色证书交易制度为例来探讨政企三方之间的博弈。

(一) 理论假设与三方博弈模型构建

在博弈模型设定之前,需对博弈作以下假设。

(1) 不考虑其他主体的行为对该博弈的影响,即只关注政府、绿色能源电力生产企业与绿色能源电力消费企业三方之间的博弈。

(2) 政府与企业均由集体做决策,集体理性程度有限。基于此,政府、绿色能源电力生产企业与绿色能源电力消费企业之间的博弈体现为演化博弈,即政府、绿色能源电力生产企业与绿色能源电力消费企业不是一次博弈就能找到最优策略,而是通过学习、模仿对手的策略不断调整,最终形成演化稳定均衡。

(3) 博弈的三方参与人为政府、绿色能源电力生产企业与绿色能源电力消费企业。政府有监管和不监管两种策略,有 x 的概率选择监管,$1-x$ 的概率选择不监管;绿色能源电力生产者有生产绿证和不生产绿证两种策略,有 y 的概率选择生产绿证,$1-y$ 的概率选择不生产绿证;绿色能源电力消费企业有消费绿证和不消费绿证两种策略,有 z 的概率选择消费绿证,$1-z$ 的概率选择不消费绿证。

(4) 三方的支付水平假设。

如果政府对绿证交易进行严格监管,那么绿电生产企业和消费企业的违规行为一定会被发现。此时,若绿电生产企业和消费企业遵守绿证交易规则,则政府在产生监管成本 C_g 和给予超额完成配额标准的企业奖励 I 的同时,会获得绿证交易完成所带来的经济收益以及社会环境效益 R_1+R_2;若绿电生产企业和消费企业违反绿证交易规则,则政府会收到未达到配额标准企业的罚款 F;如果政府对绿证交易不监管或监管不足,将不会产生监管成本。

绿电生产企业选择生产绿证出售绿电证书后,可获得绿证出售单位

收益 P_1，同时获得延迟的补贴 $d(C-P_0-P_1)$ 及支付绿证交易的交易成本 C_j，不生产绿色电力不出售绿色电力证书则获得延迟补贴 $d(C-P_0)$。

绿色电力消费企业选择消费绿色电力购买绿色证书可完成配额义务，获得政府的奖励 I 及支付绿证交易的交易成本 C_j；反之，绿色电力消费企业选择不消费绿色电力不购买绿色证书时，不能完成配额义务将收到政府罚款 F。

以上参数设定见表 7-9。

表 7-9　　　　　　　　　参数设定

参数	含义
x	政府监管的概率，则政府不监管的概率为 $1-x$，$0 \leqslant x \leqslant 1$
y	绿电生产企业生产的概率，则绿电生产企业不生产的概率为 $1-y$，$0 \leqslant y \leqslant 1$
z	绿电消费企业消费的概率，则绿电消费企业不消费的概率为 $1-z$，$0 \leqslant z \leqslant 1$
R_1	绿证交易完成政府获得的经济收益
R_2	绿证交易完成政府获得的环境和社会效益
F	未达到配额标准企业的罚款
I	政府给予超额完成配额标准企业的奖励
Q	可交易绿证的数量
C_g	政府对绿证交易进行监管的监管成本
P_0	上网电价
P_1	绿证价格
C	绿电生产企业发电成本
C_j	绿证交易成本
d	绿电生产企业获得补贴的延迟系数，$0<d<1$

（5）模型构建。

基于以上假设，列出政府、绿电生产企业和绿电消费企业在不同策略选择下的支付矩阵,见表 7 – 10。

表 7 – 10　　　　　　　　三方博弈支付矩阵

政府	绿电生产企业	绿电消费企业	
		消费 z	不消费 $1-z$
政府	监管 x	生产 y	$Q[R_1+R_2-(C-P_0-P_1)-C_g]$ $Q[P_1+d(C-P_0-P_1)-C_j]$ $Q(I-P_1-C_j)$	$Q[R_1+F-(C-P_0)-C_g]$ $Q[d(C-P_0)-C_j]$ $-QF$
		不生产 $1-y$	$Q[R_1+F-(C-P_0)-C_g]$ $dQ(C-P_0)$ $Q(-F-C_j)$	$Q[R_1+F-(C-P_0)]$ $dQ(C-P_0)$ $-QF$
	不监管 $1-x$	生产 y	$Q[R_2-(C-P_0)]$ $Q[P_1+d(C-P_0)-C_j]$ $Q(-P_1-C_j)$	$Q[-(C-P_0)]$ $Q[d(C-P_0)-C_j]$ 0
		不生产 $1-y$	$Q[-(C-P_0)]$ $dQ(C-P_0)$ $-QC_j$	$Q[-(C-P_0)]$ $dQ(C-P_0)$ 0

(二) 政府、绿电生产企业与消费企业之间的演化博弈模型分析

政府与绿电生产企业、绿电消费企业之间的策略行为相互影响,相互之间信息不对称,比如政府对绿电生产企业生产绿证、消费企业愿不愿意消费绿证的真实意愿并不十分清楚,同样地,企业对于政府的政策决心和监管力度等方面也缺乏了解。企业和政府的重大决策都由集体做出,这导致博弈参与人的理性是有限的,博弈双方意识到错误并进行调整的能力较差,各自策略选择的行为更多是缓慢的"进化"而不是快速的学习,基于此,构建政府、绿电生产者与绿电消费者之间演化博弈的复制动态方程。

1. 政府的演化稳定策略

对于政府来说,监管的期望支付为:

$$E_{监管} = yzQ[R_1 + R_2 - (C - P_0 - P_1) - C_g] + y(1-z)Q[R_1 + F - (C - P_0) - C_g] + (1-y)zQ[R_1 + F - (C - P_0) - C_g] + (1-y)(1-z)Q[R_1 + F - (C - P_0)]$$

$$= yzQ[R_2 - F + P_1 + C_g] + Q[R_1 + F - (C - P_0)] - (y+z)QC_g$$

不监管的期望支付为：

$$E_{不监管} = yzQ[R_2 - (C - P_0)] + y(1-z)Q[-(C - P_0)] + (1-y)zQ[-(C - P_0)] + (1-y)(1-z)Q[-(C - P_0)]$$

$$= yzQR_2 + Q[-(C - P_0)]$$

政府进行策略选择时的复制动态方程为：

$$F(x) = \frac{dx}{dt} = x(1-x)[yzQ(-F + P_1 + C_g) + Q(R_1 + F) - (y+z)QC_g]$$

求解上式可得，当 $z = \dfrac{yC_g - (R_1 + F)}{y(-F + P_1 + C_g) - C_g}$ 时，$x^* \equiv 0$，此时 x 取任意值，政府的策略选择都处于稳定状态，当 $z \neq \dfrac{yC_g - (R_1 + F)}{y(-F + P_1 + C_g) - C_g}$ 时，此时政府在 $x = 0$ 和 $x = 1$ 处于稳定状态。对复制动态方程求导得：

$$\frac{dF(x)}{dx} = (1 - 2x)[yzQ(-F + P_1 + C_g) + Q(R_1 + F) - (y+z)QC_g]$$

求解上式可得，当 $z < \dfrac{yC_g - (R_1 + F)}{y(-F + P_1 + C_g) - C_g}$ 时，$F'(0) < 0$，$F'(1) > 0$，此时 $x = 0$ 为演化稳定点，政府的稳定策略选择为不监管；反之，当 $z > \dfrac{yC_g - (R_1 + F)}{y(-F + P_1 + C_g) - C_g}$，$F'(1) < 0$，$F'(0) > 0$，此时 $x = 1$ 为演化稳定点，政府的稳定策略选择为监管。

2. 绿电生产者的演化稳定策略

对于绿电生产者来说，生产的期望支付为：

$$E_{生产} = xzQ[P_1 + d(C - P_0 - P_1) - C_j] + x(1-z)Q[d(C - P_0) - C_j] + (1-x)zQ[P_1 + d(C - P_0) - C_j] + (1-x)(1-z)Q[d(C - P_0) - C_j]$$
$$= -xzQdP_1 + zQP_1 + Q[d(C - P_0) - C_j]$$

不生产的期望支付为:

$$E_{不生产} = xzdQ(C - P_0) + x(1-z)dQ(C - P_0) + (1-x)zdQ(C - P_0) + (1-x)(1-z)dQ(C - P_0)$$
$$= dQ(C - P_0)$$

绿电生产者进行策略选择时的复制动态方程为:

$$F(y) = \frac{dy}{dt} = y(1-y)(-xzQdP_1 + zQP_1 - QC_j)$$

求解上式可得,当 $x = \frac{zP_1 - C_j}{zdP_1}$ 时,$y^* \equiv 0$,此时 y 取任意值,绿电生产者的策略选择都处于稳定状态;当 $x \neq \frac{zP_1 - C_j}{zdP_1}$ 时,此时绿电生产者在 $y = 0$ 和 $y = 1$ 处于稳定状态。对复制动态方程求偏导得:

$$\frac{dF(y)}{dy} = (1 - 2y)(-xzQdP_1 + zQP_1 - QC_j)$$

求解上式可得,当 $x > \frac{zP_1 - C_j}{zdP_1}$,$F'(0) < 0$,$F'(1) > 0$,此时 $y = 0$ 为演化稳定点,绿电生产者的稳定策略选择为不生产,当 $x < \frac{zP_1 - C_j}{zdP_1}$,$F'(1) < 0$,$F'(0) > 0$,此时 $y = 1$ 为演化稳定点,绿电生产者的稳定策略选择为生产。

3. 绿电消费者的演化稳定策略

对于绿电消费者来说,消费的期望支付为:

$$E_{消费} = xyQ(I - P_1 - C_j) + x(1-y)Q(-F - C_j) + (1-x)yQ(-P_1 - C_j)$$

$$+ (1-x)(1-y)(-QC_j)$$
$$= xyQ(I+F) - xQF - yQP_1 - QC_j$$

不消费的期望支付为：

$$E_{不消费} = xy(-QF) + x(1-y)(-QF) = -xQF$$

绿电消费者进行策略选择时的复制动态方程为：

$$F(z) = z(1-z)[xyQ(I+F) - yQP_1 - QC_j]$$

求解上式可得，当 $y = \dfrac{C_j}{x(I+F) - P_1}$ 时，$z^* \equiv 0$，此时 z 取任意值，绿电消费者的策略选择都处于稳定状态；$y \neq \dfrac{C_j}{x(I+F) - P_1}$ 时，此时排污企业在 $z=0$ 和 $z=1$ 处都处于稳定状态。对复制动态方程求偏导得：

$$\frac{dF(z)}{dz} = (1-2z)[xyQ(I+F) - yQP_1 - QC_j]$$

求解可得，当 $y > \dfrac{C_j}{x(I+F) - P_1}$ 时，$F'(1) < 0$，$F'(0) > 0$，此时 $z=1$ 为演化稳定点，绿电消费者的稳定策略选择为消费；反之，$y < \dfrac{C_j}{x(I+F) - P_1}$ 时，$F'(0) < 0$，$F'(1) > 0$，此时 $z=0$ 为演化稳定点，绿电消费者的稳定策略选择为不消费。

令 $\begin{cases} F(x) = 0 \\ F(y) = 0 \\ F(z) = 0 \end{cases}$

该复制动态组的 9 个均衡点，分别为 $E_1(0, 0, 0)$、$E_2(0, 1, 0)$、$E_3(0, 0, 1)$、$E_4(1, 0, 0)$、$E_5(1, 1, 0)$、$E_6(1, 0, 1)$、$E_7(0, 1, 1)$、$E_8(1, 1, 1)$ 和 $E_9(x^*, y^*, z^*)$。

基于弗里德曼（Friedman）的理论，雅可比矩阵的特征值都为负时，对应的均衡点为该系统的演化稳定策略（ESS）。复制动态方程的雅可比矩阵为：

$$J = \begin{bmatrix} J_1 & J_2 & J_3 \\ J_4 & J_5 & J_6 \\ J_7 & J_8 & J_9 \end{bmatrix}$$

其中，
$$\begin{cases} J_1 = (1-2x)[yzQ(-F+P_1)+C_g+Q(R_1+F)-(y+z)QC_g] \\ J_2 = x(1-x)[zQ(-F+P_1+C_g)-QC_g] \\ J_3 = x(1-x)[yQ(-F+P_1+C_g)-QC_g] \\ J_4 = -y(1-y)zQdP_1 \\ J_5 = (1-2y)(-xzQdP_1+zP_1-QC_j) \\ J_6 = y(1-y)(-xQdP_1+P_1) \\ J_7 = z(1-z)[yQ(I+F)] \\ J_8 = z(1-z)[xQ(I+F)-QP_1] \\ J_9 = (1-2z)[xyQ(I+F)-yQP_1-QC_j] \end{cases}$$

求解 $E_1 \sim E_8$ 所对应雅克比矩阵的特征值。将均衡点代入矩阵 J，求得各均衡点对应的特征值，见表 7–11。

表 7–11　　　　　　各平衡点及其特征值

均衡点	特征值 1	特征值 2	特征值 3
$E_1(0, 0, 0)$	$Q(R_1+F)$	$-QC_j$	$-QC_j$
$E_2(0, 1, 0)$	$Q(R_1+F-C_g)$	QC_j	$-Q(P_1+C_j)$
$E_3(0, 0, 1)$	$Q(R_1+F-C_g)$	$-Q(C_j-P_1)$	QC_j
$E_4(1, 0, 0)$	$-Q(R_1+F)$	$-QC_j$	$-QC_j$
$E_5(1, 1, 0)$	$-Q(R_1+F-C_g)$	QC_j	$Q(I+F-P_1-C_j)$
$E_6(1, 0, 1)$	$-Q(R_1+F-C_g)$	$-Q(dP_1+C_j-P_1)$	QC_j
$E_7(0, 1, 1)$	$Q(P_1+R_1-C_g)$	$Q(C_j-P_1)$	$Q(P_1+C_j)$
$E_8(1, 1, 1)$	$-Q(P_1+R_1-C_g)$	$Q(dP_1+C_j-P_1)$	$Q(P_1+C_j-F-I)$

第七章 | 绿色能源产业政策制定和执行中的多主体利益博弈

由该表可知，均衡点 $E_1(0,0,0)$、$E_2(0,1,0)$、$E_3(0,0,1)$、$E_5(1,1,0)$、$E_6(1,0,1)$ 和 $E_7(0,1,1)$ 均存在正的特征值，所以不可能成为演化稳定策略，因此系统的演化稳定均衡点 $E_4(1,0,0)$ 和 $E_8(1,1,1)$。鉴于现实中，在配额制政策为主的政策实施过程中，最理想的演化稳定状态是 $E_8(1,1,1)$，所以重点分析 $E_8(1,1,1)$。

政府监管，绿电生产者生产绿电出售绿证，绿电消费者购买绿证消费绿电，即平衡点 $E_8(1,1,1)$ 是演化稳定策略 ESS，此时必须满足同时满足以下条件：

$$\begin{cases} -Q(P_1 + R_1 - C_g) < 0 \\ Q(dP_1 + C_j - P_1) < 0 \\ Q(P_1 + C_j - F - I) < 0 \end{cases}$$

即当 $C_g - R_1 < P_1$，$(1-d)P_1 > C_j$，$P_1 + C_j < F + I$ 时，系统有演化稳定策略 $E_8(1,1,1)$。$C_g - R_1 < P_1$，即绿证价格大于政府的监管成本减去绿证交易带给政府的经济收益，意味着对于绿电生产企业来说，绿证出售的价格要足够高，大于政府的净经济成本（监管成本减去绿证交易带来的经济收益）；$(1-d)P_1 > C_j$，即绿证交易成本要小于绿电生产企业获得补贴的及时程度乘以绿证交易价格，意味着对于绿电消费企业来说，绿证交易成本要小；$P_1 + C_j < F + I$，即政府对于绿电消费企业不能完成配额标准的最大奖励金额（奖惩之和）要大于绿证交易的直接成本和间接成本（绿证价格可以视为直接成本，绿证交易成本可以视为间接成本），意味着对于政府而言，要加大奖惩力度，减少绿证交易成本。达到上述条件，政府、绿电生产企业和绿电消费企业之间最终演化为（监管、生产、消费）。

至于演化稳定策略 $E_4(1,0,0)$，必须满足同时满足以下条件：

$$\begin{cases} -Q(R_1+F)<0 \\ -QC_j<0 \\ -QC_j<0 \end{cases}$$

由上述条件不难发现,这个条件是自动达成,代表的正是前阶段中国电力市场的真实状况。整个市场处于虽然有政府管制,但政府管制形同虚设,绿电生产企业及绿电消费企业基于自身利益而言,对于发展和输电的自发性交易欲望不大,导致绿证市场发展陷入较为停滞的局面。基于此,此情境不用于后续仿真分析。

(三) 数值模拟和仿真分析

1. 政府、绿电生产企业和绿电消费企业的演化轨迹

为了验证所构建演化博弈的理想稳定状态(1,1,1),分析相关参数对稳定状态的影响,采用数值模拟和进行情境仿真。给定演化初始时间 t(年) 为 [0,5],这个区间可以表示为 5 年或者 5 个单位时间长度。演化初始策略概率为 (0.2,0.3,0.4)(既定的初始概率数值的不同均不改变双方的演化轨迹)。根据复制动态方程及上述讨论的各参数约束条件,本书运用 Matlab2022b 编程,实现对政府、绿电生产企业和绿电消费企业演化过程的数值模拟。参数赋值遵循模型约束条件,具体参数初始值见表 7-12。

表 7-12　　　　　　　　参数赋值

参数	含义	赋值
Q	可交易绿证数量	1
R_1	绿证交易完成政府获得的收益	20

第七章 | 绿色能源产业政策制定和执行中的多主体利益博弈

续表

参数	含义	赋值
R_2	绿证交易完成政府获得的环境和社会效益	25
F	未达到配额标准企业的罚款	35
I	政府给予超额完成配额标准企业的奖励	30
C_g	政府对绿证交易进行监管的监管成本	40
P_0	上网电价	40
P_1	绿证价格	50
C	绿电生产者发电成本	120
C_j	绿证交易成本	5
d	绿电生产者获得补贴的延迟系数	0.3

初始条件满足 $C_g - R_1 < P_1$，$(1-d)P_1 > C_j$，$P_1 + C_j < F + I$。对于政府来说，绿证价格要能够弥补绿证实施后的监管成本减去绿证交易后带来的经济收益，意味着绿证价格要高于政府实施绿证的净成本；政府制定较为严格的奖惩机制，对于不生产绿电、不购买绿电的企业要处以较高的罚款，相反则给予较高的奖励，奖惩之和要大于绿证交易价格和绿证交易成本。对于绿电生产企业和绿电消费企业来说，绿证交易成本要低，要低于绿电生产企业获得补贴的及时程度乘以绿证交易价格。只要满足上述初始条件，无论政府、绿电生产企业和绿电消费企业刚开始时的初始概率分别为多少，政府、绿电生产者和绿电消费者最终会趋向于演化博弈的理想稳定状态（1，1，1），演化结果如图7-11所示。本部分内容假设三方初始状态为（0.2，0.3，0.4）时，只是为了研究和画图的方便。

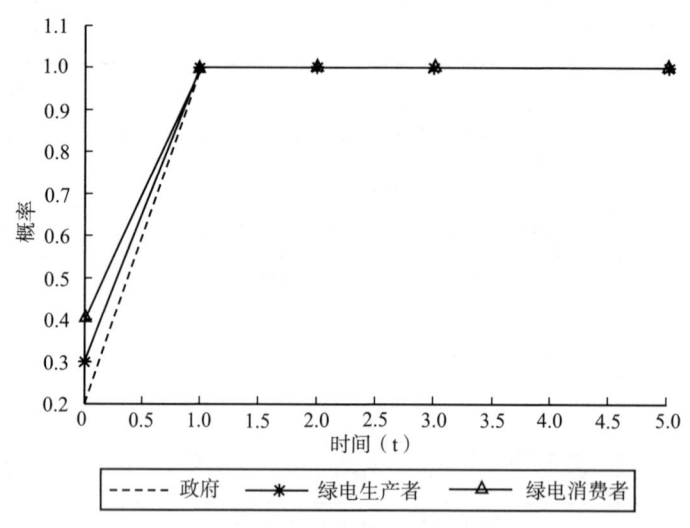

图 7-11　政府、绿电生产企业和绿电消费企业三方演化轨迹

2. 敏感度分析

在前文约束条件下，政府、绿电生产企业和绿电消费企业的策略选择受众多因素的影响，如政府是否会对绿电交易市场监管，绿电生产企业是否选择生产绿电，绿电消费企业是否选择消费绿电，即三者之间的行为选择并不取决于绿电交易能够带来的经济和社会环境效益，受制于监管成本大小，制定的绿证交易价格的大小，绿证交易成本的大小，政府是否制定严格的奖惩机制等的制约。本书分别对可交易绿证价格、未达到配额标准的罚款、完成配额标准的奖励、可交易绿证的交易成本进行变量敏感度分析。

（1）可交易绿证交易价格 P_1 的敏感性分析。

令 $x=y=z=0.5$，令 P_1 分别取值 45、55、60、65、75，其他参数值不变，则可交易绿证价格对绿电生产企业和绿电消费企业的博弈策略演化结果的影响分别如图 7-12（a）和图 7-12（b）所示。

第七章 | 绿色能源产业政策制定和执行中的多主体利益博弈

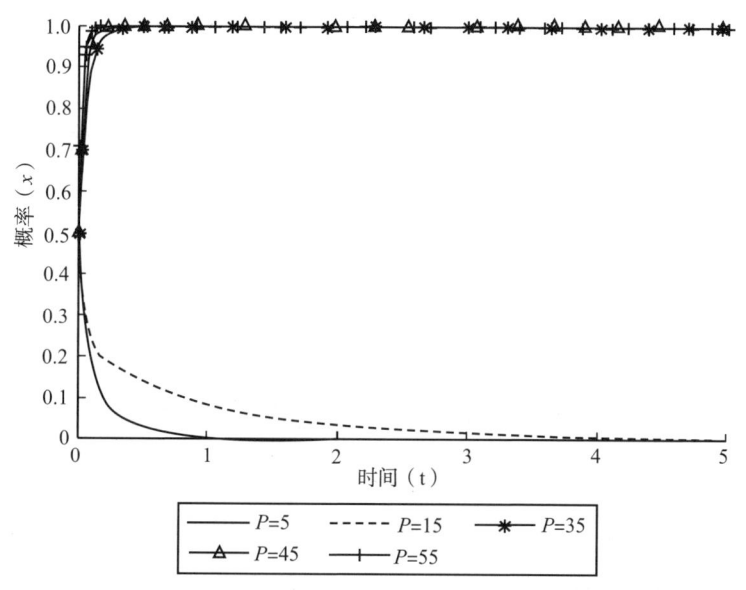

图 7-12（a） 绿证交易价格 P_1 对绿电生产企业行为的影响

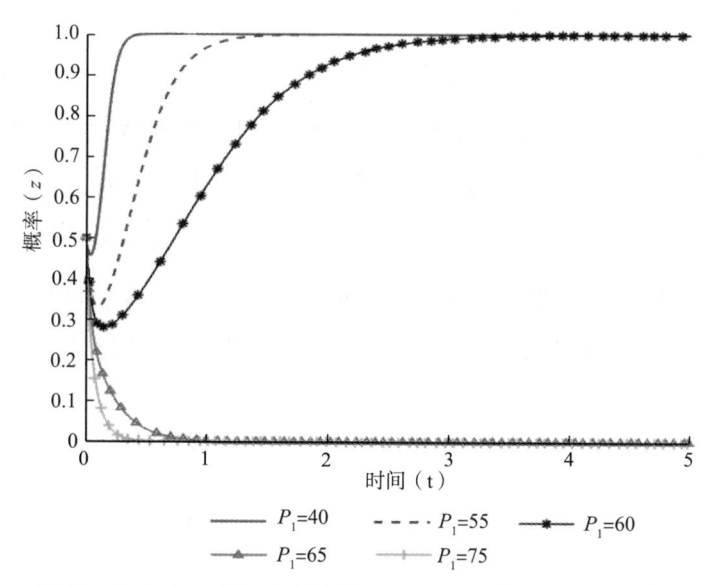

图 7-12（b） 绿证交易价格 P_1 对绿电消费企业行为的影响

对于绿电生产企业来说，随着可交易绿证价格的升高，策略选择由收敛于0即不出售绿证转变为收敛于1即进行绿电生产。绿证价格越高，绿电生产企业策略选择收敛于1的速度越快；绿证价格越低，绿电企业策略选择收敛于0的速度越快。这说明价格的提高能够增加绿电生产者的生产出售绿证的意愿，价格过低会大大降低生产意愿进而选择不生产绿电、不出售绿证。

与之相反，对于绿电消费企业来说，随着可交易绿证价格的升高，策略选择由收敛于1即进行绿电消费购买绿证转变为收敛于0即不进行绿电消费。绿证价格越低，绿电消费企业策略选择收敛于1的速度越快；绿证价格越高，绿电企业策略选择收敛于0的速度越快。这说明价格的降低能够增加绿电消费者的购买意愿，价格过高会大大降低购买意愿进而选择不购买绿证消费绿电。

（2）罚款 F 的敏感性分析。

令 $x=y=z=0.5$，令 F 分别取值15、25、40、50、60，其他参数值不变，则未完成配额标准企业的罚款对政府和绿电消费者的博弈策略演化结果的影响分别如图7-13（a）和图7-13（b）所示。

对于政府来说，政府选择"监管"策略的收敛速度受给予未达成配额标准企业的罚款的变动影响较小，即不管罚款是多少，政府都会选择对绿电交易市场进行监管。罚款越高，政府策略选择收敛于1的速度越快。

对于绿电消费企业来说，随着未完成配额标准所要缴纳罚款的升高，策略选择由收敛于0即不进行绿电消费不购买绿证转变为收敛于1即进行绿电消费。罚款越高，绿电企业策略选择收敛于1的速度越快；罚款越低，绿电企业策略选择收敛于0的速度越快。这说明罚款的升高会对绿电消费企业购买绿电产生督促和压力，罚款过低则起不到对绿电消费企业进的制约作用。

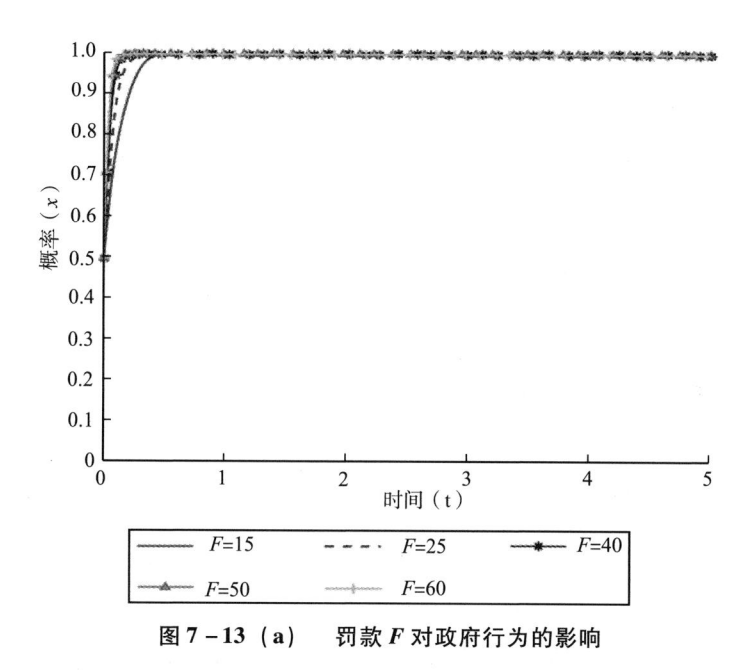

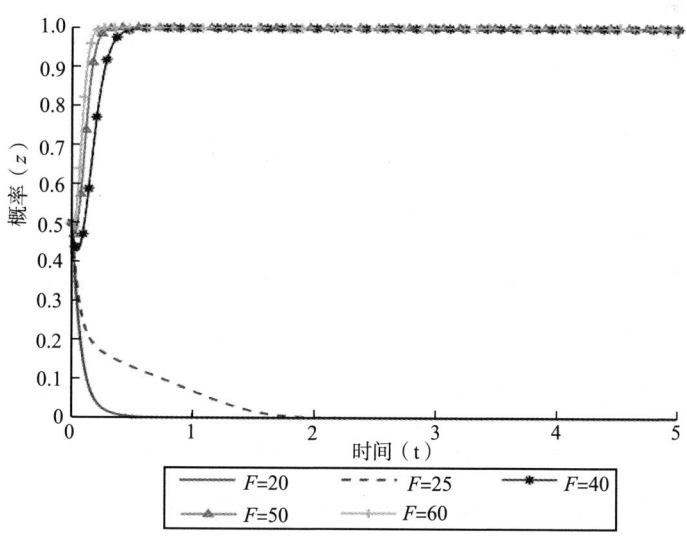

图 7-13（a） 罚款 F 对政府行为的影响

图 7-13（b） 罚款 F 对绿电消费企业行为的影响

(3) 奖励 I 的敏感性分析。

令 $x = y = z = 0.5$，令 I 分别取值 10、20、25、35、50，其他参数值不变，则对完成配额标准企业的奖励对绿电消费者的博弈策略演化结果的影响如图 7 – 14 所示。

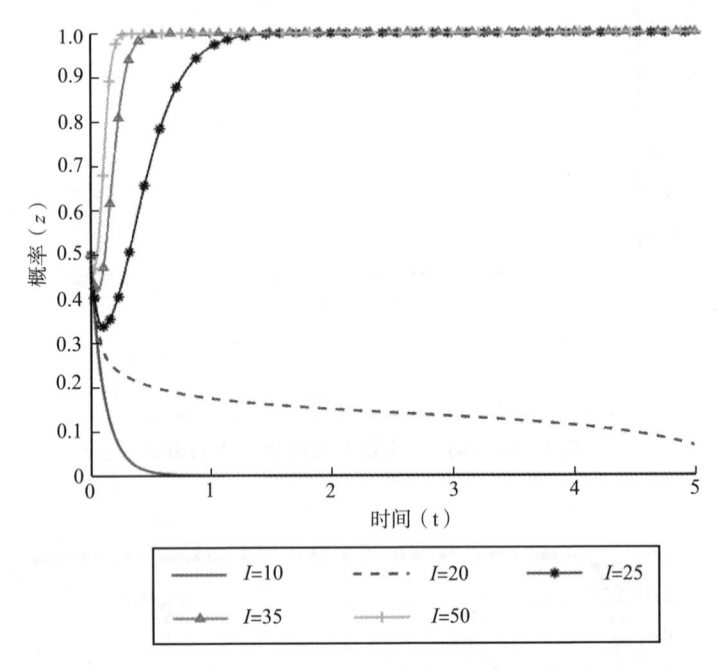

图 7 – 14　奖励 I 对绿电消费企业行为的影响

奖励对政府行为的影响同罚款对政府行为的影响一致，此处不再赘述。

对于绿电消费企业来说，随着完成配额标准所受到的奖励的升高，策略选择由收敛于 0 即不进行绿电消费不购买绿证转变为收敛于 1 即进行绿电消费。奖励越高，绿电企业策略选择收敛于 1 的速度越快；奖励越低，绿电企业策略选择收敛于 0 的速度越快。这说明奖励的升高会对绿电消费者购买绿证消费绿电产生激励,使绿电消费者进行绿电消费的意愿更高,奖励过低则起不到对绿电消费者进行消费的促进作用。

(4) 可交易绿证交易成本 C_j 的敏感性分析。

令 $x = y = z = 0.5$,令 C_j 分别取值 3、10、15、20、30,其他参数值不变,则可交易绿证交易成本对绿电生产者和绿电消费者的博弈策略演化结果的影响分别如图 7 – 15 (a) 和图 7 – 15 (b) 所示。

对于绿电生产企业和绿电消费企业来说,随着可交易绿证交易成本的升高,策略选择由收敛于 1 即进行绿电生产出售绿证或绿电消费购买绿证转变为收敛于 0 即不进行绿电生产不出售绿证或不进行绿电消费不购买绿证。交易成本越高,绿电企业策略选择收敛于 0 的速度越快;交

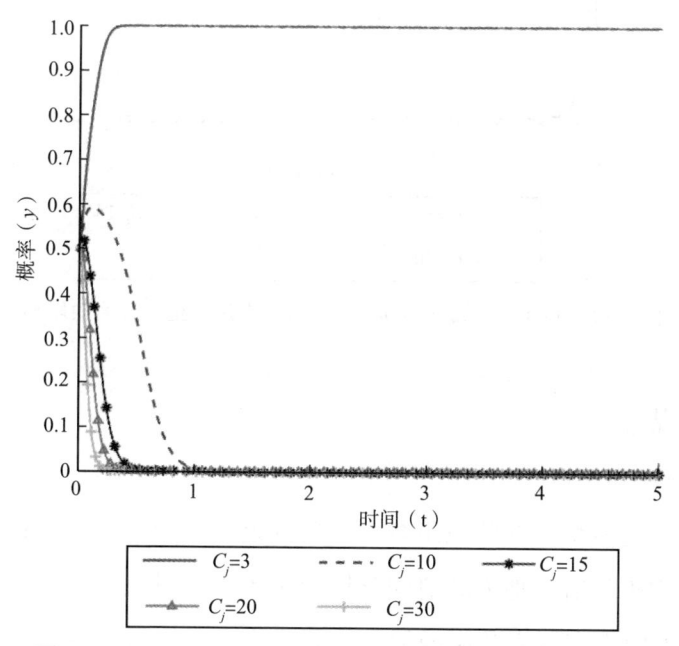

图 7 – 15(a)　绿证交易成本 C_j 对绿电生产者行为的影响

易成本越低,绿电企业策略选择收敛于 1 的速度越快。这说明交易成本的升高会提高绿电生产者出售绿证和绿电消费者购买绿证的成本,降低双方生产或销售的意愿,交易成本的降低有利于双方进行绿证的成功交易。

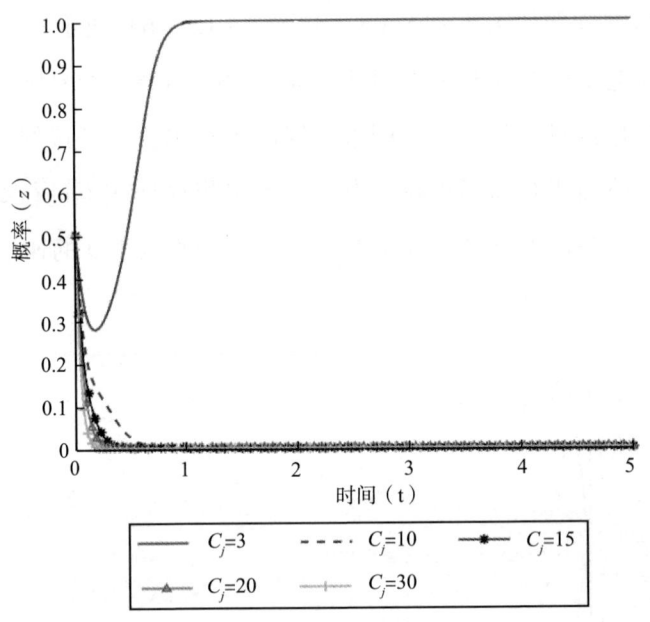

图 7-15(b)　绿证交易成本 C_j 对绿电消费企业行为的影响

六、结 论

(1) 绿色能源产业政策组合设计要满足参与约束和激励相容约束。

(2) 中央政府与地方政府演化博弈过程中,对双方最终演化博弈结果有影响的因素有地方政府增加的能源成本、中央政府监督成本、中央政府增加的政策执行成本、罚款以及社会外部环境效益。中央政府的监督检查成本较低,或中央政府颁布政策不监督其执行导致政策流于形式对后续政策的执行成本影响较大，此时中央政府会积极选择监督检查。地方政府的"作为"成本较低，或采用"作为"策略带给本地的环境收益较高，或采用"不作为"策略的罚款力度较高时，地方政府就有积极性采用"作为"策略。此时，系统最终演化为中央政府监管，地方政府积极作为。

（3）政府与绿电生产企业、绿电消费企业三者之间演化博弈过程中，对三方最终演化博弈结果有影响的因素有政府对绿证交易进行监管的监管成本、绿证价格、绿证交易成本、未达到配额标准企业的罚款、政府给予超额完成配额标准企业的奖励、绿证交易完成政府获得的收益、绿电生产者获得补贴的延迟系数。当政府对可交易绿证市场的交易进行监管的成本较低时，政府选择"监管"策略的积极性高；当可交易绿证价格较高，绿证交易成本较低时，绿电生产企业选择"生产"策略的积极性高；当可交易绿证价格较低，绿证交易成本较低，完成配额标准获得的奖励越高，不完成配额标准受到的罚款越高时，绿电消费企业选择"消费"策略的积极性高。此时，系统最终演化为政府监管，绿电生产企业进行生产，绿电消费企业进行消费。

第八章

绿色能源产业政策组合策略研究

现实世界中,各国绿色能源产业政策普遍是几个或多个单项政策的组合,换言之,绿色能源产业政策是一种政策组合或一揽子政策(陈艳、龚承柱、尹自华,2019)。未来中国绿色能源的发展依赖于更加合理审慎的政策组合结构(苏竣和张芳,2015)。绿色能源产业政策组合必须在多个政策目标之间实现平衡:保证"双碳"目标下的环境质量(即降低碳排放,要求中央政府与地方政府之间利益目标一致);降低绿色能源产品成本(通过绿色能源企业技术创新来降低成本,并减少国家的直接财政补贴);确保绿色能源安全供给(保证绿色能源产业装机容量与发电量的持续发展)。然而,政策组合不应仅限于找到这些政策目标之间的平衡,还应努力确保在政策组合中实现这些目标的工具之间的一致性(即绿色能源产业政策组合之间的相互关系)。本章将分别基于上述政策目标,从政策相互作用关系的视角、产业政策效果及作用机制的视角以及多主体利益均衡的视角探析绿色能源产业政策组合策略。

一、政策组合一般理论

(一) 政策组合的特征

政策在绿色能源产业发展中占有关键地位，前文的研究内容已经证实了这一点。绿色能源产业政策是一个复杂、动态和不断演变的系统。从政策之间的关系看，不同政策之间相互影响相互作用；从政策效果看，对于产业不同的发展目标，同一种政策产生的效果可能大相径庭，对于不同的区域，其效果也存在异质性；从时间的角度看，产业政策存在最优区间。关于如何定义和实施政策组合的争论仍在继续（具体见本书文献回顾中"政策组合"部分）。它的定义从一种狭隘但实用的观点演变而来，根据这种观点，政策组合的特点表现如下。

1. 连贯性和一致性

绿色能源产业发展的特点是目标之间的冲突或利益协调不一致。这意味着不同目标之间以及部门内部和部门之间政策的相互作用。一致性衡量的是将多种政策工具组合在一起的政策组合的性能（Karoline S, Rogge & Kristin R, 2016）。理论上，一致性表示政策组合在一起时中心政策突出，政策结构合理，政策功能强大。中央政府和各级地方政府之间由于目标的不同存在着博弈的关系，所以政策的制定必须考虑中央和地方政府之间的协调性（刘宇佳、李春艳、孟维站，2019），确保绿色能源产业政策的有效性。连贯性反映政策组合结构在变迁的过程中是连续变化的。本书中第三章和第四章研究了政策组合的这一特点。

2. 协同性和稳定性

柳卸林、游光荣、赵林榜（2007）认为，不同的政策间需要协同和相互配合。彭纪生、仲为国、孙文祥（2008）认为，政策协同对经济绩效的提升具有正向影响。本书围绕政策组合时政策之间的相互关系如何，政策组合在一起是相互促进还是相互制约，政策组合有无中心政策，中心政策与配套政策之间关系如何，稳定性反映政策组合结构在变迁过程中的结构特征如何开展了相关研究，具体见第三章和第四章的内容。

3. 可持续性绩效

政策组合的可持续性绩效要求政策组合持续地产生政策效果，但现实中很多文献关注绿色能源产业政策的经济绩效，也有文献关注绿色能源产业政策组合的创新绩效，这些都是绿色能源产业政策的短期效果。科恩、基维马、马蒂斯凯宁（Kern F, KivimaaI P & Martiskainen M, 2017）研究得到的结论：政策组合不是一直有效，政策组合不是意味着政策越多越好，过于复杂的政策组合反而会带来负面效应。绿色能源产业政策组合的最终目的是产生创新、经济、社会方面的绩效，因而能否产生满意的绩效成为评价政策组合及其协调优劣的标准。本书第五章重点考察产业政策对绿色能源企业可持续发展的作用效果和作用机制，第六章研究的内容显示：产业政策存在最优区间，超过这个最优区间，政策效果就失去了可持续性。

（二）政策组合的维度

如果仅从政策部门这一单要素展开，绿色能源产业政策的制定主体涉及中央部委多个职能部门，而不是哪一个职能部门的职责范围，这不仅需要国家发改委、财政部、科技部等横向部门间的协调，也需要中央政府和各级地方政府之间的协调。马文聪、叶阳平、陈修德（2020）在前人研究的基础上,将政策组合维度、相互作用形式以及潜在政策张力来源进行概念化,认为政策可以发生相互作用的四个维度包括:不同政策子系统所代表的政策空间(policy space)、不同治理空间(governance space)、跨地理空间(geographical space)和时间维度(time)。结合上述思想,本章从以下维度解读绿色能源产业政策组合。

(1)政策空间维度:其含义是利用多种政策工具实现特定政策目标的最佳组合(Tobias S,Schmidt & Sebastian S,2019)。本书以风能产业政策为例,分析其产业政策组合之间的相互关系及其内部组合结构。

(2)治理空间维度:跨国家(如欧盟)、地区和地方各级的多级公共干预之间的最佳相互作用(Florian K & Michael H,2009)。本书从中央政府与地方政府之间以及绿电生产企业与绿电消费企业之间的博弈入手讨论政策组合的最优方案。

(3)区域维度:马文聪、叶阳平、陈修德(2020)认为,地理维度是指现实地理空间,如针对某一地理区域的政策战略和政策工具。本书在分析产业政策对绿色能源企业可持续发展的作用,以及产业政策对绿色能源企业创新的最优区间时,均考虑到政策组合的区域异质性效果。

(4)时间维度:即确保当今政策在可预见的未来具有持续效力(Meijers E & Stead D,2004)。本书在研究绿色能源产业政策之间的相互关系及其内部组合政策稳定性变化的过程中,考虑到政策组合的时间属性。

绿色能源产业政策是一个大的体系,不同政策在各自的领域发挥作用的基础上,也会以组合的形式对绿色能源产业产生影响(刘宇佳、李春艳、孟维站,2019)。这就表明,应当选择恰当的政策组合形式来实现政策效应的最大化。基于前面内容的研究,本章将从以下角度探讨绿色能源产业政策组合策略:"双碳"目标下基于政策相互作用关系的政策组合策略、基于绿色能源产业政策效果及作用机制的政策组合策略、基于多主体利益均衡视角的政策组合策略。

二、"双碳"目标下基于政策相互作用关系的政策组合策略

政策组合的概念性文献强调,政策从来不会孤立地发挥作用。事实上,特别是在复杂的政策领域,如绿色能源产业部门,政策往往是缺乏系统性地叠加在一起,以响应不断变化的政策目标或不可预见的结果(Jeremy R & Michael H,2009)。这可能导致政策工具之间缺乏一致性,从而阻碍政策目标的实现。因此,政策分析和设计应该理性地考虑到不同政策目标和工具之间的相互作用(Rainer Q,2015;Florian Kern & Michael Howlett,2009)。根据第三章和第四章的研究内容得出如下结论:

(一)在充分考虑各种政策之间相互关系的基础上制定绿色能源产业政策

根据第三章和第四章的研究内容得知,从政策系统的视角看,现有的绿色能源产业政策组合数量不是越多越好,要厘清环境类政策、供给类政策和需求类政策之间的相互关系,做到在政策结构中某种政策既是中心政策的同时也是核心政策,二者合而为一,比如第四章中分析的风能产业政策中的上网电价,既是中心政策也是核心政策。与此同时,也要注重各种类型的政策工具的相互作用,协调配套实施(第三章内容从政策组合变迁的视角也得出政策组合时相互连续性不够)。政策之间的配套协调能够克服当前绿色能源产业发展过程中出现的诸多问题,比如消纳政策与技术创新政策以及刺激生产的政策配套协调可以解决弃风限

电的问题。例如，中国风力资源十分丰富，风电是取代传统火电的低碳产品，尽管近年来中国风能装机容量不断增加，位居世界首位，但与此同时，风电使用率却很低。这里有几个原因：由于受地域和气候的影响，中国风能资源在地理分布上差异较大，风能资源较多分布在"三北"地区（即西北、华北、东北）和沿海区域，然而中国用电需求较大的电力负荷中心多集中在"三华"地区（即华东、华南、华中），这就导致中国风电资源丰富的地区与用电需求负荷中心存在空间错配问题。风电远距离输送和存储问题不解决，就导致目前的"弃风"现象。因此，想要所有的政策达到预期目标，政策制定部门之间需要进行协调。以风能产业为例，以市场需求为导向的需求型政策、以技术为导向的供给型政策和以优化外部环境为导向的环境型政策要配套协调使用。在出台某一类具体的政策工具的时候，比如"平价上网"政策，要综合评估原有的政策体系与它的相互关联性，保证绿色能源产业政策的一致性和连贯性。

（二）减少绿色能源产业政策制定部门，提高绿色能源产业政策变迁效率

以第四章分析的风能产业政策组合结构来看，虽然风能产业政策组合在演变过程中表现出随产业发展阶段不同而政策的重点有所不同，但也出现了政策组合结构稳定性下降的局面。风能产业政策组合结构稳定性下降意味着近年来一项风能政策要真正发挥效果必须依靠颁布数量很多的同种政策才能发挥政策效果。造成这种现象的一个可能的原因在于：多年以来，出台绿色能源产业政策的部门涉及国家发改委、国家能源局、财政部、科技部、电监会、商务部等，这样就形成了多头、分类管理的状态。这些部门在制定政策时往往从各自职能角度出发，相互间

缺少沟通与协调，导致同一种绿色能源产品政策可能有多种。有时各类政策在实施中甚至存在严重冲突，直接降低了政策的执行效果（具体见第二章绿色能源产业政策现状分析）。目前中国出台风能产业政策的主体是国家能源局，其虽具有综合管理能源问题的权限和职责，但该单位隶属于发改委，在国务院机构中仅是一个副部级单位，而与其相对应的协调对象中，很多都是属于正部级行政主管部委，权重显然不够。为了加强风能产业政策运用的连续性和统一性，建议成立相应的能源管理部门，减少制定风能产业政策的组织机构，以避免不同部门之间政策的重复实施，降低政策的公信力（陈艳、龚承柱、尹自华，2019），以此来保证绿色能源产业政策的协同性和稳定性。

三、基于绿色能源产业政策效果及作用机制的政策组合策略

政府制定绿色能源产业政策，其政策目标是多样化的。从宏观的角度看有促进绿色能源产业整体的发展，比如促进装机容量和发电量增长，还有促进绿色能源产业创新的发展等；从微观的角度看，产业政策是否促进了绿色能源企业创新以及如何促进绿色能源企业创新等，更进一步产业政策对绿色能源企业创新的作用是否存在最优区间等。本章根据第五章和第六章的研究内容，从不同的政策目标入手探讨绿色能源产业政策组合策略。

（一）以促进风能企业可持续发展目标为切入点的政策组合策略

中国目前已经成为世界风能大国，是世界上排名第一的风力发电国

家，世界上规模最大的风能市场，也是全球风电装机规模最大的国家[①]。风电装机容量和风力发电量很显然是风能产业发展的宏观目标之一，除此之外，风能企业可持续发展也是国家风能产业发展的重要目标。

1. 关注风能产业发展的长远目标，适当强化风能企业可持续发展的相关政策

依据第五章的分析结论不难发现，产业政策对风电企业环境和社会责任方面的可持续发展水平具有显著促进作用；需求型和环境型政策组合有利于企业可持续发展，而需求型和供给型政策组合、供给型和环境型政策组合则阻碍了企业的可持续发展。

截至2020年底，中国风电新增装机容量和发电量连续11年位居全球首位[②]，因此，风能产业发展的宏观目标之一"增加风力装机容量和风力发电量"可以说已经基本实现。近年来，国家发改委、国家能源局陆续出台了关于新能源平价上网相关政策文件。由于2021年开始陆上风电项目平价上网，此后新核准的陆上风电项目不再享受补贴支持。从这个意义上讲，作为促进风电装机容量和风力发电量的上网电价政策逐步弱化直至取消，是顺应风能产业发展规律的。但是，作为风能产业发展的长远目标，促进风能企业可持续发展的相关政策不仅不应该取消还应有所增加，应该依据不同政策类型组合对风电企业可持续发展的影响效果，针对相关政策进行修改和完善。政府在稳定需求型和环境型政策协同效应的同时，应注重需求型和供给型政策的配合，提高科技信息支持的质量而不是数量；改善供给型和环境型政策搭配，建立健全从中央

[①] 中国风电行业市场前景及投资研究报告（上）[R]. 新能源·风电，2022.01.
[②] 国家能源局：中国在新能源发展上是世界第一 [EB/OL]. https://baijiahao.baidu.com/s?id=1695702837945254833&wfr=spider&for=pc，2021-03-31.

到地方的有效沟通机制，并给予政策实施过程中利益相关者以相应激励。

2. 政策组合应重点倾向技术创新、融资能力和社会关注度等方面

依据第五章的研究结论：产业政策通过技术创新促进效应、融资约束缓解效应以及社会关注提升效应等方面间接提高风电企业的可持续发展能力。

今后的政策组合应该继续支持风能产业技术创新，通过技术创新降低企业成本，使得风电与常规火电能够进行市场化竞争，通过市场的选择和优胜劣汰解决弃风限电问题。为了解决风电的消纳问题，目前亟须解决的是风电的远距离安全运输问题。风能资源禀赋丰富的"三北"地区出现弃风弃电，而经济发达的东部地区风电供给不足，如何解决中国的风电生产地与消费地不一致的问题，实际上就是如何解决将"三北"地区的风电远距离输送到经济发达的东部地区的问题，那么从技术上解决风电远距离的传输就显得尤为必要。其中，风电并网技术的突破是关键，同时也要加快电网建设，使得风电能够通过电网外送到其他缺电地区。

今后的政策组合还应当进一步加强对于风能企业的财政税收支持，缓解企业面临的内外部融资约束，使得风能企业拥有更多用于保护环境、履行社会责任、提高治理水平的资源，为其可持续发展提供资金保障。融资约束程度较高的风电企业面临生产规模小、资金不足等限制，其生产力水平和资源配置效率不高，所拥有资源仅能够实现短期发电规模、经济绩效的提升，如何促进风能企业的发展模式由短期不可持续向长期可持续转型，很大程度上在于如何对企业的当期和未来现金流进行

补充，由此凸显出产业政策帮助风能企业解决资金难题的必要性。因此，政策组合应有效减免企业税负、加速折旧，增强风能企业的资源获取能力，同时提振资本市场对于企业发展的信心，拓宽风能企业的融资渠道。

另外，政策组合对于企业运营的合法性和长期性的硬性规定必不可少，此类规定一方面驱使企业在制度压力下减少污染环境、违背商业道德等短视行为，另一方面，能够加强媒体、客户等利益相关者对企业运营战略的监督，促使企业在社会压力下提升其可持续发展绩效。传统的企业经营侧重股东利益最大化，而忽视了其他利益相关者的诉求，造成企业发展模式不可持续；为了促进风能企业的经营理念向可持续发展转变，就要充分利用社会舆论和媒体报道的监督作用，驱使企业通过对环境和社会作出贡献，增强客户忠诚度、员工信任度及投资者信心，实现长期运营的稳定性。其中，综合考虑风能产业链中利益相关者的诉求尤为重要，政策要给予积极发挥监督作用的媒体、组织和个人以适当表彰和资金支持。

3. 实施差异化风能源产业政策

依据第五章的研究结论：产业政策对国有风能企业社会责任方面的可持续性及非国有企业环境保护方面的可持续性具有积极作用。市场化水平较高的地区，产业政策对企业环境和社会责任方面的可持续发展具有促进作用；市场化水平较低的地区，产业政策对企业治理水平维度的可持续发展具有抑制作用。因此应针对不同所有制和地区的企业制定差异化政策目标、政策力度和政策措施。

为了满足提升风能企业可持续性的要求，政府应当将侧重于扶持国有企业的产业政策转向同时重视国有企业和非国有企业的发展，支持鼓励非国有风能企业与国有风能企业竞争,建设更加公平的市场竞争环境。政府应适当减少对国有企业的保护,并制定倾斜于非国有企业的政策,促使国有企业重视环境保护,激励非国有企业在发展过程中承担更多社会责任。

与此同时,政府在制定产业政策时应考虑低市场化水平地区要素流动性、市场灵活性较差的实际,适当减少政府干预,并积极引导优质资源流动,减少市场要素分配机制不完善造成的资源短缺和错配现象,为风能企业的可持续发展提供稳定有序的外部环境。

(二) 以绿色能源产业政策的最优空间为切入点的政策组合策略

1. 继续强化绿色能源产业创新政策

鉴于绿色能源发电在中国能源结构体系中的重要性,且根据中国的能源规划目标其在未来十几甚至二十年中还要发挥越来越重要的作用,绿色能源发电产业的创新扶持政策暂不能退出。不仅如此,应当制订专门针对企业创新的政府补助政策或条款,避免对企业其他方面的扶持与创新政策一概而论。现阶段中国已经在装机容量上取得瞩目的成就,接下来的目标将从量的胜利转变为质的突破。要达到这一目标就必须制定有针对性的政策,目前产业政策对企业创新效益不令人满意的一大原因是政策目标不清晰,存在各类政策"大杂烩"的现象,没有把创新研究提到重要位置上来。而装机容量世界领先说明绿色能源企业在业务经营方面已走上正轨,政府在接下来的阶段应将重点转移到对企业创新项目的补助上。

2. 应区分不同情况的绿色能源企业,建立绿色能源产业政策的进入—退出机制

产业政策并非多多益善,而应起到一个"四两拨千斤"的作用。以

政府补助为例,根据第八章研究结论,风能企业目前的政策要么是扶持不够要么是扶持过高,这需要政府付出一点成本,在制定政策前对企业进行资格审查和历史研发评估。对于历史研发投入状况较好的企业给予中等的扶持强度,以继续勉励其进行创新研发;对于历史创新程度较差的企业,应当对其创新行为落后的原因进行剖析,分析其为主观上创新意愿不高还是能力不足所致,而非不分情况一概予以资金支持。核电和光伏企业较之风电企业来讲,政府补助较为合理,但也仅有过半企业落入最优区间,这充分说明政府应该区分企业类型以及发展情况,制定产业政策组合。在政策运行期间,应及时跟踪和评估政策效果,不仅要注意政策组合的连续性和一致性,同时也要与时俱进,注意政策的可调整性,及时清理没有作用的政策,建立绿色能源产业政策的进入—退出机制。

3. 要区分区域异质性采用不同的绿色能源产业政策组合

根据第八章的研究结论,政府补助对东部地区企业创新产出不存在门槛效应,表现为显著的促进作用,政府对于中西部地区的创新补助支持力度还不够大,较低的政府补助反而加重了不发达地区的"寻租行为"。政府创新补助政策在一定程度上是对知识产权制度缺位的弥补机制。在市场化程度较低、市场扭曲程度较高的区域,加之资源禀赋差异和创新环境次优,企业的创新积极性更低、创新能力也更差。对于这些地区需要更强劲的资金支持以及相应的人才引进政策才能撬动企业的创新动力,这需要中央政府和地方政府以及相关企业共同付出努力。因此,对于推动中西部创新发展可能不仅仅需要资金投入,更重要的是创新人才的培养和市场环境的培育。想要从根本上提升创新,中国应该加快落实区域协调发展机制和建立健全更加合理的人才机制。

四、基于多主体利益均衡视角的政策组合策略

在发展绿色能源产业的宏观目标上,各个利益主体的目标不一致。绿色能源产业发展往往需要实现不同行动者和部门(如中央政府与地方政府、生产者与消费者等)以及在不同地理和时间尺度上的多重目标(如经济、生态、社会等)。比如,绿色能源产业政策在实现高产目标的同时阻碍高消费目标的实现,可以理解为绿色能源产业政策保证了绿色能源发电企业的利益却忽视了绿色能源电力消费企业的利益;反之,则可以理解为在绿色能源产业政策的引导下绿色能源发电企业和消费企业之间的利益协调一致。

卢现祥(2014)认为,地方政府之间追求 GDP 及政绩的竞争加上中央有关部门的产业发展规划及产业政策的引导,容易导致新兴产业产能过剩,比如光伏。韩秀云(2012)认为,中央政府和地方政府的目标函数不一致,地方政府出于自身政绩目标的原因,采取地方保护主义,造成产业的同质化发展,加剧了行业内的产能过剩。具体情况见第二章绿色能源产业类型及其政策组合中的问题和第七章部分内容。

(一)配额制为主的政策组合顶层设计要满足参与约束与激励相容约束

依据第七章的研究结论:绿色能源产业政策组合设计要满足参与约束和激励相容约束。具体来说,政府选择实施配额制为主的政策组合其条件为:实施该政策组合以后带来的收益扣除制度创新和运行成本以后还要高于维持现状带给政府的收益。绿电企业积极作为的参与约束为:积极作为的收益扣除积极作为的成本以后的收益要高于维持现状的收

益；绿电企业积极作为的"激励相容约束"为：绿电企业在积极作为的情况获得的收益要比其在被动接受、虚假执行政策的情况下能得到的报酬更多，绿电企业才会选择积极执行以配额制为主的政策组合。

政府设计配额制为主的政策组合的目的是最大化自己的期望效用，即以较小的代价最大程度地发展绿色能源产业，同时面临两个约束。第一个约束是参与约束，即理性的企业有动机参与政府设计的机制，也就是进入绿色能源产业市场所得到的期望效用必须不小于它在不进入这个市场时所得到的最大期望效用。一般来说，如果绿电企业不参与此博弈，即放弃进入绿色能源市场，而是投资其他产业，假定投资其他产业可以获得社会平均利润，那么参与约束就必须满足进入绿色能源市场至少可以获得社会平均利润（从长期来看）。第二个约束是激励相容约束，给定政府的信息是不完全的，不知道绿电企业是高成本还是低成本，绿电企业在政府所设计的机制下必须有积极性生产绿色能源产品。显然，只有当绿电企业生产绿色能源产品时得到的期望效用大于它选择投入其他产业时得到的期望效用，绿电企业才有积极性生产绿色能源产品。即激励相容约束就是绿电企业在拿到国家的补贴以后生产绿色能源产品所得到的利润要大于他拿到的补贴水平，这样绿电企业才有选择努力生产绿色能源产品的动机，否则就会选择偷懒，白白得到补贴的利益，即产生"寻租"。同时满足参与约束和激励相容约束的情况下，绿电企业就会积极进入该市场。

（二）配额制为主的政策组合要统筹协调中央政府与地方政府之间的利益均衡

根据第七章的研究结论：中央政府的监督检查成本小于中央政府增加的政策执行成本，意味着中央政府的监督检查成本较低，或中央政府颁布政策不监督其执行导致政策流于形式对后续政策的执行成本影响较大，此时中央政府会积极选择监督检查。地方政府采用"作为"策略时多花费的能源成本低于地方政府在采用在"作为"策略时增加的环境收益和中央政府对地方政府不作为的罚款之和时，意味着地方政府的"作为"成本较低，或采用"作为"策略带给本地的环境收益较高，或采用"不作为"策略的罚款力度较高时，地方政府就有积极性采用"作为"策略。此时系统最终演化为中央政府监管，地方政府积极执行配额制政策。具体来说：

1. 制定较为严格的奖惩措施，保障地方政府积极完成中央下达的配额

加大对地方政府不作为的处罚。随着罚款力度的增大，地方政府的策略选择将倾向于"不作为"转变为倾向于"作为"。罚款力度越大，地方政府倾向于"作为"的速度越快；罚款力度越小，地方政府倾向于"不作为"的速度越快。这说明罚款的提高能够增加对地方政府的压力和督促地方政府严格执行配额制，罚款力度过小会使地方政府不积极甚至不屑于严格执行配额标准。

2. 增加对绿电生产企业的技术支持，降低地方政府完成配额制的能源成本

对于地方政府来说，在当前的技术条件下，要保证不执行配额制政策相同的经济发展水平，必然增加其能源成本。随着能源成本的升高，地方政府策略选择由收敛于作为转变为收敛于不作为。能源成本越低，地方政府选择积极作为的速度越快；能源成本越高，地方政府选择不作为的速度越快。这说明能源成本的降低能够提高地方政府积极执行配额制的意愿和主动性，能源成本过高会使地方政府不愿严格执行配额制完

成配额标准。

3. 营造良好的制度环境，降低政策创新和执行的交易成本

要保证配额制为主的政策组合得到地方政府的积极配合，降低其对地方政府的监管成本。这种监管成本其实就是政策执行的交易成本。监管成本越低，中央政府选择监管的速度越快；监管成本越高，中央政府选择不监管的速度越快。这说明监管成本的降低能够减轻中央政府的监管财政成本压力和增加中央政府进行监管的积极性，监管成本过高会使中央政府疏于监管甚至不愿花费高昂的成本进行监管。

良好的制度环境意味着中央政府由于"政策失信"而导致的政策执行成本越高，这样就导致中央政府越倾向于监管地方政府的作为。对于中央政府来说，增加的政策执行成本越低，中央政府选择不监管的速度越快；增加的政策执行成本越高，中央政府选择监管的速度越快。这说明增加的政策执行成本上升能够增加中央政府对保持自己威信力的压力和增加中央政府进行监管的积极性，不作为而失信的执行成本过低会使中央政府疏于监管甚至不进行监管。

（三）配额制为主的政策组合要统筹协调政企之间的利益均衡

根据第七章的研究结论：对于政府来说，绿证价格要能够弥补绿证实施后的监管成本减去绿证交易后带来的经济收益，意味着绿证价格要高于政府实施绿证的净成本；政府制定较为严格的奖惩机制，对于不生产绿电，不购买绿电的企业要处以较高的罚款，相反则给以较高的奖励，奖惩之和要大于绿证交易价格和绿证交易成本之和。对于绿电生产企业和绿电消费企业来说，绿证交易成本要低，要低于绿电生产企业获得补贴的及时程度乘以绿证交易价格。只要满足上述初始条件，无论政

府、绿电生产企业和绿电消费企业刚开始时的初始概率分别为多少，政府、绿电生产者和绿电消费者最终会趋向于演化博弈的理想稳定状态，即政府监管、绿电生产企业生产绿证，绿电消费企业消费绿证。具体来说：

1. 制度严格的奖惩制度，保障绿电消费企业完成配额任务

对于绿电消费企业来说，随着完成配额标准所受到的奖励的增加，其策略选择将由不进行绿电消费不购买绿证转变为进行绿电消费。奖励越高，绿电企业选择消费绿证的速度越快；奖励越低，绿电企业选择不购买绿证的速度越快。这说明奖励的增加会对绿电消费者购买绿证消费绿电产生激励，使绿电消费者进行绿电消费的意愿更高，奖励过低则起不到对绿电消费者进行消费的促进作用。同样的，随着未完成配额标准所要缴纳罚款的增加，其策略选择将由不进行绿电消费不购买绿证转变为进行绿电消费。罚款越高，绿电企业选择购买绿证的速度越快；罚款越低，绿电企业选择不购买绿证的速度越快。这说明罚款的增加会对绿电消费企业购买绿电产生督促和压力，罚款过低则起不到对绿电消费企业进的制约作用。

虽然对于政府来说，政府选择"监管"策略的收敛速度受给予未达成配额标准企业的奖惩的变动影响较小，也就是说不管奖惩是多少，政府都会选择对绿电交易市场进行监管。罚款越高，政府选择监管的速度越快。但是，监管力度的增强如适当提高对未完成配额标准企业的惩罚和对完成配额标准企业的奖励有利于提高可交易绿证的交易。

2. 设计合理的绿证价格

绿证价格要能够弥补绿证实施后的监管成本减去绿证交易后带来的经济收益，意味着绿证价格要高于政府实施绿证的净成本；虽然如此，绿证价格也不是越高越好，对于政府和绿电消费企业而言绿证价格也是

成本，要想政府与绿电生产企业、消费企业之间利益均衡，还要满足绿证交易价格和绿证交易成本之和小于政府的奖惩之和。

对于绿电生产企业来说，随着可交易绿证价格的升高，其策略选择将由不出售绿证转变为生产绿证。绿证价格越高，绿电生产企业选择生产绿证的速度越快；绿证价格越低，绿电企业选择不生产绿证的速度越快。这说明价格的提高能够增加绿电生产者的生产出售绿证的意愿，价格过低会大大降低生产意愿进而选择不生产绿电不出售绿证。

3. 降低绿证交易成本，完善绿证交易市场

对于绿电生产企业和绿电消费企业来说，随着可交易绿证交易成本的升高，其策略选择将由进行绿电生产出售绿证或绿电消费购买绿证转变为不进行绿电生产不出售绿证或不进行绿电消费不购买绿证。交易成本越高，绿电企业选择不生产不购买的速度越快；交易成本越低，绿电企业选择生产购买的速度越快。这说明交易成本的增加会提高绿电生产者出售绿证和绿电消费者购买绿证的成本，会降低双方生产或销售的意愿，交易成本的降低有利于双方进行绿证的成功交易。

对于绿电生产者和消费者来说，可交易绿证价格，可交易绿证交易成本是影响交易顺利进行的一项重要因素，需要交易市场不断完备、交易信息更加公开透明和交易主体更加理性。

（四）配额制为主的政策组合应配套相适应的环境政策

依据第二章的研究结论：虽然中国颁布了可再生能源法，随后也制定了系列配套政策，仅从形式和数量上看已经形成一套较为完善的政策配套体系，但是实质上政策体系还不太健全，政策之间协调性不够。

作为世界能源消费大国，美国、日本和欧盟等各国的能源政策与环境保护政策日益紧密联系。绿色能源产业相关的利益主体不仅包括政府、绿色能源企业、消费者，也包括传统绿电企业和传统能源的消费者。要想促进绿色能源产业发展，同样也要协调绿色能源企业与传统能源企业以及绿色能源消费者与传统能源消费者之间的利益。王文革（2012）认为，开征碳税的目的在于减排温室气体、减缓全球变暖、实施环境保护等，是针对二氧化碳排放所征收的税。范庆泉、周县华、张同斌（2016）认为，通过实施环境税政策，可以将企业的社会成本内化为企业的生产成本，企业自动减少二氧化碳的排放。实施碳税和环境税政策可一定程度上体现出化石燃料使用的隐形环境成本，使绿色能源更具成本竞争优势，对于行业发展具有间接的促进作用。除此之外，配套适应的还应有碳排放权交易制度等。环境政策的实施通过将传统能源产品的生产者和消费者的社会成本转化为内在的私人成本，从而提高其生产或使用成本，协调与绿色能源产品生产者与消费者之间的利益。

环境政策的主要目的是减少温室气体排放，从而提高传统能源产品的生产者和消费者之间的成本，间接促进绿色能源产业发展；而绿色能源产业政策的主要目标是促进绿色能源低碳技术发展，降低绿色能源产品生产者和消费者的成本，直接促进绿色能源产业发展，减少温室气体排放。由此可见，环境政策与绿色能源产业政策两者之间有差异，但也有重合之处；两种政策之间也不是互相加强，而是通过协调绿色能源企业与传统能源企业之间的平衡，间接促进绿色能源产业发展。在很多情况下，环境政策的实施可能会间接促进能源政策的实现并在一定程度上弥补其不足。综上所述，不同的环境政策与绿色能源产业政策具有互相促进的作用，这也是环境政策与绿色能源产业政策之间相互作用的前提。

参考文献

[1] 国际清洁能源论坛（澳门）.国际清洁能源产业发展报告（2018）[M].北京：世界知识出版社，2018.

[2] 吴建伟，楼永，张鑫.产业经济学[M].北京：清华大学出版社，2016：90.

[3] 刘军.整体网分析：UCINET软件使用指南[M].上海：上海人民出版社，2014.

[4] 柳卸林，游光荣，赵林榜.促进自主创新的政策[M].北京：中国创新管理前沿（第3辑）.北京：知识产权出版社，2007：4-18.

[5] 李贤沛，胡立君.21世纪初中国的产业政策[M].北京：经济管理出版社，2005.

[6] 中国环境与发展国际合作委员会能源战略与技术工作组.能源与可持续发展[M].北京：中国环境科学出版社，2003：138.

[7] 周淑莲.中国地区产业政策研究[M].北京：中国经济出版社，1990.

[8] 小宫隆太郎，奥野正宽，铃村兴太郎.日本的产业政策（中译本）[M].香港：国际文化出版公司，1988.

[9] 阿格拉.欧洲共同体经济学[M].上海：上海译文出版社，1985.

[10] 下河边淳, 管家茂. 现代日本经济事典（中译本）[M]. 北京: 中国社会科学出版社, 1982.

[11] 孙薇, 叶初升. 政府采购何以牵动企业创新——兼论需求侧政策"拉力"与供给侧政策"推力"的协同 [J]. 中国工业经济, 2023 (01): 1-19.

[12] 孙传旺, 占妍泓. 电价补贴对新能源制造业企业技术创新的影响——来自风电和光伏装备制造业的证据 [J]. 数量经济技术经济研究, 2023, 40 (02): 158-180.

[13] 王海军, 王淞正, 张琛, 等. 数字化转型提高了企业 ESG 责任表现吗？——基于 MSCI 指数的经验研究 [J]. 外国经济与管理, 2023, 45 (06): 19-35.

[14] 何京东, 曹大泉, 段晓男, 等. 发挥国家战略科技力量作用, 为"双碳"目标提供有力科技支撑 [J]. 中国科学院院刊, 2022, 37 (04): 415-422.

[15] 王雪原, 李雪琪. 技术-组织-环境框架下数字化政策组合研究 [J]. 科学学研究, 2022, 40 (05): 841-851.

[16] 蔡强, 卫贵武, 黄晶, 等. 基于社会福利的可再生能源 R&D 激励政策评价 [J]. 中国管理科学, 2022, 30 (01): 206-221.

[17] 华斌, 康月, 范林昊. 中国高新技术产业政策层级性特征与演化研究——基于1991—2020年6043份政策文本的分析 [J]. 科学学与科学技术管理, 2022, 43 (01): 87-106.

[18] 张慧, 黄群慧. 制度压力、主导型 CEO 与上市公司 ESG 责任履行 [J]. 山西财经大学学报, 2022, 44 (09): 74-86.

[19] 柳学信, 李胡扬, 孔晓旭. 党组织治理对企业 ESG 表现的影响研究 [J]. 财经论丛, 2022, 281 (01): 100-112.

[20] 姜燕，秦淑悦．绿色信贷政策对企业可持续发展绩效的促进机制［J］．中国人口·资源与环境，2022，32（12）：78－91．

[21] 陈艳，许伟，周园嫒．创新政策对新能源企业技术创新的影响——基于中国新能源企业的实证分析［J］．科技管理研究，2022，42（02）：8－15．

[22] 李瑞雪，彭灿，吕潮林．双元创新协同性与企业可持续发展：竞争优势的中介作用［J］．科研管理，2022，43（04）：139－148．

[23] 胡宗义，何冰洋，李毅，等．异质性环境规制与企业环境责任履行［J］．统计研究，2022，39（12）：22－37．

[24] 江艇．因果推断经验研究中的中介效应与调节效应［J］．中国工业经济，2022，410（05）：100－120．

[25] 李增福，冯柳华．企业ESG表现与商业信用获取［J］．财经研究，2022，48（12）：151－165．

[26] 斯丽娟，曹昊煜．绿色信贷政策能够改善企业环境社会责任吗——基于外部约束和内部关注的视角［J］．中国工业经济，2022，409（04）：137－155．

[27] 李小荣，徐腾冲．环境－社会责任－公司治理研究进展［J］．经济学动态，2022，738（08）：133－146．

[28] 刘满芝，杜明伟，刘贤贤．政府补贴与新能源企业绩效：异质性与时滞性视角［J］．科研管理，2022，43（03）：17－26．

[29] 刘恩侨．全球能源结构转型大势［J］．中国经济报告，2021（01）：105－113．

[30] 邵传林，李晓慧．市场化营商环境、投资潮涌与民营企业过度投资［J］首都经济贸易大学学报，2021，23（05）：83－97．

[31] 陈世香，张静静．基于"价值链－政策工具"框架的我国公

共文化服务政策分析[J].吉首大学学报(社会科学版),2021,42(02):14-22.

[32] 张永安,关永娟.政策组合对中国光伏企业创新绩效的影响[J].系统管理学报,2021,30(03):500-507,515.

[33] 董长贵,周润民,李佳颖.补贴政策对中国光伏装机市场的影响——基于面板数据回归的实证分析[J].资源科学,2021,43(06):1065-1076.

[34] 兰梓睿.中国可再生能源政策效力、效果与协同度评估——基于1995~2018年政策文本的量化分析[J].大连理工大学学报(社会科学版),2021,42(05):112-122.

[35] 邵学峰,方天舒.不完全契约视角下绿色能源的政策驱动效应——以光伏产业为例[J].财经问题研究,2021(05):40-48.

[36] 汪辉,赵新刚,任领志,等.可再生能源配额制与中国能源低碳转型[J].财经论丛,2021(09):104-113.

[37] 李凡,朱缤绮,孙颖.环境政策、制度质量和可再生能源技术创新——基于32个国家的实证分[J].资源科学,2021,43(12):2514-2525.

[38] 赵彦云,李倩.风电上网电价政策地区差异及其产业效应[J].资源科学,2021,43(1):12-22.

[39] 王欣,杜宝贵.长三角区域一体化政策府际关系研究——基于社会网络分析[J].公共管理与政策评论,2021(06):37-52.

[40] 张泽璐,陈艳.基于共词分析的中国风能产业政策网络研究[J].绿色科技,2021,23(22):268-276.

[41] 王海,尹俊雅.地方产业政策与行业创新发展——来自新能源汽车产业政策文本的经验证据[J].财经研究,2021,47(05):

64-78.

[42] 李井林, 阳镇, 陈劲, 等. ESG促进企业绩效的机制研究——基于企业创新的视角 [J]. 科学学与科学技术管理, 2021, 42 (09): 71-89.

[43] 陈艳, 周园媛, 纪雅星. 产业政策对企业绩效的影响及作用机制研究——来自中国光伏产业的经验数据 [J]. 科技进步与对策, 2021, 38 (22): 68-75.

[44] 解学梅, 朱琪玮. 企业绿色创新实践如何破解"和谐共生"难题? [J]. 管理世界, 2021, 37 (01): 128-49, 9.

[45] 范德成, 张修凡. 绿色金融改革创新对低碳企业可持续发展能力的影响研究 [J]. 科学管理研究, 2021, 39 (03): 85-90.

[46] 李全生, 张凯. 我国能源绿色开发利用路径研究 [J]. 中国工程科学, 2021, 23 (01): 101-111.

[47] 安同良, 千慧雄. 中国企业R&D补贴策略: 补贴阈限、最优规模与模式选择 [J]. 经济研究, 2021, 56 (01): 122-137.

[48] 刘丰云, 沈亦凡, 何凌云. 补贴时点对新能源研发创新的影响与区域差异 [J]. 中国人口·资源与环境, 2021, 31 (01): 57-67.

[49] 刘若鸿, 邓晓兰, 鄢伟波, 等. 经济增长目标与地方政府财务支持策略——来自地方融资平台的证据 [J]. 经济科学, 2021 (06): 21-37.

[50] 成琼文, 丁红乙. 政府补贴强度对资源型企业实质性创新产出的影响 [J]. 科技进步与对策, 2021, 38 (02): 85-94.

[51] 冯根福, 郑明波, 温军, 等. 究竟哪些因素决定了中国企业的技术创新——基于九大中文经济学权威期刊和A股上市公司数据的再实证 [J]. 中国工业经济, 2021 (01): 7-35.

[52] 姜晓婧, 赵贤. 政府补贴、企业创新投入与产能过剩——基

于中国光伏产业上市公司的经验验证［J］. 东北财经大学学报，2020（06）：30-37.

［53］霍国庆，聂云阳，李维维. 后发地区政策创新引领战略性新兴产业发展研究——以大同市新能源产业为例［J］. 科技管理研究，2020，40（17）：244-249.

［54］蒋轶澄，曹红霞，杨莉，等. 可再生能源配额制的机制设计与影响分析［J］. 电力系统自动化，2020，44（07）：187-199.

［55］余杨，李传忠. 绿证交易、发售电配额制与可再生能源财税减负效应［J］. 中国人口·资源与环境，2020，30（02）：80-88.

［56］胡宗义，邱先翼，李毅. 政府补助对可再生能源投资的门槛效应研究［J］. 财经理论与实践，2020，41（05）：61-69.

［57］涂强，莫建雷，范英. 中国可再生能源政策演化、效果评估与未来展望［J］. 中国人口·资源与环境，2020，30（03）：29-36.

［58］黄涛珍，商波. 可再生能源配额考核监管与主体行为策略选择［J］. 资源科学，2020，2（12）：2393-2405.

［59］王恰. 中国风电产业40年发展成就与展望［J］. 中国能源，2020，42（09）：28-33.

［60］王家合，赵喆. 中国医疗卫生政策变迁的过程、逻辑与走向——基于1949-2019年政策文本的分析［J］. 经济社会体制比较，2020（05）：110-120.

［61］张志元，马永凡，张梁. 供给侧改革视角的政府补助与企业创新［J］. 科研管理，2020，1（08）：85-94.

［62］尚洪涛，宋雅希. 中国民营企业创新补贴政策效应的动态评价［J］. 科学学研究，2020，8（06）：1121-1131.

［63］任以胜，陆林，虞虎，等. 尺度政治视角下的新安江流域生

态补偿政府主体博弈[J]. 地理学报, 2020, 75 (08): 1667-1679.

[64] 马文聪, 叶阳平, 陈修德. 创新政策组合: 研究述评与未来展望[J]. 科技进步与对策, 2020, 37 (15): 152-160.

[65] 吴锦明. 新能源产业发展需要哪些"政策红利"[J]. 人民论坛, 2019 (08): 66-67.

[66] 陈艳, 龚承柱, 尹自华. 中国风能产业政策内在关系及其组合效率动态评价[J]. 中国地质大学学报 (社会科学版), 2019, 19 (06): 142-152.

[67] 李杨. 政府政策和市场竞争对欧盟国家可再生能源技术创新的影响[J]. 资源科学, 2019, 41 (07): 1306-1316.

[68] 朱彤. 我国可再生能源的发展阶段与面临挑战[J]. 中国国情国力, 2019 (07): 8-12.

[69] 张丽虹, 何凌云, 钟章奇. 可再生能源投资及其影响因素: 一个理论分析框架[J]. 西安财经学院学报, 2019, 32 (06): 66-73.

[70] 唐安宝, 刘娇. 环境不确定性、税收激励政策与投资效率——基于可再生新能源企业的研究[J]. 工业技术经济, 2019, 38 (05): 79-88.

[71] 陈雪琳, 鲁若愚. 基于共词分析的我国双创政策关注热点研究[J]. 电子科技大学学报 (社科版), 2019, 21 (02): 9-17.

[72] 王晓珍, 蒋浩, 郑颖. 风电产业创新政策有效性研究[J]. 科学学研究, 2019, 37 (07): 1249-1257.

[73] 邱牧远, 殷红. 生态文明建设背景下企业ESG表现与融资成本[J]. 数量经济技术经济研究, 2019, 36 (03): 108-123.

[74] 王天驰, 陈吕斌, 孟丽. 政府支持路径对我国风电企业技术创新投入影响的比较研究——基于动态面板数据的系统GMM分析[J].

软科学, 2019, 33 (02): 12-16.

[75] 肖宇, 彭子龙, 何京东, 等. 科技创新助力构建国家能源新体系 [J]. 中国科学院院刊, 2019, 34 (04): 385-391.

[76] 赵新刚, 任领志, 万冠. 可再生能源配额制、发电厂商的策略行为与演化 [J]. 中国管理科学, 2019, 27 (03): 168-179.

[77] 刘宇佳, 李春艳, 孟维站. 我国科技政策对高技术产业成长能力影响研究——基于单一政策和政策组合特征的分阶段实证检验 [J]. 工业技术经济, 2019, 38 (06): 105-113.

[78] 王敏. 关于中国风电和光伏发电补贴缺口和大比例弃电问题的研究 [J]. 国际经济评论, 2018 (04): 67-85, 6.

[79] 周德群, 许晴, 马骥, 等. 基于演化博弈的光伏产业支持政策研究 [J]. 技术经济与管理研究, 2018 (03): 114-119.

[80] 肖仁桥, 陈忠卫, 钱丽. 异质性技术视角下中国高技术制造业创新效率研究 [J]. 管理科学, 2018, 31 (01): 48-68.

[81] 郭本海, 李军强, 张笑腾. 政策协同对政策效力的影响——基于227项中国光伏产业政策的实证研究 [J]. 科学学研究, 2018, 36 (05): 790-799.

[82] 彭月兰, 任晋晋. 促进我国风电发展的财税政策研究 [J]. 经济问题, 2018 (08): 28-31, 83.

[83] 王婷. 中国政策结构的内在逻辑——以农村社会养老保险政策为例 [J]. 政治学研究, 2018 (03): 62-71.

[84] 王晓珍, 邹鸿辉, 高伟. 产业政策有效性分析——来自风电企业产权性质及区域创新环境异质性的考量 [J]. 科学学研究, 2018, 36 (02): 228-238.

[85] 陈曦, 朱建华, 李国平. 中国制造业产业间协同集聚的区域

差异及其影响因素 [J]. 经济地理, 2018, 38 (12): 104-110.

[86] 韩超, 肖兴志, 李姝. 产业政策如何影响企业绩效: 不同政策与作用路径是否存在影响差异? [J]. 财经研究, 2017, 43 (01): 122-133.

[87] 龚向前. 可再生能源优先权的法律构造——基于"弃风限光"现象的分析 [J]. 中国地质大学学报（社会科学版）, 2017, 17 (01): 29-36.

[88] 吕东东, 郭本海, 陈玮, 等. 基于多方合作博弈的我国光伏产业政策优化路径研究 [J]. 科技管理研究, 2017, 37 (03): 56-62.

[89] 高瑜. 关于完善我国风电产业政策的几点思考 [J]. 中国行政管理, 2017 (04): 108-112.

[90] 马子明, 钟海旺, 谭振飞, 等. 以配额制激励可再生能源的需求与供给国家可再生能源市场机制设计 [J]. 电力系统自动化, 2017, 41 (24): 90-96.

[91] 景楠, 王建霞, 许皓, 等. 基于用户社会关系的社交网络好友推荐算法研究 [J]. 中国管理科学, 2017, 25 (03): 164-171.

[92] 高伟, 吴昌松, 乔光辉, 等. 风电产业研发资助政策的传导效果实证研究 [J]. 中国软科学, 2017, 323 (11): 54-65.

[93] 李凤梅, 柳卸林, 高雨辰, 等. 产业政策对我国光伏企业创新与经济绩效的影响 [J]. 科学学与科学技术管理, 2017, 38 (11): 47-60.

[94] 曾婧婧, 童文思. 能源政策创新对中国绿色经济发展的驱动途径——基于2007-2011年省级面板数据的实证研究 [J]. 经济问题探索, 2017, 418 (05): 155-163.

[95] 孙晓华, 郭旭, 王昀. 政府补贴、所有权性质与企业研发决

策 [J]. 管理科学学报, 2017, 20 (06): 18-31.

[96] 范斌, 周德群. 中央与地方政府促进产业发展的关系——基于光伏产业准入规制政策的演化博弈分析 [J]. 北京理工大学学报（社会科学版）, 2017, 19 (03): 8-14.

[97] 郭本海, 吕东东, 陈玮. 多主体参与下我国光伏设备合作研制演化博弈模型 [J]. 运筹与管理, 2017, 26 (03): 100-107.

[98] 张辉, 刘佳颖, 何宗辉. 政府补贴对企业研发投入的影响——基于中国工业企业数据库的门槛分析 [J]. 经济学动态, 2016 (12): 28-38.

[99] 郭炜煜, 赵新刚, 冯霞. 固定电价与可再生能源配额制：基于中国电力市场的比较 [J]. 中国科技论坛, 2016 (09): 90-97.

[100] 李庆, 陈敏. 中国风电固定上网电价政策的实物期权理论与实证分析 [J]. 中国管理科学, 2016, 24 (05): 65-73.

[101] 王晓珍, 彭志刚, 高伟, 等. 我国风电产业政策演进与效果评价 [J]. 科学学研究, 2016, 34 (12): 1817-1829.

[102] 彭本红, 武柏宇, 谷晓芬. 电子废弃物回收产业链协同治理影响因素分析——基于社会网络分析方法 [J]. 中国环境科学, 2016, 36 (7): 2219-2229.

[103] 张永安, 闫瑾. 基于文本挖掘的科技成果转化政策内部结构关系与宏观布局研究 [J]. 情报杂志, 2016, 35 (02): 44-49.

[104] 黎文靖, 郑曼妮. 实质性创新还是策略性创新？——宏观产业政策对微观企业创新的影响 [J]. 经济研究, 2016, 51 (04): 60-73.

[105] 范庆泉, 周县华, 张同斌. 动态环境税外部性、污染累积路径与长期经济增长——兼论环境税的开征时点选择问题 [J]. 经济研究, 2016, 51 (08): 116-128.

[106] 冯海红, 曲婉, 李铭禄. 税收优惠政策有利于企业加大研发投入吗?[J]. 科学学研究, 2015, 33 (05): 665-673.

[107] 毕超. 中国能源 CO_2 排放峰值方案及政策建议[J]. 中国人口·资源与环境, 2015, 25 (05): 20-27.

[108] 苏竣, 张芳. 政策组合和清洁能源创新模式: 基于光伏产业的跨国比较研究[J]. 国际经济评论, 2015 (05): 132-142.

[109] 邱兆林. 中国产业政策有效性的实证分析——基于工业行业的面板数据[J]. 软科学, 2015, 29 (02): 11-14.

[110] 孙早, 席建成. 中国式产业政策的实施效果: 产业升级还是短期经济增长[J]. 中国工业经济, 2015 (07): 52-67.

[111] 曾婧婧, 胡锦绣. 中国公众环境参与的影响因子研究——基于中国省级面板数据的实证分析[J]. 中国人口·资源与环境, 2015, 25 (12): 62-69.

[112] 黄萃, 赵培强, 李江. 基于共词分析的中国科技创新政策变迁量化分析[J]. 中国行政管理, 2015 (09): 115-122.

[113] 安卫华. 社会网络分析与公共管理和政策研究[J]. 中国行政管理, 2015 (03): 96-101.

[114] 周亚虹, 蒲余路, 陈诗一, 等. 政府扶持与新型产业发展——以新能源为例[J]. 经济研究, 2015, 50 (06): 147-161.

[115] 杨洋, 魏江, 罗来军. 谁在利用政府补贴进行创新?——所有制和要素市场扭曲的联合调节效应[J]. 管理世界, 2015 (01): 75-86, 98, 188.

[116] 潘峰, 西宝, 王琳. 基于演化博弈的地方政府环境规制策略分析[J]. 系统工程理论与实践, 2015, 35 (06): 1393-1404.

[117] 王文祥, 史言信. 我国光伏产业困境的形成: 路径、机理与

政策反思 [J]. 当代财经, 2014 (01): 87-97.

[118] 林伯强, 李江龙. 基于随机动态递归的中国可再生能源政策量化评价 [J]. 经济研究, 2014, 49 (04): 89-103.

[119] 嵇欣. 国外气候与能源政策相互作用的研究述评 [J]. 中国人口·资源与环境, 2014, 24 (11): 42-50.

[120] 张国兴, 高秀林, 汪应洛, 等. 中国节能减排政策的测量、协同与演变——基于1978—2013年政策数据的研究 [J]. 中国人口·资源与环境, 2014, 24 (12): 62-73.

[121] 黄栋, 常鸣明. 我国风电产业发展政策的变迁研究——基于支持联盟框架分析 [J]. 工业技术经济, 2014, 33 (01): 137-145.

[122] 罗敏, 朱雪忠基于共词分析的我国低碳政策构成研究 [J]. 管理学报, 2014, 11 (11): 1680-1685.

[123] 汪秋明, 韩庆潇, 杨晨. 战略性新兴产业中的政府补贴与企业行为——基于政府规制下的动态博弈分析视角 [J]. 财经研究, 2014, 40 (07): 43-53.

[124] 李世杰, 胡国柳, 高健. 转轨期中国的产业集聚演化：理论回顾、研究进展及探索性思考 [J]. 管理世界, 2014 (04): 165-170.

[125] 陈艳, 朱雅丽. 基于博弈模型的可再生能源产业补贴标准设计 [J]. 统计与决策, 2014 (20): 49-51.

[126] 卢现祥. 对我国产能过剩的制度经济学思考 [J]. 福建论坛 (人文社会科学版), 2014 (08): 37-43.

[127] 毕清华, 范英, 蔡圣华, 等. 基于CDECGE模型的中国能源需求情景分析 [J]. 中国人口·资源与环境, 2013, 23 (01): 41-48.

[128] 吕明洁, 陈松, 楼永. 中国能源产业创新政策内生性与能源消费结构变迁 [J]. 软科学, 2013, 27 (11): 1-5.

[129] 田立新, 许培琳, 傅敏. 基于实物期权的中国风电发展政策评估 [J]. 管理学报, 2013, 10 (02): 266-273.

[130] 林洲钰, 林汉川, 邓兴华. 所得税改革与中国企业技术创新 [J]. 中国工业经济, 2013, 300 (03): 111-123.

[131] 孔东民, 刘莎莎, 王亚男. 市场竞争、产权与政府补贴 [J]. 经济研究, 2013, 48 (02): 55-67.

[132] 王永进, 盛丹. 地理集聚会促进企业间商业信用吗？[J]. 管理世界, 2013 (01): 101-114, 188.

[133] 任曙明, 张静. 补贴、寻租成本与加成率——基于中国装备制造企业的实证研究 [J]. 管理世界, 2013 (10): 118-129.

[134] 立宏, 郁义鸿. 光伏产业政策体系评估：多层次抑或多元化 [J]. 改革, 2012 (08): 114-122.

[135] 邸元, 崔潇濛, 刘晓鸥. 中国风电产业技术创新对风电投资成本的影响 [J]. 数量经济技术经济研究, 2012, 29 (03): 140-150.

[136] 陈艳, 朱雅丽. 可再生能源产业发展路径：基于制度变迁的视角 [J]. 资源科学, 2012, 34 (01): 50-57.

[137] 杨德明, 赵璨. 媒体监督、媒体治理与高管薪酬 [J]. 经济研究, 2012, 47 (06): 116-126.

[138] 高艳慧, 万迪昉, 蔡地. 政府研发补贴具有信号传递作用吗？——基于我国高技术产业面板数据的分析 [J]. 科学学与科学技术管理, 2012, 33 (01): 5-11.

[139] 韩秀云. 对我国新能源产能过剩问题的分析及政策建议——以风能和太阳能行业为例 [J]. 管理世界, 2012 (08): 171-172, 175.

[140] 王文革. 关于我国碳税制度设计的关键问题 [J]. 江苏大学学报（社会科学版）, 2012, 14 (06): 12-15, 26.

[141] 李代红. 我国绿色能源产业发展的制度路径 [J]. 科学管理研究, 2011, 29 (06): 72-75.

[142] 黄萃, 苏竣, 施丽萍, 等. 政策工具视角的中国风能政策文本量化研究 [J]. 科学学研究, 2011, 29 (06): 876-882.

[143] 丁锦希, 孙晓东. 制度战略理论框架下的技术创新政策作用机制研究——基于对江苏省生物医药高新企业的实证分析 [J]. 软科学, 2011, 25 (11): 61-68, 77.

[144] 樊纲, 王小鲁, 马光荣. 中国市场化进程对经济增长的贡献 [J]. 经济研究, 2011, 46 (09): 4-16.

[145] 张杰, 周晓艳, 李勇. 要素市场扭曲抑制了中国企业R&D? [J]. 经济研究, 2011, 46 (08): 78-91.

[146] 彭向, 蒋传海. 产业集聚、知识溢出与地区创新——基于中国工业行业的实证检验 [J] 经济学（季刊）, 2011, 10 (03): 913-934.

[147] 江飞涛, 李晓萍. 直接干预市场与限制竞争: 中国产业政策的取向与根本缺陷 [J]. 中国工业经济, 2010 (09): 26-36.

[148] 赵勇强, 熊倪娟. 我国可再生能源经济激励政策回顾与建议 [J]. 经济与管理研究, 2010 (04): 5-11.

[149] 徐二明, 左娟. 合法性对电信运营企业可持续发展战略及绩效的影响研究 [J]. 中国工业经济, 2010, 271 (10): 44-54.

[150] 余明桂, 回雅甫, 潘红波. 政治联系、寻租与地方政府财政补贴有效性 [J]. 经济研究, 2010, 45 (03): 65-77.

[151] 袁旭梅, 郭秀莉. 我国风电产业政策分析与思考 [J]. 科学管理研究, 2009, 27 (06): 110-113.

[152] 蒋琰, 陆正飞. 公司治理与股权融资成本——单一与综合机制的治理效应研究 [J]. 数量经济技术经济研究, 2009, 26 (02):

60 - 75.

[153] 安同良, 周绍东, 皮建才. R&D 补贴对中国企业自主创新的激励效应 [J]. 经济研究, 2009, 44 (10): 87 - 98, 120.

[154] 彭纪生, 仲为国, 孙文祥. 政策测量、政策协同演变与经济绩效: 基于创新政策的实证研究 [J]. 管理世界, 2008 (09): 25 - 36.

[155] 林毅夫. 潮涌现象与发展中国家宏观经济理论的重新构建 [J]. 经济研究, 2007 (01): 126 - 131.

[156] 匡小平, 肖建华. 我国自主创新能力培育的税收优惠政策整合——基于高新技术企业税收优惠的分析 [J]. 财贸经济, 2007 (S1): 51 - 55.

[157] 陈艳, 成金华. 我国能源政策问题研究综述 [J]. 中国能源, 2006 (10): 24 - 27.

[158] 陈耀, 汤学俊. 企业可持续成长能力及其生成机理 [J]. 管理世界, 2006 (12): 111 - 114, 141.

[159] 辜胜阻, 王晓杰. 新能源产业的特征和发展思路 [J]. 经济管理, 2006 (11): 29 - 32.

[160] 范剑勇. 产业集聚与地区间劳动生产率差异 [J]. 经济研究, 2006 (11): 72 - 81.

[161] 白重恩, 杜颖娟, 陶志刚, 等. 地方保护主义及产业地区集中度的决定因素和变动趋势 [J]. 经济研究, 2004 (04): 29 - 40.

[162] 朱平芳, 徐伟民. 政府的科技激励政策对大中型工业企业 R&D 投入及其专利产出的影响——上海市的实证研究 [J]. 经济研究, 2003 (06): 45 - 53, 94.

[163] 林毅夫, 李永军. 中小金融机构发展与中小企业融资 [J]. 经济研究, 2001 (01): 10 - 18.

[164] 刘帮成, 姜太平. 影响企业可持续发展的因素分析 [J]. 软科学, 2000 (03): 52-54.

[165] 周振华. 产业政策分析的基本框架 [J]. 当代经济科学, 1990 (06): 26-32.

[166] 小宫隆太郎, 佘昻鹏. 日本产业政策争论的回顾和展望 [J]. 现代日本经济, 1988 (03): 5-8.

[167] 杨靖. 全国人大代表郑月明: 政策落实是可再生能源"换挡提速"的关键 [N]. 中国工业报, 2022-03-08 (002).

[168] 汪晓东, 李翔, 王洲. 关系我国发展全局的一场深刻变革 [N]. 人民日报, 2021-12-08 (001).

[169] 丁怡婷. 我国可再生能源发电装机容量超 10 亿千瓦 [N]. 人民日报, 2021-11-29 (001).

[170] 徐枫, 丁有炜, 彭业辉. 我国绿色能源投融资政策供需失衡问题及对策研究 [C]//金融供给侧结构性改革暨新经济治理范式下经济学主流期刊引领学科建设学术研讨会论文集, 2016: 294-311.

[171] 陈冬华, 李真, 新夫. 产业政策与公司融资——来自中国的经验证据 [C]//2010 中国会计与财务研究国际研讨会论文集, 2010: 231-310.

[172] 国家可再生能源中心. 中国可再生能源展望 2017 [R]. 北京: 国家可再生能源中心, 2017.

[173] Nachmany M, Fankhauser S, Setzer J, et al. Global Trends in Climate Change Legislation and Litigation: 2017 Update [M]. London, UK Grantham Research Institute on Climate Change and the Environment, London, UK (2017).

[174] Rothwell R, Zegveld W. Reindusdalization and Technology [M].

London, UK Logman Group Limited, 1985: 83 - 104.

[175] Arrow K. Economic Welfare and the Allocation of Resources for Invention [M]. Boston, USA National Bureau of Economic Research, Inc, 1962: 609 - 626.

[176] Fang MY, Nie HH, Shen XY. Can enterprise digitization improve ESG performance? [J]. Economic Modelling, 2023, 118: 106101.

[177] Malhotra A. Trade-offs and synergies in power sector policy mixes: The case of Uttar Pradesh, India [J]. Energy Policy, 2022, 164: 112936.

[178] Li JL, Ho M S. Indirect cost of renewable energy: Insights from dispatching [J]. Energy Economics, 2022, 105: 105778.

[179] Tang M, Wang Y. Tax incentives and corporate social responsibility: The role of cash savings from accelerated depreciation policy [J]. Economic Modelling, 2022, 116: 106040.

[180] Zhang DY, Kong QX. Renewable energy policy, green investment, and sustainability of energy firms [J]. Renewable Energy, 2022, 192: 118 - 133.

[181] Liu TT, Chen Z, Xu JP. Empirical evidence based effectiveness assessment of policy regimes for wind power development in China [J]. Renewable and Sustainable Energy Reviews, 2022, 164: 112535.

[182] Wang XZ, Liu S, Tao ZY, et al. The impact of industrial policy and its combinations on the innovation quality of wind power enterprises: A study from the perspective of financing modes [J]. Renewable Energy, 2022, 188: 945 - 956.

[183] Zhang DY, Kong QX. Do energy policies bring about corporate overinvestment? Empirical evidence from Chinese listed companies [J]. En-

ergy Economics, 2022, 105: 105718.

[184] Yu C H, Wu X Q, Lee W, et al. Resource misallocation in the Chinese wind power industry: The role of feed-in tariff policy [J]. Energy Economics, 2021, 98: 105236.

[185] Ren S, Hao Y, Wu H. Government corruption, market segmentation and renewable energy technology innovation: Evidence from China [J]. Journal of Environmental Management, 2021, 300: 113686.

[186] Zhao G, Zhou P, Wen W. Feed-in tariffs, knowledge stocks and renewable energy technology innovation: The role of local government intervention [J]. Energy Policy, 2021, 156: 112453.

[187] Zhang L B, Chen C, Wang Q, et al. The impact of feed-in tariff reduction and renewable portfolio standard on the development of distributed photovoltaic generation in China [J]. Energy, 2021, 232: 120933.

[188] Wang M, Li X, Wang S. Discovering research trends and opportunities of green finance and energy policy: A data-driven scientometric analysis [J]. Energy Policy, 2021, 154: 112295.

[189] Song Y, Liu J, Wei Y C, et al. Study on the direct and indirect effectiveness of wind power policy: Empirical evidence from 30 provinces in China [J]. Renewable Energy, 2021, 170: 749–763.

[190] Zhang DY, Kong QX. How does energy policy affect firms' outward foreign direct investment: An explanation based on investment motivation and firms' performance [J]. Energy Policy, 2021, 158: 112548.

[191] Fan W Y, Hao Y. An empirical research on the relationship amongst renewable energy consumption, economic growth and foreign direct investment in China [J]. Renewable Energy, 2020, 146: 598–609.

[192] Pitelis A, Vasilakos N, Chalvatzis K. Fostering innovation in renewable energy technologies: Choice of policy instruments and effectiveness [J]. Renewable Energy, 2020, 151: 1163-1172.

[193] Anton S G, Afloarei Nucu A E. The effect of financial development on renewable energy consumption. A panel data approach [J]. Renewable Energy, 2020, 147: 330-338.

[194] Zhao X G, Li P L, Zhou Y. Which policy can promote renewable energy to achieve grid parity? Feed-in tariff vs. renewable portfolio standards [J]. Renewable Energy, 2020, 162: 322-333.

[195] Hong S, Yang T, Chang H J, et al. The effect of switching renewable energy support systems on grid parity for photovoltaic: Analysis using a learning curve model [J]. Energy Policy, 2020, 138: 111233.

[196] Ding H, Zhou D Q, Liu G Q, et al. Cost reduction or electricity penetration: Government R&D-induced PV development and future policy schemes [J]. Renewable and Sustainable Energy Reviews, 2020, 124: 109752.

[197] Harjanne A, Korhonen J M. Abandoning the concept of renewable energy [J] Energy Policy, 2019, 127: 330-340.

[198] Ji Q, Zhang D. How much does financial development contribute to renewable energy growth and upgrading of energy structure in China? [J]. Energy Policy, 2019, 128: 114-124.

[199] Corwin S, Johnson T L. The role of local governments in the development of China's solar photovoltaic industry [J]. Energy Policy, 2019, 130: 283-293.

[200] Huang P. The verticality of policy mixes for sustainability transi-

tions: A case study of solar water heating in China [J]. Research Policy, 2019, 48 (10): 103758.

[201] Gao X, Rai V. Local demand-pull policy and energy innovation: Evidence from the solar photovoltaic market in China [J]. Energy Policy, 2019, 128: 364 – 376.

[202] Liu J X. China's renewable energy law and policy: A critical review [J]. Renewable & Sustainable Energy Reviews, 2019, 99: 212 – 219.

[203] Polzin F, Egli F, Steffen B, et al. How do policies mobilize private finance for renewable energy? —A systematic review with an investor perspective [J]. Applied Energy, 2019, 236: 1249 – 1268.

[204] Edmondson D L, Kern F, Rogge K S. The co-evolution of policy mixes and socio-technical systems: Towards a conceptual framework of policy mix feedback in sustainability transitions [J]. Research Policy, 2019, 48 (10): 103555.

[205] Li W, Lu C, Zhang Y. Prospective exploration of future renewable portfolio standard schemes in China via a multi-sector CGE model [J]. Energy Policy, 2019, 128: 45 – 56.

[206] Kazimierczuk A H. Wind energy in Kenya: A status and policy framework review [J]. Renewable and Sustainable Energy Reviews, 2019, 107: 434 – 445.

[207] Zhu M, Qi Y, Belis D, et al. The China wind paradox: The role of state-owned enterprises in wind power investment versus wind curtailment [J]. Energy Policy, 2019, 127: 200 – 212.

[208] Liu WF, Zhang XP, Feng S. Does renewable energy policy work? Evidence from a panel data analysis [J]. Renewable Energy, 2019,

135: 635-642.

[209] Schmidt T S, Sewerin S. Measuring the temporal dynamics of policy mixes—An empirical analysis of renewable energy policy mixes' balance and design features in nine countries [J]. Research Policy, 2019, 48 (10): 103557.

[210] De Jong J P J, Gillert N L, Stock R M. First adoption of consumer innovations: Exploring market failure and alleviating factors [J]. Research Policy, 2018, 47 (2): 487-497.

[211] Zhang Q, Wang G, Li Y, et al. Substitution effect of renewable portfolio standards and renewable energy certificate trading for feed-in tariff [J]. Applied Energy, 2018, 227: 426-435.

[212] Choi G, Huh S, Heo E, et al. Prices versus quantities: Comparing economic efficiency of feed-in tariff and renewable portfolio standard in promoting renewable electricity generation [J]. Energy Policy, 2018, 113: 239-248.

[213] Kwon T. Policy synergy or conflict for renewable energy support: Case of RPS and auction in South Korea [J]. Energy Policy, 2018, 123: 443-449.

[214] Dong C, Qi Y, Dong W, et al. Decomposing driving factors for wind curtailment under economic new normal in China [J]. Applied Energy, 2018, 217: 178-188.

[215] Bello M O, Solarin S A, Yen Y Y. The impact of electricity consumption on CO_2 emission, carbon footprint, water footprint and ecological footprint: The role of hydropower in an emerging economy [J]. Journal of Environmental Management, 2018, 219: 218-230.

[216] Wang X Z, Zou H H. Study on the effect of wind power industry policy types on the innovation performance of different ownership enterprises: evidence from China [J] Energy Policy, 2018, 122: 241-252.

[217] Sahu B K. Wind energy developments and policies in China: A short review [J]. Renewable and Sustainable Energy Reviews, 2018, 81: 1393-1405.

[218] Xiao CY, Wang Q, Van Der Vaart T, et al. When Does Corporate Sustainability Performance Pay off? The Impact of Country-Level Sustainability Performance [J]. Ecological Economics, 2018, 146: 325-333.

[219] Huenteler J, Tang T, Chan G, et al. Why is China's wind power generation not living up to its potential? [J]. Environmental Research Letters, 2018, 13 (04): 4001-4001.

[220] Gaffney F, Deane J P, Gallachóir B P Ó. A 100 year review of electricity policy in Ireland (1916-2015) [J]. Energy Policy, 2017, 105: 67-79.

[221] Amrutha A A, Balachandra P, Mathirajan M. Role of targeted policies in mainstreaming renewable energy in a resource constrained electricity system: A case study of Karnataka electricity system in India [J]. Energy Policy, 2017, 106: 48-58.

[222] Choi J, Lee J. Repairing the R&D market failure: Public R&D subsidy and the composition of private R&D [J]. Research Policy, 2017, 46 (8): 1465-1478.

[223] Zhang Y Z, Zhao X G, Ren L Z, et al. The development of China's biomass power industry under feed-in tariff and renewable portfolio standard: A system dynamics analysis [J]. Energy, 2017, 139: 947-961.

[224] Pablo-Romero M D P, Sánchez-Braza A, Salvador-Ponce J, et al. An overview of feed-in tariffs, premiums and tenders to promote electricity from biogas in the EU-28 [J] Renewable and Sustainable Energy Reviews, 2017, 73: 1366-1379.

[225] Schallenberg-Rodriguez J. Renewable electricity support systems: Are feed-in systems taking the lead? [J]. Renewable and Sustainable Energy Reviews, 2017, 76: 1422-1439.

[226] Kern F, Kivimaa P, Martiskainen M. Policy packaging or policy patching? The development of complex energy efficiency policy mixes [J]. Energy Research & Social Science, 2017, 23: 11-25.

[227] Nicolini M, Tavoni M. Are renewable energy subsidies effective? Evidence from Europe [J]. Renewable and Sustainable Energy Reviews, 2017, 74: 412-423.

[228] Bhowmik C, Bhowmik S, Ray A, et al. Optimal green energy planning for sustainable development: A review [J]. Renewable and Sustainable Energy Reviews, 2017, 71: 796-813.

[229] Li S, Chang T, Chang S. The policy effectiveness of economic instruments for the photovoltaic and wind power development in the European Union [J]. Renewable energy, 2017, 101: 660-666.

[230] Pena I, Azevedo I L, Antonio F M F L. Lessons from wind policy in portugal [J]. Energy Policy, 2017, 103: 193-202.

[231] Schleich J, Faure C. Explaining citizens' perceptions of international climate-policy relevance [J]. Energy Policy, 2017, 103: 62-71.

[232] Yildiz B, Bilbao J I, Sproul A B. A review and analysis of regression and machine learning models on commercial building electricity load

[232] ...forecasting [J]. Renewable and Sustainable Energy Reviews, 2017, 73: 1104 – 1122.

[233] Vildåsen S S, Keitsch M, Fet A M. Clarifying the Epistemology of Corporate Sustainability [J]. Ecological Economics, 2017, 138: 40 – 46.

[234] Capelle – Blancard G, Petit A. Every Little Helps? ESG News and Stock Market Reaction [J]. Journal of Business Ethics, 2017, 157 (2): 543 – 565.

[235] Chang R D, Zuo J, Zhao Z Y, et al. Evolving theories of sustainability and firms: History, future directions and implications for renewable energy research [J]. Renewable and Sustainable Energy Reviews, 2017, 72: 48 – 56.

[236] Costantini V, Crespia F, Palmad A. Characterizing the policy mix and its impact on eco-innovation: A patent analysis of energy-efficient technologies [J]. Research Policy, 2017, 46 (04): 799 – 819.

[237] Dahal K, Niemela J. Initiatives towards Carbon Neutrality in the Helsinki Metropolitan Area [J]. Climate, 2016, 4 (3): 36.

[238] Pineda S, Bock A. Renewable-based generation expansion under a green certificate market [J]. Renewable Energy, 2016, 91: 53 – 63.

[239] Behboodi S, Chassin D P, Crawford C, et al. Renewable resources portfolio optimization in the presence of demand response [J]. Applied Energy, 2016, 162: 139 – 148.

[240] Reichardt K, Negro S O, Rogge K S, et al. Analyzing interdependencies between policy mixes and technological innovation systems: The case of offshore wind in Germany [J]. Technological Forecasting and Social Change, 2016, 106: 11 – 21.

[241] Xiong Y Q, Yang X H. Government subsidies for the Chinese photovoltaic industry [J]. Energy Policy, 2016, 99: 111 – 119.

[242] Nicolli F, Vona F. Heterogeneous policies, heterogeneous technologies: The case of renewable energy [J]. Energy Economics, 2016, 56: 190 – 204.

[243] Ritzenhofen I, Spinler S. Optimal design of feed-in-tariffs to stimulate renewable energy investments under regulatory uncertainty — A real options analysis [J]. Energy Economics, 2016, 53: 76 – 89.

[244] Rogge K S, Reichardt K. Policy mixes for sustainability transitions: An extended concept and framework for analysis [J] Research Policy, 2016, 45 (8): 1620 – 1635.

[245] Liu C, Li N, Zha D. On the impact of FIT policies on renewable energy investment: Based on the solar power support policies in China's power market [J]. Renewable Energy, 2016, 94: 251 – 267.

[246] Zhao X, Li S, Zhang S, et al. The effectiveness of China's wind power policy: An empirical analysis [J]. Energy Policy, 2016, 95: 269 – 279.

[247] Zhao Y, Ye L, Li Z, et al. A novel bidirectional mechanism based on time series model for wind power forecasting [J]. Applied Energy, 2016, 177: 793 – 803.

[248] Liao Z J. The evolution of wind energy policies in China (1995 – 2014): An analysis based on policy instruments [J]. Renewable and Sustainable Energy Reviews, 2016, 56: 464 – 472.

[249] Ortiz-de – Mandojana N, Bansal P. The long-term benefits of organizational resilience through sustainable business practices [J]. Strategic

Management Journal, 2016, 37 (8): 1615 – 1631.

[250] Nollet J, Filis G, Mitrokostas E. Corporate social responsibility and financial performance: A non-linear and disaggregated approach [J] Economic Modelling, 2016, 52: 400 – 407.

[251] Zhang W, White S. Overcoming the liability of newness: Entrepreneurial action and the emergence of China's private solar photovoltaic firms [J]. Research Policy, 2016, 45 (3): 604 – 617.

[252] Boeing P. The allocation and effectiveness of China's R&D subsidies – Evidence from listed firms [J]. Research Policy, 2016, 45 (9): 1774 – 1789.

[253] Marino M, Lhuillery S, Parrotta P, et al. Additionality or crowding-out? An overall evaluation of public R&D subsidy on private R&D expenditure [J]. Research Policy, 2016, 45 (9): 1715 – 1730.

[254] Zhao X G, Wan Y, Yang Y H. The turning point of solar photovoltaic industry in China: Will it come [J]. Renewable and Sustainable Energy Reviews, 2015, 41: 178 – 188.

[255] Chang Y, Li Y. Renewable energy and policy options in an integrated ASEAN electricity market: Quantitative assessments and policy implications [J]. Energy Policy, 2015, 85: 39 – 49.

[256] Polzin F, Migendt M, Taube F A, et al. Public policy influence on renewable energy investments – A panel data study across OECD countries [J]. Energy Policy, 2015, 80: 98 – 111.

[257] Kwon T. Rent and rent-seeking in renewable energy support policies: Feed-in tariff vs. renewable portfolio standard [J]. Renewable and Sustainable Energy Reviews, 2015, 44: 676 – 681.

[258] Sun P, Nie P. A comparative study of feed-in tariff and renewable portfolio standard policy in renewable energy industry [J]. Renewable Energy, 2015, 74: 255-262.

[259] Flammer C. Does Corporate Social Responsibility Lead to Superior Financial Performance? A Regression Discontinuity Approach [J]. Management Science, 2015, 61 (11): 2549-2568.

[260] Lazzarini S G. Strategizing by the government: Can industrial policy create firm-level competitive advantage? [J]. Strategic Management Journal, 2015, 36 (1): 97-112.

[261] Ng A C, Rezaee Z. Business sustainability performance and cost of equity capital [J]. Journal of Corporate Finance, 2015, 34: 128-149.

[262] Rainer Q. Assessing policy strategies for the promotion of environmental technologies: A review of India's National Solar Mission [J]. Research Policy, 2015, 44 (1): 233-243.

[263] Zhang S, Andrews-Speed P, Ji M. The erratic path of the low-carbon transition in China: Evolution of solar PV policy [J]. Energy Policy, 2014, 67: 903-912.

[264] Wang T, Gong Y, Jiang C. A review on promoting share of renewable energy by green-trading mechanisms in power system [J]. Renewable and Sustainable Energy Reviews, 2014, 40: 923-929.

[265] Mizuno E. Overview of wind energy policy and development in Japan [J]. Renewable & Sustainable Energy Reviews, 2014, 40: 999-1018.

[266] Liu D, Niu D, Wang H, et al. Short-term wind speed forecasting using wavelet transform and support vector machines optimized by genetic

algorithm [J]. Renewable Energy, 2014, 62: 592 – 597.

[267] Arque – Castells P. Persistence in R&D Performance and its Implications for the Granting of Subsidies [J]. Review Of Industrial Organization, 2013, 43 (3): 193 – 220.

[268] Fagiani R, Barquin J, Hakvoort R. Risk-based assessment of the cost-efficiency and the effectivity of renewable energy support schemes: Certificate markets versus feed-in tariffs [J]. Energy Policy, 2013, 55: 648 – 661.

[269] Zhang S, Andrews – Speed P, Zhao X, et al. Interactions between renewable energy policy and renewable energy industrial policy: A critical analysis of China's policy approach to renewable energies [J]. Energy Policy, 2013, 62: 342 – 353.

[270] Ming Z, Kun Z, Jun D. Overall review of China's wind power industry: Status quo, existing problems and perspective for future development [J]. Renewable and Sustainable Energy Reviews, 2013, 24: 379 – 386.

[271] Li C, Lu G, Wu S. The investment risk analysis of wind power project in China [J]. Renewable Energy, 2013, 50: 481 – 487.

[272] Zhang S, Andrews – Speed P, Zhao X. Political and institutional analysis of the successes and failures of China's wind power policy [J]. Energy Policy, 2013, 56: 331 – 340.

[273] Reuter W H, Szolgayova J, Fuss S, et al. Renewable energy investment: Policy and market impacts [J]. Applied Energy, 2012, 97: 249 – 254.

[274] Agrawal A. Risk Mitigation Strategies for Renewable Energy Project Financing [J]. Strategic Planning for Energy and the Environment,

2012, 32 (2): 9-20.

[275] Dong C G. Feed-in tariff vs. renewable portfolio standard: An empirical test of their relative effectiveness in promoting wind capacity development [J]. Energy Policy, 2012, 42: 476-485.

[276] Verbruggen A, Lauber V. Assessing the performance of renewable electricity support instruments [J]. Energy Policy, 2012, 45: 635-644.

[277] Schallenberg - Rodriguez J, Haas R. Fixed feed-in tariff versus premium: A review of the current Spanish system [J]. Renewable and Sustainable Energy Reviews, 2012, 16 (1): 293-305.

[278] Anadon L D. Missions-oriented RD&D institutions in energy between 2000 and 2010: A comparative analysis of China, the United Kingdom, and the United States [J]. Research Policy, 2012, 41 (10): 1742-1756.

[279] Luo G, Zhi F, Zhang X. Inconsistencies between China's wind power development and grid planning: An institutional perspective [J]. Renewable Energy, 2012, 48: 52-56.

[280] Li X, Hubacek K, Siu Y L. Wind power in China - Dream or reality? [J]. Energy, 2012, 37 (1): 51-60.

[281] Klagge B, Liu Z, Campos Silva P. Constructing China's wind energy innovation system [J]. Energy Policy, 2012, 50: 370-382.

[282] Hall B H, Harhoff D. Recent Research on the Economics of Patents [J]. Annual Review of Economics, 2012, 4: 541-565.

[283] Woodman B, Mitchell C. Learning from experience? The development of the Renewables Obligation in England and Wales 2002-2010 [J]. Energy Policy, 2011, 39 (7): 3914-3921.

[284] Flanagan K, Uyarra E, Laranja M. Reconceptualising the "policy mix" for innovation [J]. Research Policy, 2011, 40 (5): 702 – 713.

[285] Solangi K H, Islam M R, Saidur R, et al. A review on global solar energy policy [J]. Renewable and Sustainable Energy Reviews, 2011, 15 (4): 2149 – 2163.

[286] Boeters S, Koornneef J. Supply of renewable energy sources and the cost of EU climate policy [J]. Energy Economics, 2011, 33 (5): 1024 – 1034.

[287] Delmas M A, Montes – Sancho M J. U. S. state policies for renewable energy: Context and effectiveness [J]. Energy Policy, 2011, 39 (5): 2273 – 2288.

[288] Ping L, Shukui T. Comparison of Policies for Wind Power Development in China and Abroad [J]. Procedia Engineering, 2011, 16: 163 – 169.

[289] Hiroux C, Saguan M. Large-scale wind power in European electricity markets: Time for revisiting support schemes and market designs? [J]. Energy Policy, 2010, 38 (7): 3135 – 3145.

[290] Couture T, Gagnon Y. An analysis of feed-in tariff remuneration models: Implications for renewable energy investment [J]. Energy Policy, 2010, 38 (2): 955 – 965.

[291] Bergek A, Jacobsson S. Are tradable green certificates a cost-efficient policy driving technical change or a rent-generating machine? Lessons from Sweden 2003 – 2008 [J]. Energy Policy, 2010, 38 (3): 1255 – 1271.

[292] Liu Y, Kokko A. Wind power in China: Policy and development

challenges [J]. Energy Policy, 2010, 38 (10): 5520-5529.

[293] Wagner M. The role of corporate sustainability performance for economic performance: A firm-level analysis of moderation effects [J]. Ecological Economics, 2010, 69 (7): 1553-1560.

[294] Hadlock C J, Pierce J R. New Evidence on Measuring Financial Constraints: Moving Beyond the KZ Index [J]. Review of Financial Studies, 2010, 23 (5): 1909-1940.

[295] Nelson A J. Measuring knowledge spillovers: What patents, licenses and publications reveal about innovation diffusion [J]. Research Policy, 2009, 38 (6): 994-1005.

[296] Nemet G F. Demand-pull, technology-push, and government-led incentives for non-incremental technical change [J]. Research Policy, 2009, 38 (5): 700-709.

[297] Kern F, Howlett M. Implementing transition management as policy reforms: a case study of the Dutch energy sector [J]. Policy Sciences, 2009, 42 (4): 391-408.

[298] Cruz J M. The impact of corporate social responsibility in supply chain management: Multicriteria decision-making approach [J]. Decision Support Systems, 2009, 48 (1): 224-236.

[299] Jeremy R, Michael H. Introduction: Understanding integrated policy strategies and their evolution [J]. Policy and Society, 2009, 28 (2): 99-109.

[300] Lee M P. A review of the theories of corporate social responsibility: Its evolutionary path and the road ahead [J]. International Journal of Management Reviews, 2008, 10 (1): 53-73.

[301] Hussinger K. R&D and subsidies at the firm level: an application of parametric and semiparametric two-step selection models [J]. Journal of Applied Econometrics, 2008, 23 (6): 729 – 747.

[302] Aerts K, Schmidt T. Two for the price of one? Additionality effects of R&D subsidies: A comparison between Flanders and Germany [J]. Research Policy, 2008, 37 (5): 806 – 822.

[303] Fischer C, Newell R G. Environmental and technology policies for climate mitigation [J]. Journal of Environmental Economics and Management, 2007, 55 (2): 142 – 162.

[304] Ringel M. Fostering the use of renewable energies in the European Union: the race between feed-in tariffs and green certificates [J]. Renewable Energy, 2006, 31 (1): 1 – 17.

[305] Kobos P H, Erickson J D, Drennen T E. Technological learning and renewable energy costs: implications for US renewable energy policy [J]. Energy Policy, 2006, 34 (13): 1645 – 1658.

[306] Menz F C, Vachon S. The effectiveness of different policy regimes for promoting wind power: Experiences from the states [J]. Energy Policy, 2006, 34 (14): 1786 – 1796.

[307] Tassey G. Policy Issues for R&D Investment in a Knowledge – Based Economy [J]. Journal of Technology Transfer, 2004, 29 (9): 153 – 185.

[308] Guiso L, Sapienza P, Zingales L. The Role of Social Capital in Financial Development [J]. The American Economic Review, 2004, 94 (3): 526 – 556.

[309] Lauber V. REFIT and RPS: options for a harmonised Community framework [J]. Energy Policy, 2004, 32 (12): 1405 – 1414.

[310] Skaife H A, Collins D W, Lafond R. Corporate Governance and Cost of Equity Capital [J]. Journal of Quantitative & Technical Economics, 2004, 15 (3): 273-289.

[311] Dominique G, Bruno V P D L. The impact of public R&D expenditure on business R&D [J]. Economics of Innovation and New Technology, 2003, 12 (3): 225-243.

[312] Berry T, Jaccard M. The renewable portfolio standard: design considerations and an implementation survey [J]. Energy Policy, 2001, 29 (4): 263-277.

[313] Wallsten S J. The Effects of Government - Industry R&D Programs on Private R&D: The Case of the Small Business Innovation Research Program [J]. The RAND Journal of Economics, 2000, 31 (1): 82-100.

[314] Busom I. An Empirical Evaluation of The Effects of R&D Subsidies [J]. Economics of Innovation and New Technology, 2000, 9 (2): 111-148.

[315] David P A, Hall B H. Heart of darkness: modeling public-private funding interactions inside the R&D black box [J]. Research Policy, 2000, 29 (9): 1165-1183.

[316] Hansen B E. Threshold effects in non-dynamic panels: Estimation, testing, and inference [J]. Journal of Econometrics, 1999, 93 (2): 345-368.

[317] Elkington J. Partnerships from cannibals with forks: The triple bottom line of 21st-century business [J]. Environmental Quality Management, 1998, 8 (1): 37-51.

[318] Dickson P R, Czinkota M R. How the United States can be num-

ber one again: Resurrecting the industrial policy debate [J]. The Columbia Journal of World Business, 1996, 31 (3): 76-87.

[319] Rosenberg N. Why do firms do basic research (with their own money)? [J]. Research Policy, 1990, 19 (2): 165-174.

[320] Shapiro C. Corporate Stakeholders and Corporate Finance [J]. Financial Management, 1987, 16 (1): 5-14.

[321] Rosenberg N. Science, Invention and Economic Growth [J]. The Economic Journal, 1974, 84 (333): 90-108.

[322] Martin L, Weitzman. Prices vs. Quantities [J]. The Review of Economic Studies, 1974, 41 (4): 477-491.

[323] Heijs J, Herrera L. Distribution of R&D subsidies and its effect on the final outcome of innovation policy [C]//DRUID Summer Conference 2004: Technical Change, Corporate Dynamics and Innovation Spain, F 10/28, 2004.

[324] Meijers E, Stead D. Policy Integration: What Does It Mean and How Can It be Achieved? A Multidisciplinary Review [C]//Berlin: Coherence the Human Dimensions of Global Environment Change: Greening of Policies - Interlink Ages and Policy Integration, 2004: 1-15.

后　　记

本书的出版得到了国家社科基金项目"我国绿色能源产业政策之间的相互作用及其组合策略研究"（17BJL083）的资助，感谢完成国家社科基金项目的团队成员：中国地质大学（武汉）经济管理学院的龚承柱老师、胡怀敏老师和海鸣老师等，中国地质大学（武汉）经济管理学院的硕士生周园媛（现在国家税务总局华容县税务局工作）、纪雅星（现为厦门大学经济学院博士）、陈睿、刘子瑞、聂欣欣和周攀等，中国地质大学（武汉）经济管理学院的本科生尹自华（现为清华大学博士生）、周欣然等。

本书的顺利出版是在中国地质大学（武汉）陈艳老师、龚承柱老师，中石油规划总院潘凯高级工程师、张曦高级工程师、刘定智高级工程师的共同参与合作下完成。同时，中国地质大学（武汉）经管学院硕士生陈睿、聂欣欣、田霖漪、张一丹、刘川琪、李富成、张一凡、王秋月、厦门大学的纪雅星博士、清华大学的尹自华博士也为本书的顺利出版作出了相应的贡献，在此一并表示感谢！感谢经济科学出版社李雪老师和其团队成员的帮助！

书中参考引用了大量专家学者的研究成果，谨向他们表示最诚挚的谢意。

陈　艳
2023 年 7 月于南望山